# 宜兴籍戏曲舞台表演艺术名家专辑

戴利东 主编
宜兴市锡剧研究会 编

中国戏剧出版社
CHINA THEATRE PRESS

图书在版编目（CIP）数据

宜兴籍戏曲舞台表演艺术名家专辑/ 戴利东主编.
北京：中国戏剧出版社，2025.2. -- ISBN 978-7-104-05604-1

Ⅰ．K825.78

中国国家版本馆CIP数据核字第2024AM6181号

## 宜兴籍戏曲舞台表演艺术名家专辑

责任编辑：齐　钰
责任印制：冯志强

| 出版发行： | 中国戏剧出版社 |
|---|---|
| 出 版 人： | 樊国宾 |
| 社　　址： | 北京市西城区天宁寺前街2号国家音乐产业基地L座 |
| 邮　　编： | 100055 |
| 网　　址： | www.theatrebook.cn |
| 电　　话： | 010-63385980（总编室）　010-63381560（发行部） |
| 传　　真： | 010-63381560 |

读者服务：010-63381560
邮购地址：北京市西城区天宁寺前街2号国家音乐产业基地L座

| 印　　刷： | 宜兴市德胜印刷有限公司 |
|---|---|
| 开　　本： | 889mm×1194mm　1/16 |
| 印　　张： | 39 |
| 字　　数： | 398千字 |
| 版　　次： | 2025年2月　北京第1版第1次印刷 |
| 书　　号： | ISBN 978-7-104-05604-1 |
| 定　　价： | 800.00元 |

版权专有，违者必究；如有质量问题，请与出版社联系调换

# 编 委 会

主　任：周中平

副主任：王赛军　蒋宁鹏

委　员：戴利东　程　禾　丁燕平　张心怡
　　　　宗　华　邵　红　邵湘君　周良君

主　编：戴利东

# 序

戏曲具有悠久的历史、独特的魅力和深厚的群众基础，是中华传统文化的瑰宝，不仅承载着中华文化精神，更体现着中华美学风范。宜兴钟灵毓秀，文脉厚重，底蕴深厚，悠久的历史文化积淀和独特的资源禀赋，孕育、传承和发展了丰富多彩的戏曲文化艺术。由古及今，唐代传奇《霍小玉》成为诸多剧种的保留剧目；明代著名戏曲作家吴炳的《粲花斋五种曲》，至今久演不衰；清代以降，"太湖一枝梅"——锡剧，主要萌生地之一就在宜兴；现当代，诸多剧种在此融会流传，魅力激扬，人才辈出，蔚为大观。

在这戏曲"大观园"里，有一批宜兴籍的舞台表演艺术人物熠熠生辉，在大江南北乃至世界诸地"百花绽放"，吐露着中华国粹和地方剧种特有的芬芳。他们之中，有中国戏剧梅花奖获得者李晓旭，有上海白玉兰戏剧表演艺术奖配角奖获得者许美霞；有荣获三次无锡市劳动模范称号和无锡市委宣传部命名的"德艺双馨"称号的锡剧表演艺术家唐振华；还有担任丹徒区文学艺术界联合会原副主席的曹雅琴等。在12位一级演员、12位二级演员中，年龄最大的是80岁的昆剧一级演员吴美玉，年龄最小的是38岁的江苏省演艺集团京剧院新"台柱"盛丞，呈现了薪火相传、推陈出新的良好局面。这24位戏曲舞台表演艺术人物，是当下戏曲艺术人才群体的代表，他们用孜孜不倦的艺术追求，用卓越超凡的艺术才华，用缤纷亮丽的艺术形象，演绎出艺术人生的非同凡响。他们是宜兴这块富饶土地上孕育出来的杰出艺术人物，是戏曲艺术领域中的翘楚，也是推动优秀传统文化繁荣发展的骨干力量。

为了让艺术之花芳香四溢，让艺术之果累累怡人，让艺术之光明亮璀璨，本着"串珠成链"的目的，将各地宜兴籍戏曲舞台表演艺术人物的介绍资料汇编成书，展示风采，弘扬人文，赓续华章。宜兴市锡剧研究会历经两年多的不懈努力，从策划到征集，从争取支持到合作供稿，从海选到裁酌，从编纂到审核，孜孜不倦，精益求精，现终于正式编辑出版。这为丰富地方戏曲档案史料做出了新的贡献，必将为宜兴文化艺术事业发展画上浓墨重彩的一笔。

该专辑的出版问世，不仅是记述优秀人文风貌，让名角亮相，让才俊光彩，让艺术永恒，更是旨在激励艺术后昆，开拓当代舞台，勇攀艺术高峰，坚持守正创新，推动传承发展，繁荣戏曲百花园，书写艺坛新辉煌，为现代化新宜兴建设提供文化支持、汇聚精神力量。

中国人民政治协商会议宜兴市委员会主席　周中平

2024 年 10 月

# 满庭芳

贺《宜兴籍戏曲舞台表演艺术名家专辑》问世

锡韵悠扬，越调婉转，齐歌戏曲绵长。

名家廿四，国粹塑名乡。

先有梅花得主，捧白玉、享誉三江。

醉心赏，纷呈精彩，卓越谱华章。

陶都应响亮，满篇锦绣，遍地芬芳。

定格处，永恒艺术之光。

谁在提升文化，开新局、再铸辉煌。

抬头望，氿滨之上，正冉冉春阳。

宜兴市文体广电和旅游局党组书记、局长 土赛军

2024年10月26日

# 赞《宜兴籍戏曲舞台表演艺术名家专辑》出版

点赞《宜兴籍戏曲舞台表演艺术名家专辑》的付梓出版。

宜兴市锡剧研究会致力于挖掘、记录、弘扬宜兴戏曲（尤其是锡剧）文化，2017年编纂出版了《锡剧在宜兴》系列书籍。宜兴市档案史志馆将此作为馆藏资料永久保存，让馆藏文化之典籍又添丰厚，让宜兴戏曲（尤其是锡剧）之芬芳流传后世。经过两年多时间的努力，宜兴市锡剧研究会又隆重推出《宜兴籍戏曲舞台表演艺术名家专辑》，把宜兴籍24位戏曲舞台表演名家精彩的舞台形象、不凡的艺术成就，以专辑的形式展现，这是宜兴戏曲文化的再次出彩与添香，也是宜兴地情文化的珍贵记录与传承。

档案，"存史、资政、育人"。《宜兴籍戏曲舞台表演艺术名家专辑》收藏进馆，将进一步丰富宜兴市档案史志馆的馆藏资源。积少成多，聚沙成塔，我们将以宜兴戏曲（尤其是锡剧）系列书籍进馆为契机，通过更多的方法与形式，让世人了解宜兴戏曲史上值得记住的人与事，让业内人士、文化学者对新时期宜兴戏曲（尤其是锡剧）事业的继承与光大有更多的思考和作为，也为宜兴年轻一代感受、走进、有志于戏曲尽到一份责任。我们真诚欢迎《宜兴籍戏曲舞台表演艺术名家专辑》以及更多的宜兴地情文化书籍进馆保存。

再次点赞《宜兴籍戏曲舞台表演艺术名家专辑》的出版，点赞宜兴市锡剧研究会为本专辑出版做出的不懈努力。

宜兴市档案史志馆馆长 蒋宁鹏

2024年10月28日（甲辰龙年·深秋）

# 编辑出版《宜兴籍戏曲舞台表演艺术名家专辑》中相关事项的说明

一、本次收集整理出版的《宜兴籍戏曲舞台表演艺术名家专辑》仅限于从事舞台表演艺术的戏曲演员。

二、本次收集整理出版的《宜兴籍戏曲舞台表演艺术名家专辑》，其中名家必须是获得一、二级演员资格的演员。

三、本次收集整理出版的《宜兴籍戏曲舞台表演艺术名家专辑》的名家排序，按荣获国家戏曲表演奖项的级别、时间排序，如将中国戏剧梅花奖获得者排前面。

四、同一级别、同一时间批准的年龄大者排在前面。

五、宜兴籍的注释为出生在宜兴的和户籍在宜兴的。

六、截止日期为 2024 年 5 月 28 日。

七、本专辑出版的文字一律用简化字。

宜兴市锡剧研究会会长　戴利东

2024 年 5 月

# 目 录

| | |
|---|---|
| 李晓旭 | 1 |
| 许美霞 | 26 |
| 吴碧华 | 44 |
| 唐振华 | 79 |
| 张金华 | 140 |
| 吴美玉 | 180 |
| 卢海兵 | 216 |
| 孙　静 | 231 |
| 汤　达 | 257 |
| 王凤华 | 277 |
| 韩志良 | 301 |
| 姜雪峰 | 325 |
| 曹雅琴 | 353 |
| 孙小香 | 382 |
| 戴利东 | 413 |
| 韦伯生 | 456 |
| 姜　明 | 471 |
| 杨丽芳 | 493 |
| 史　媛 | 518 |
| 陆莺芝 | 528 |
| 孙黎健 | 543 |
| 张远鸿 | 563 |
| 陈　庆 | 577 |
| 盛　丞 | 598 |

# 李晓旭艺术生涯简介

李晓旭，出生于江苏宜兴新庄（大塍），中共党员，一级演员。南京市越剧团小生演员，越剧"毕派"创始人毕春芳先生关门弟子、昆曲表演艺术家石小梅先生跨界弟子。中国戏剧梅花奖、上海白玉兰戏剧表演艺术奖获得者。

李晓旭为人谦虚诚恳，扮相俊美飘逸，台风稳健、表演潇洒，尤其嗓音宽亮、收放自如，富于弹性变化，既继承了毕派明朗豪放、流畅清旷的唱腔风格，又能将之运用于具体的角色塑造，以声塑形、以情动人，形成了鲜明的艺术风格，传承、创造了一批栩栩如生的戏剧人物，如《凤凰台》之李白，《乌衣巷》之王徽之、王献之，《上邻下舍》之赵霞，《血手印》之林招得，《玉堂春》之王金龙，《唐伯虎点秋香》之唐伯虎等。

曾任中国共产党南京市第十五次代表大会代表，中国共产党江苏省第十四次代表大会代表，中国文学艺术界联合会第十一次全国代表大会代表。中宣部宣传思想文化青年英才。屡获江苏省"青年文化人才""紫金文化艺术人才""德艺双馨文艺工作者""最美文艺志愿者"、南京市"优秀共产党员""青年文化人才""五个一批人才""中青年拔尖人才"等荣誉称号。并获第30届中国戏剧梅花奖；第26届、第29届、第32届上海白玉兰戏剧表演艺术奖；第4届、第5届江苏省文华奖表演奖；2019、2020、2022江苏省紫金文化艺术节优秀表演奖；第7届南京市文学艺术奖；首届中国·江苏文化艺术节舞台艺术新人奖；第 17 届越剧大展演"金兰"最佳演员奖；越女争锋——越剧青年演员电视挑战赛"十佳小生"；中国戏曲红梅荟萃"金花"称号等。

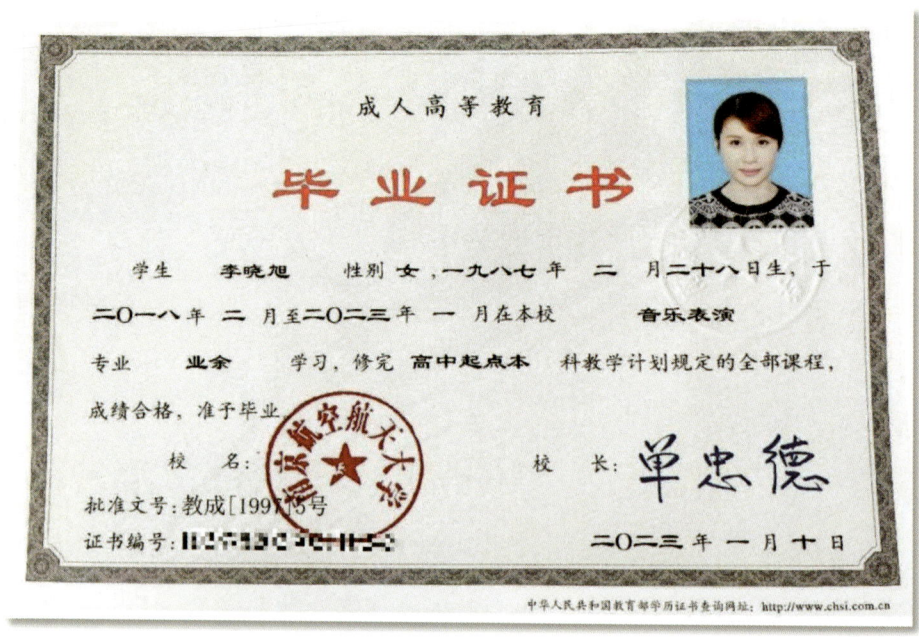

毕业证书

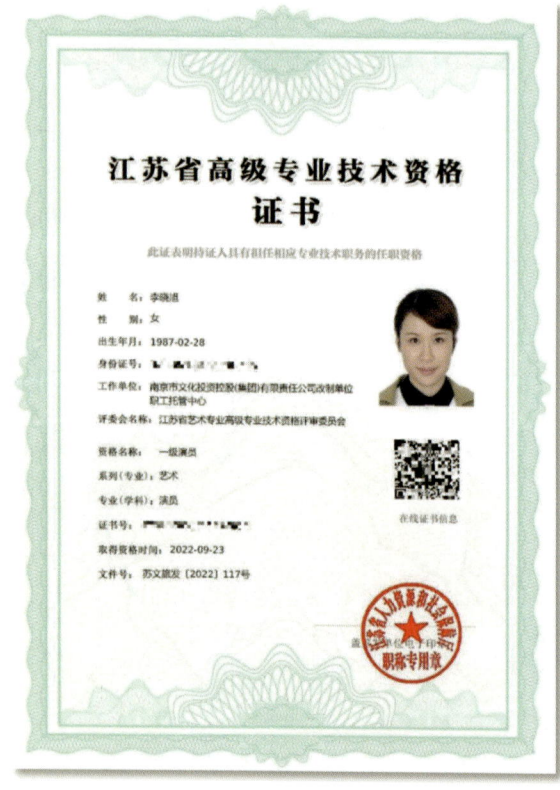

一级演员证书

# 李晓旭艺术生涯重点作品选辑

《乌衣巷》饰演王徽之、王献之

《凤凰台》饰演李白

《三堂会审》

《玉堂春》饰演王金龙

《梁山伯与祝英台》饰演梁山伯

《血手印》饰演林招得

《上邻下舍》饰演赵霞

《上邻下舍》饰演赵霞

# 李晓旭艺术生涯所获艺术和政治荣誉

越女争锋"十佳小生"(2009.9)

首届中国·江苏文化艺术节舞台艺术新人奖(2012.10)

上海白玉兰戏剧表演艺术奖·配角奖（2016.3）

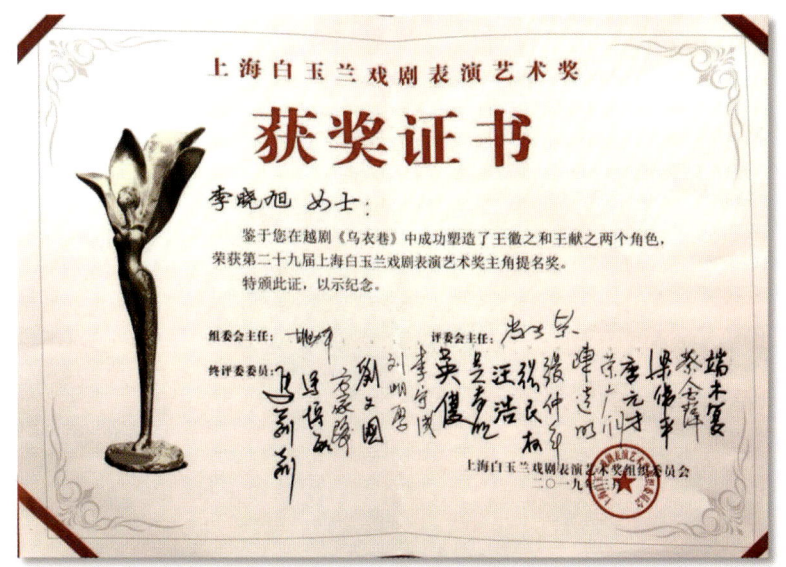

上海白玉兰戏剧表演艺术奖·主角提名奖（2019.3）

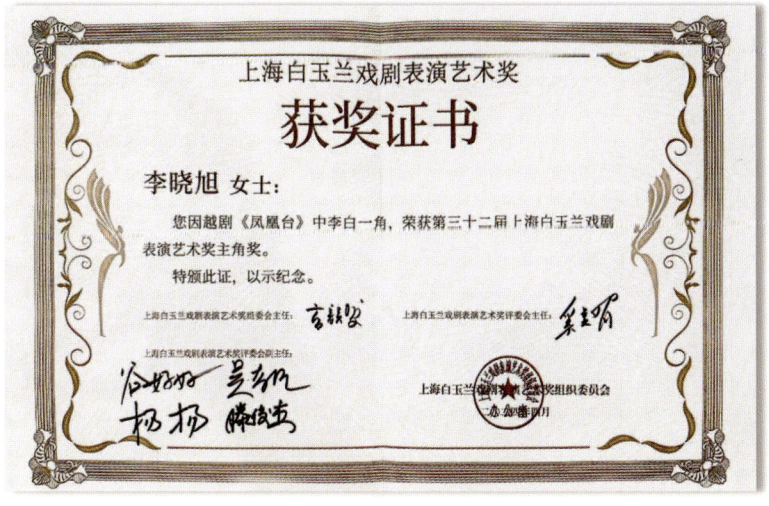

第三十二届上海白玉兰戏剧表演艺术奖·主角奖（2024）

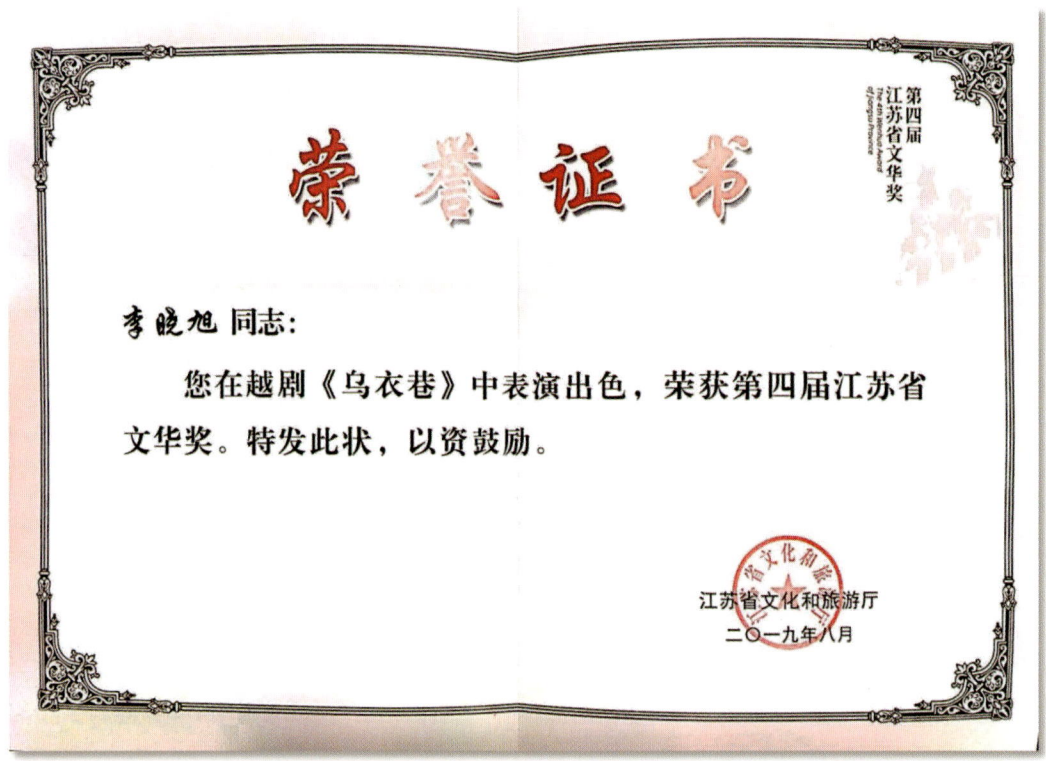

第四届江苏省文华奖·优秀表演奖（2019.8）

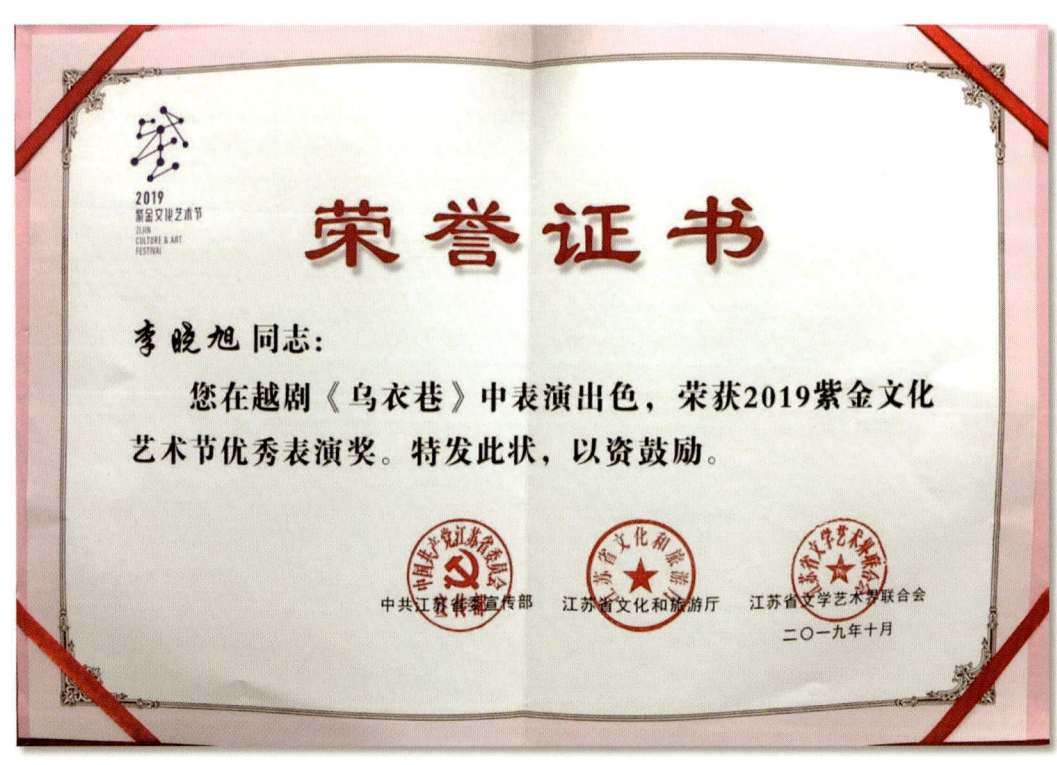

2019紫金文化艺术节·优秀表演奖（2019.10）

# 荣誉证书

李晓旭 同志：

你在越剧《凤凰台》中表演出色，荣获2020紫金文化艺术节优秀表演奖。特发此状，以资鼓励。

中共江苏省委宣传部　江苏省文化和旅游厅　江苏省文学艺术界联合会

二〇二〇年十月

2020紫金文化艺术节·优秀表演奖（2020.10）

# 获奖证书

李晓旭 同志：

二〇一九——二〇二〇年度在戏剧舞台演出中，表演成就卓著，荣获第三十届中国戏剧梅花奖。

中国文学艺术界联合会　中国戏剧家协会

二〇二一年五月

第30届中国戏剧梅花奖（2021.5）

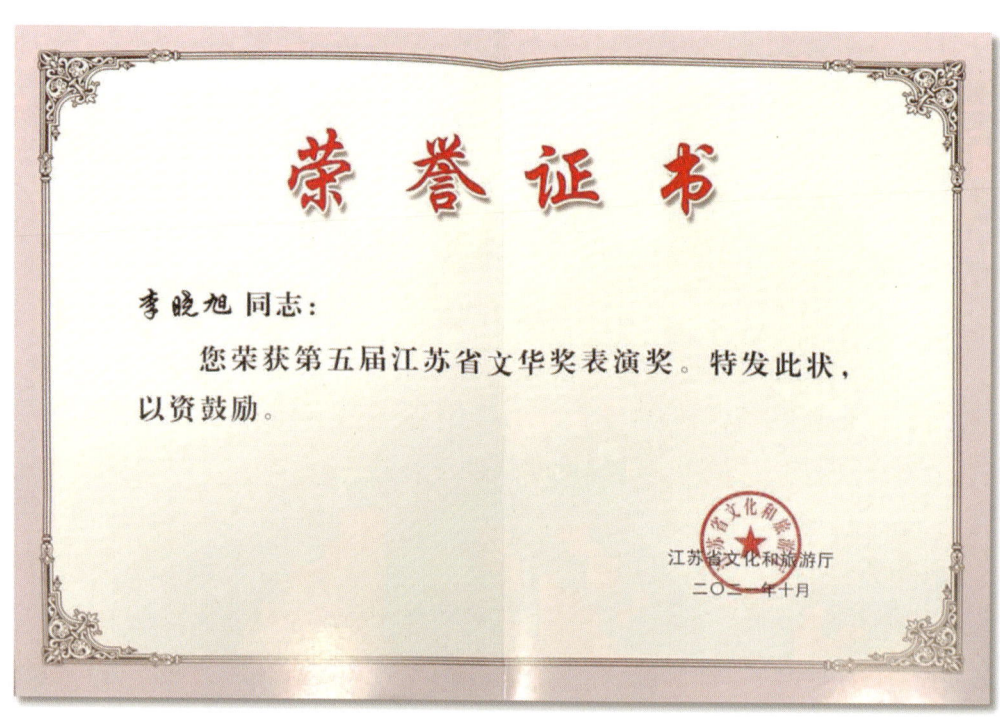

第五届江苏省文华奖·表演奖（2021.10）

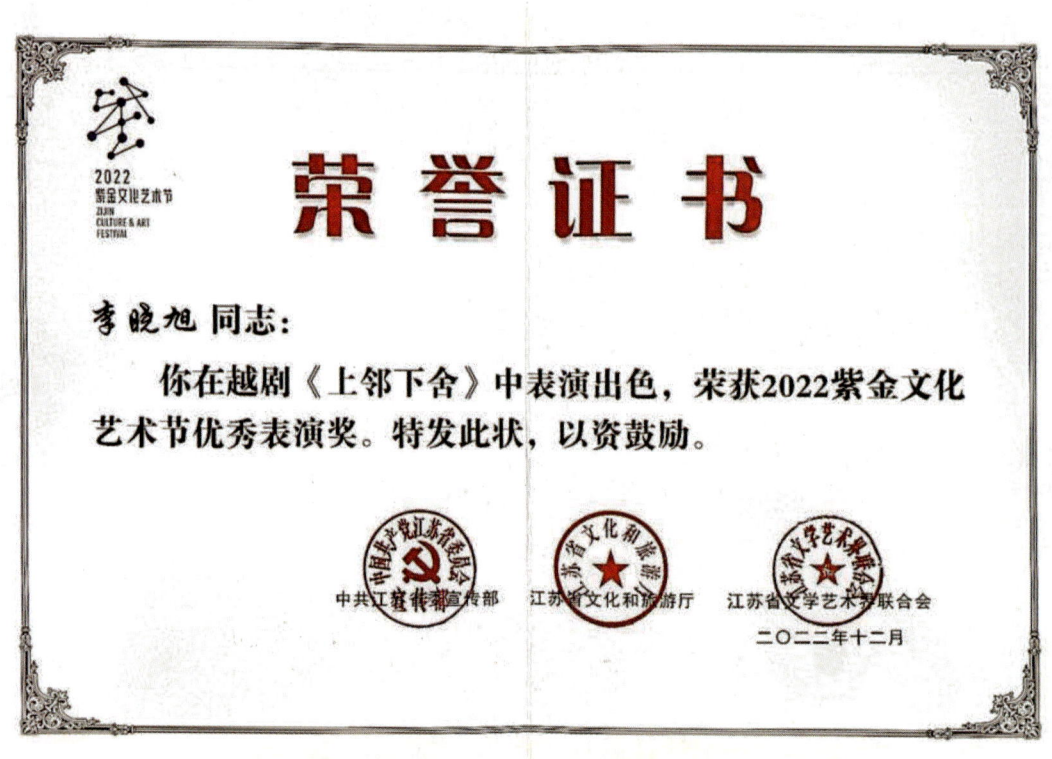

2022紫金文化艺术节·优秀表演奖（2022.12）

南京市全民阅读推广活动·优秀志愿者（2017.4）

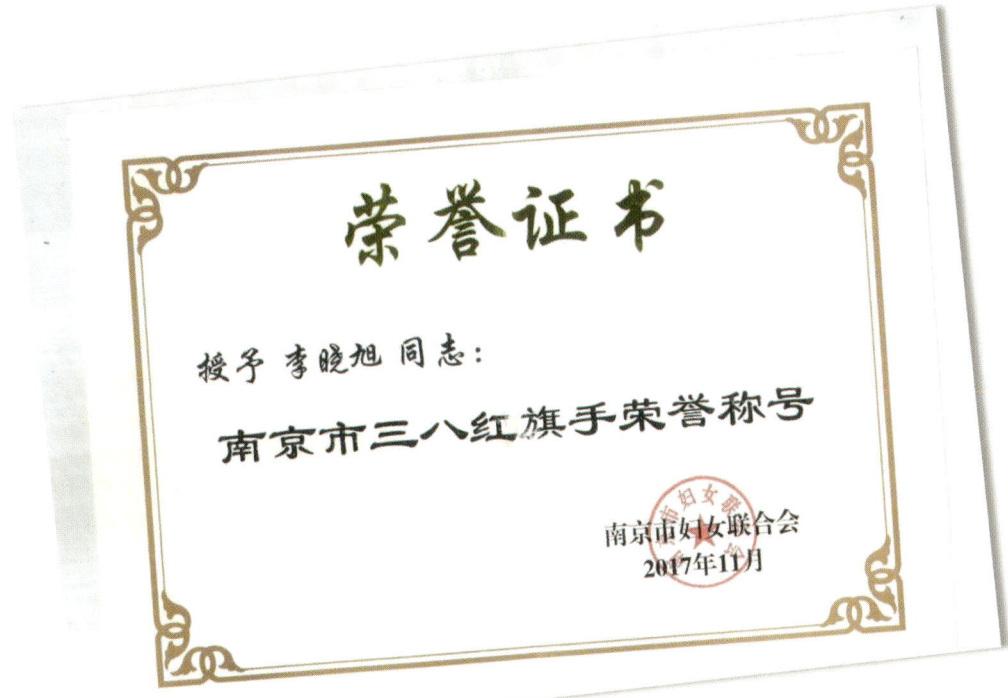

南京市三八红旗手（2017.11）

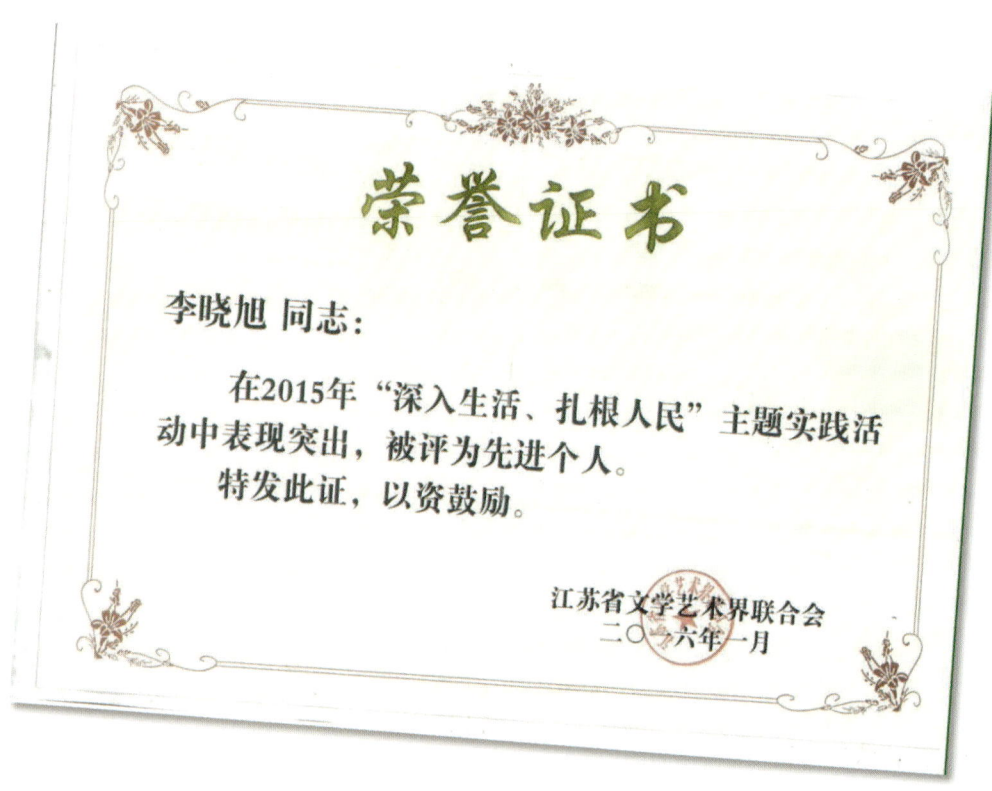

"深入生活、扎根人民"主题实践活动·先进个人（2016.1）

# 中共江苏省委宣传部文件

苏宣函〔2022〕9号

## 关于转发 2021 年中宣部文化名家暨"四个一批"人才、宣传思想文化青年英才入选人员名单的通知

南京市委宣传部：

根据中宣办发函〔2021〕1402 号文件精神，你单位推荐的李晓旭同志入选宣传思想文化青年英才（文艺界）。请及时通知入选人员本人，不对外公布入选人员信息，严控知悉范围。

中共江苏省委宣传部
2022 年 12 月 9 日

2021 年中共江苏省委宣传部宣传思想文化青年英才（文艺界）

2019 南京市中青年拔尖人才

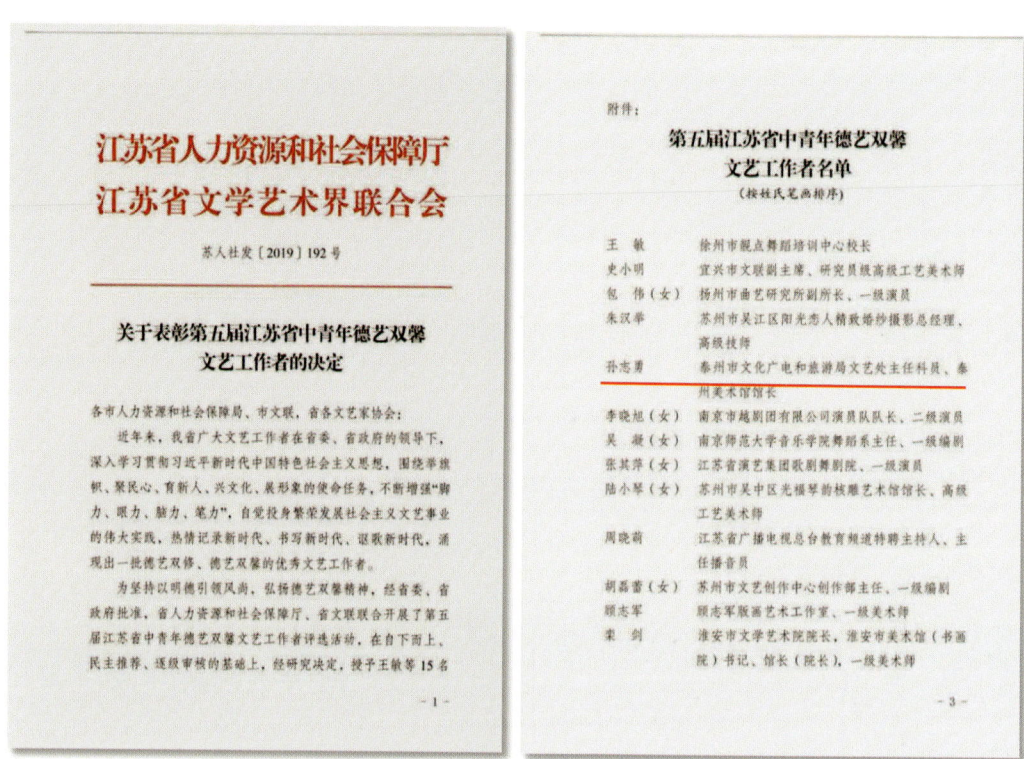

2019 江苏省德艺双馨文艺工作者

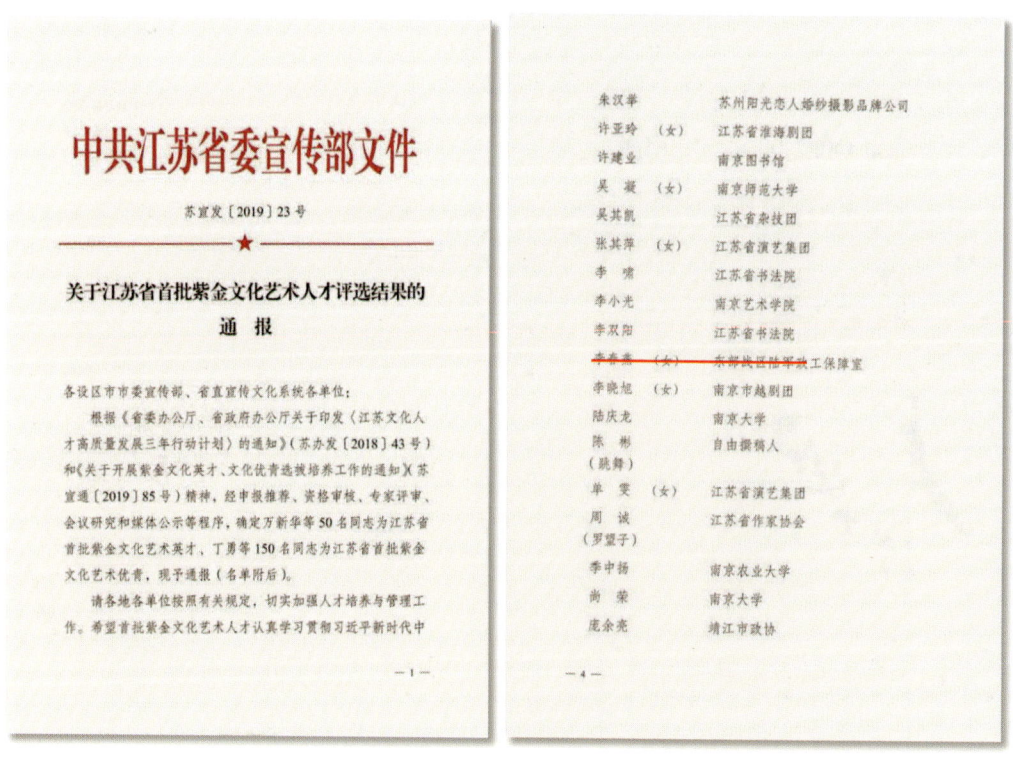

2019 江苏省首批紫金文化艺术人才（英才、优青）

2016 江苏省青年文化人才

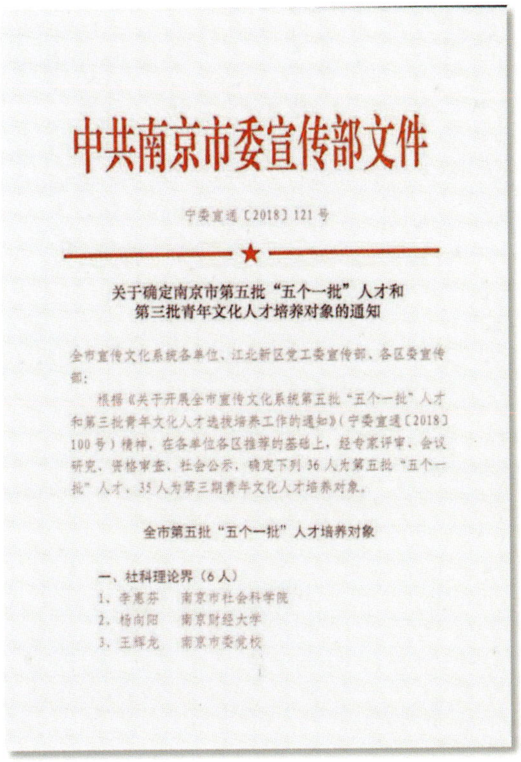

中共南京市委宣传部文件

宁委宣通〔2018〕121 号

**关于确定南京市第五批“五个一批”人才和第三批青年文化人才培养对象的通知**

全市宣传文化系统各单位、江北新区党工委宣传部、各区委宣传部：

根据《关于开展全市宣传文化系统第五批“五个一批”人才和第三批青年文化人才选拔培养工作的通知》（宁委宣通〔2018〕100 号）精神，在各单位各区推荐的基础上，经专家评审、会议研究、资格审查、社会公示，确定下列 36 人为第五批“五个一批”人才、35 人为第三期青年文化人才培养对象。

**全市第五批“五个一批”人才培养对象**

**一、社科理论界（6 人）**

1、李惠芬　南京市社会科学院
2、杨向阳　南京财经大学
3、王辉龙　南京市委党校

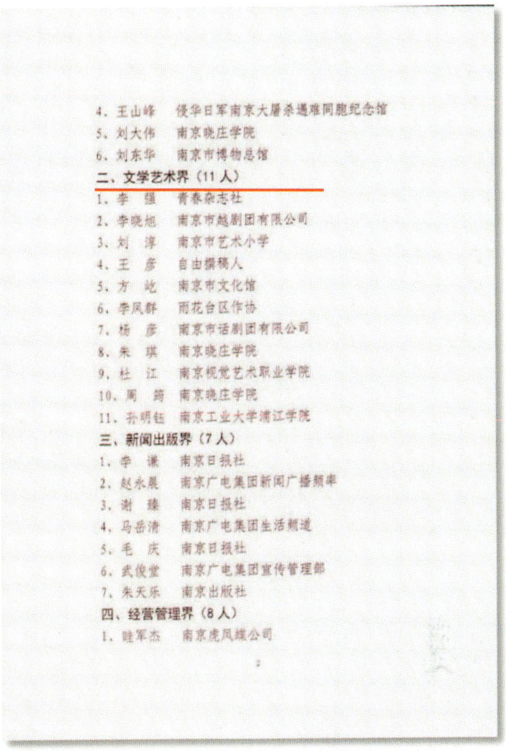

4、王山峰　侵华日军南京大屠杀遇难同胞纪念馆
5、刘大伟　南京晓庄学院
6、刘东华　南京市博物总馆

**二、文学艺术界（11 人）**

1、李　强　青春杂志社
2、李晓旭　南京市越剧团有限公司
3、刘　淳　南京市艺术小学
4、王　彦　自由撰稿人
5、方　屹　南京市文化馆
6、李凤群　雨花台区作协
7、杨　彦　南京市话剧团有限公司
8、朱　琪　南京晓庄学院
9、杜　江　南京视觉艺术职业学院
10、周　筠　南京晓庄学院
11、孙明钰　南京工业大学浦江学院

**三、新闻出版界（7 人）**

1、李　谦　南京日报社
2、赵永晨　南京广电集团新闻广播频率
3、谢　臻　南京日报社
4、马岳清　南京广电集团生活频道
5、毛　庆　南京日报社
6、武俊堂　南京广电集团宣传管理部
7、朱天乐　南京出版社

**四、经营管理界（8 人）**

1、眭军杰　南京虎凤蝶公司

2

2018 南京市第五批“五个一批”人才

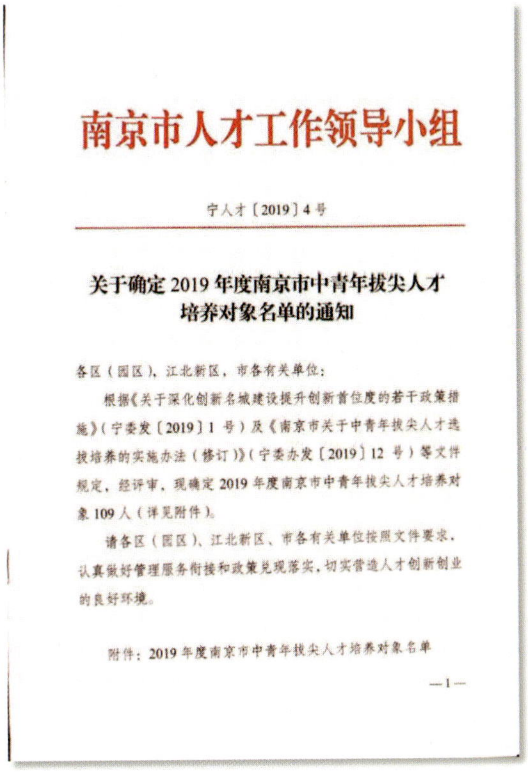

南京市人才工作领导小组

宁人才〔2019〕4 号

**关于确定 2019 年度南京市中青年拔尖人才培养对象名单的通知**

各区（园区）、江北新区，市各有关单位：

根据《关于深化创新名城建设提升创新首位度的若干政策措施》（宁委发〔2019〕1 号）及《南京市关于中青年拔尖人才选拔培养的实施办法（修订）》（宁委办发〔2019〕12 号）等文件规定，经评审，现确定 2019 年度南京市中青年拔尖人才培养对象 109 人（详见附件）。

请各区（园区）、江北新区、市各有关单位按照文件要求，认真做好管理服务衔接和政策兑现落实，切实营造人才创新创业的良好环境。

附件：2019 年度南京市中青年拔尖人才培养对象名单

—1—

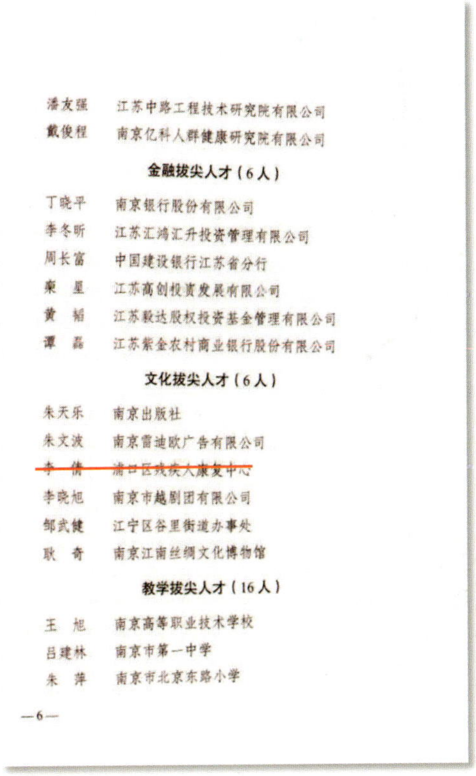

潘友强　江苏中路工程技术研究院有限公司
戴俊程　南京亿科人群健康研究院有限公司

**金融拔尖人才（6 人）**

丁晓平　南京银行股份有限公司
李冬昕　江苏汇鸿汇升投资管理有限公司
周长富　中国建设银行江苏省分行
秉　星　江苏高创投资发展有限公司
黄　韬　江苏毅达股权投资基金管理有限公司
谭　磊　江苏紫金农村商业银行股份有限公司

**文化拔尖人才（6 人）**

朱天乐　南京出版社
朱文波　南京雷迪欧广告有限公司
李　倩　浦口区残疾人康复中心
李晓旭　南京市越剧团有限公司
邹武健　江宁区谷里街道办事处
耿　奇　南京江南丝绸文化博物馆

**教学拔尖人才（16 人）**

王　旭　南京高等职业技术学校
吕建林　南京市第一中学
朱　萍　南京市北京东路小学

—6—

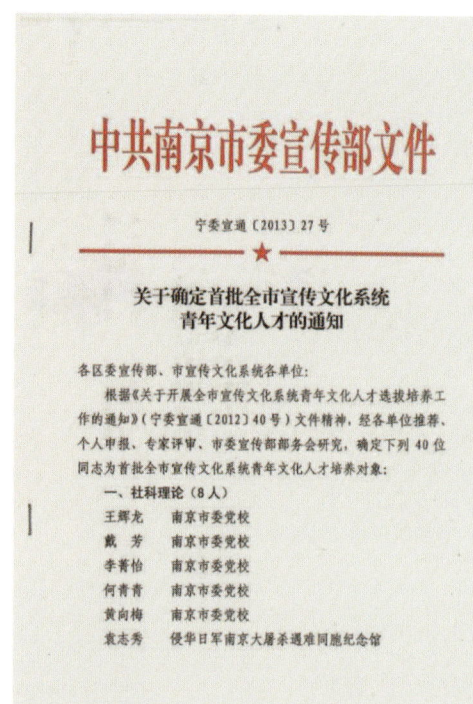
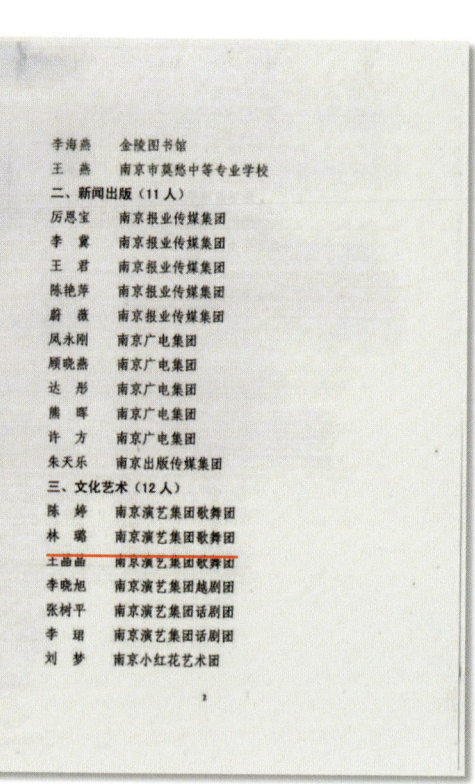

2013 南京市青年文化人才

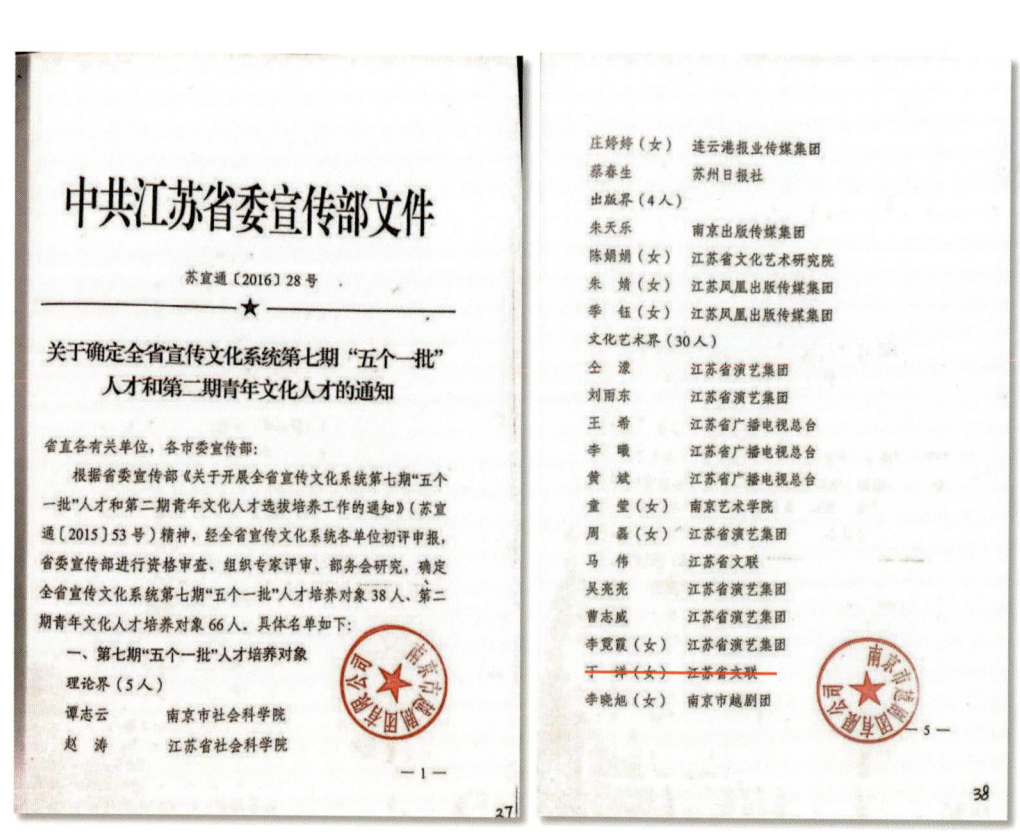

南京市文化投资控股集团·先进个人（2017.2）

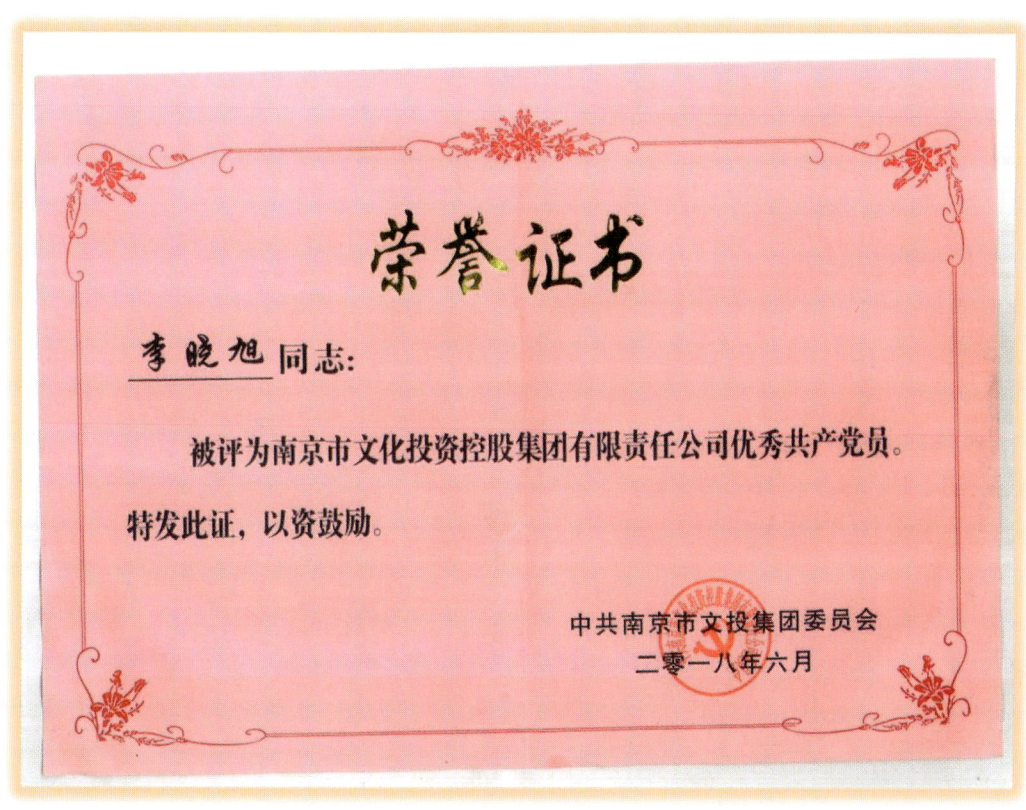

南京市文化投资控股集团·优秀共产党员（2018.6）

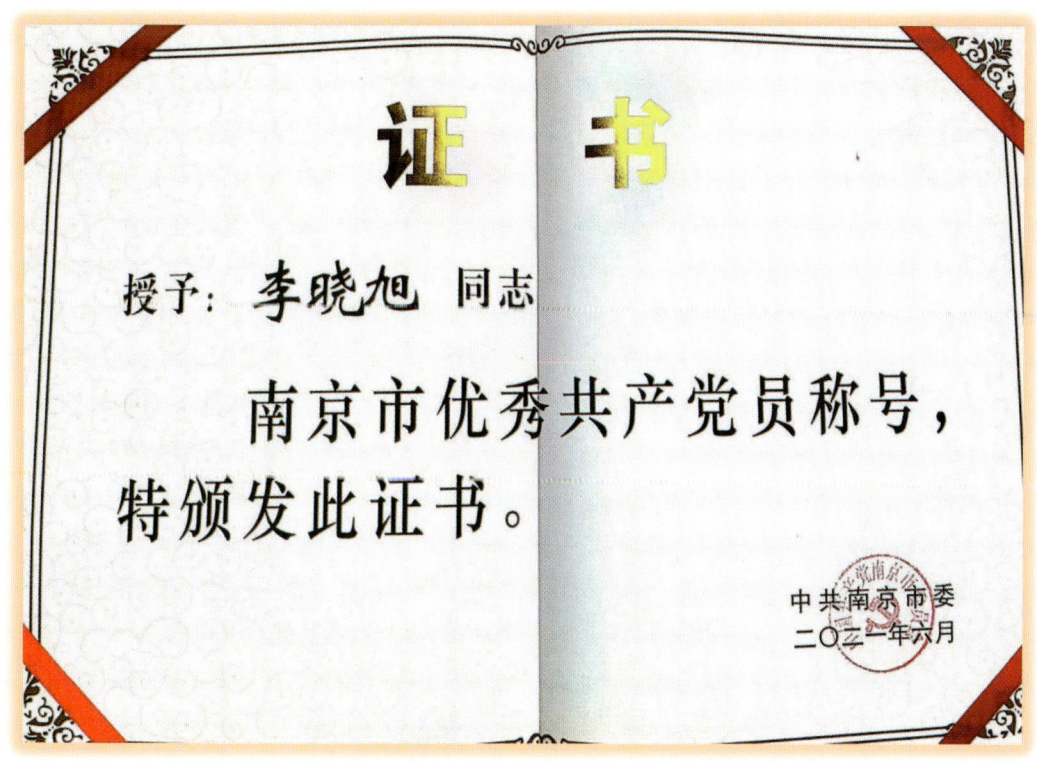

南京市优秀共产党员（2021.6）

# 李晓旭艺术生涯花絮

2021年中国戏剧梅花奖颁奖

2021年中国戏剧梅花奖颁奖

2021年参加中国文学艺术界联合会第十一次全国代表大会
及中国共产党江苏省第十四次代表大会

《剧影月报》2014年第3期封面

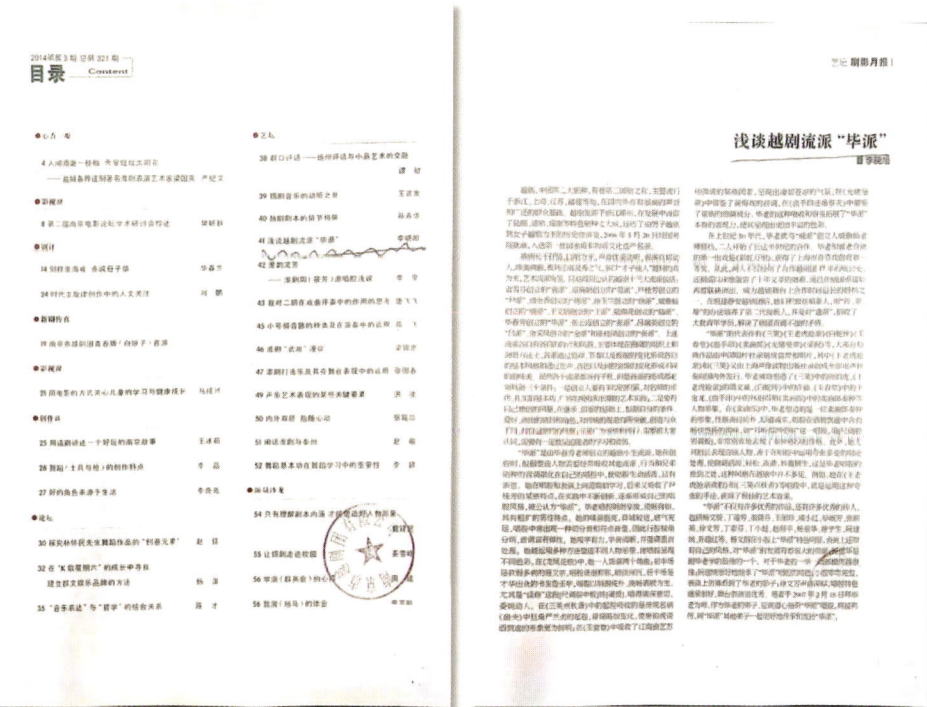

《剧影月报》2014年第3期上发表的论文

《剧影月报》2014年第4期上发表的论文

《剧影月报》2020年第5期上发表的论文

《玉蜻蜓》饰演王智贞

1997年参加中央电视台戏曲晚会
《菊苑颂春》,《绣寒衣》饰演孟姜女

《江姐》饰演江雪琴

《孟丽君》饰演孟丽君

《女巡按》饰演谢瑶环

《水泼大红袍》饰演孙素云

《珍珠塔》中饰演方朵花，2012年赴北京参加全国地方戏精粹展演

《清风亭》中饰演贺氏。2011年在上海天蟾逸夫舞台演出，并获得第22届上海白玉兰戏剧表演艺术奖配角奖

《庵堂认母》中饰演王智贞，参加中央电视台戏曲频道《名段欣赏》录制

传统剧目《寻儿记》饰演孙淑林

著名戏曲导演许应在晋京演出前最后说戏

与著名锡剧演员徐祖裕一起演出

1993年进京演出《今日出梅》，饰演菊芳在后台化妆，化妆师为倪秀英

移植剧目《痴梦》中饰演崔氏。2007年在上海天蟾逸夫舞台现场直播演出。2010年赴韩国参加世界大百济典演出。《福从天降》唱段收录于《许美霞锡剧表演艺术集萃——梨苑掇英》个人专辑中。

姚派名剧《拔兰花》中饰演王凤霞，1989年10月参加第二届中国艺术节（华东·南京）展示演出。2002年7月赴台湾参加海峡两岸戏曲文化交流演出。

姚派名剧《合珠记》中饰演王金贞，收录于《许美霞锡剧表演艺术集萃——梨苑掇英》个人专辑中，并于2016年出版。

## 许美霞艺术生涯重点作品选辑

许美霞领衔主演过几十出锡剧剧目，她所塑造的《拔兰花》之王凤霞、《庵堂认母》之王智贞、《风流寡妇》之鲍春花、《雪地产子》之白艳翎、《玉蜻蜓》之王智贞、《今日出梅》之菊芳、《寻儿记》之孙淑林、《江姐》之江雪琴、《红月亮》之田月红、《七月雨》之水杏妹、《双玉蝉》之谢芳儿、《痴梦》之崔氏、《秦香莲》之秦香莲、《水泼大红袍》之孙素云、《清风亭》之贺氏、《珍珠塔》之方朵花等艺术形象，均深受广大观众的喜爱。

许美霞出色的艺术成就，引起各有关方面的关注与邀请。她主演的锡剧《今日出梅》曾进京为中央领导演出；《痴梦》一剧赴韩国参加了2010世界大百济典演出；先后参加过中央电视台的《九州戏苑》《春节戏曲晚会》与《99地方戏名家名段演唱会》，还三次参加中央电视台戏曲频道《名段欣赏》栏目的拍摄和专访；2002年应邀赴台湾参加海峡两岸戏曲文化交流演出；2010年赴深圳演讲《锡剧的起源与发展》。音像部门还出版发行了其领衔主演的锡剧《水泼大红袍》《清风亭》《拔兰花》《寻儿记》和专辑《许美霞唱腔集锦》《许美霞锡剧表演艺术集萃——梨苑掇英》等音像制品。

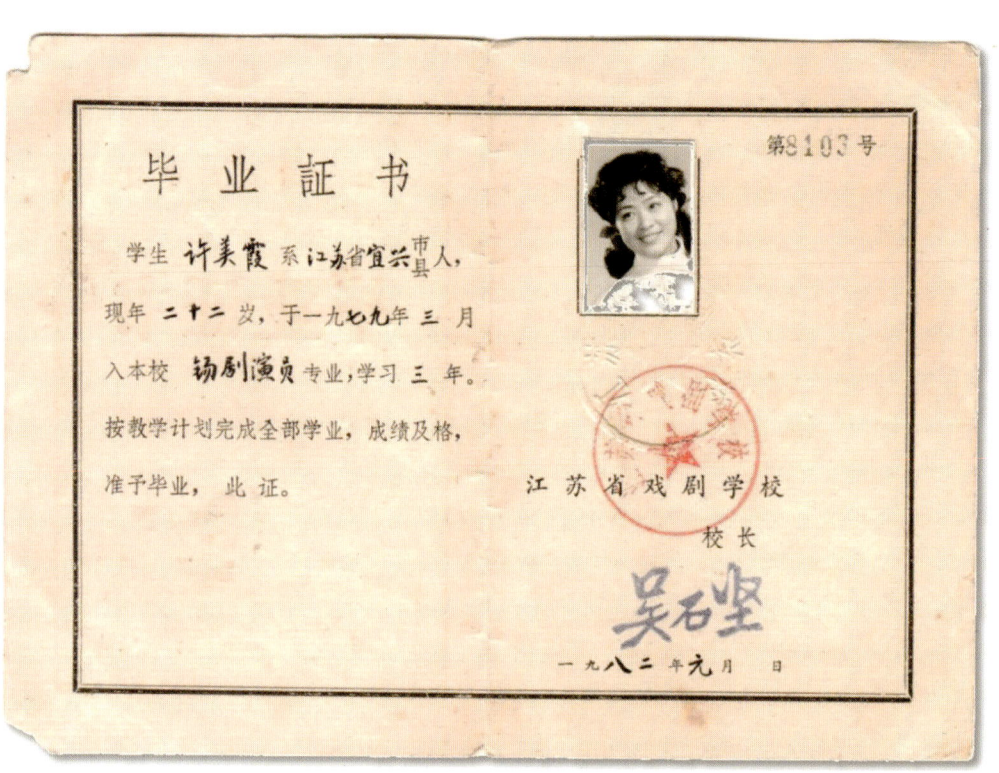

毕业证书

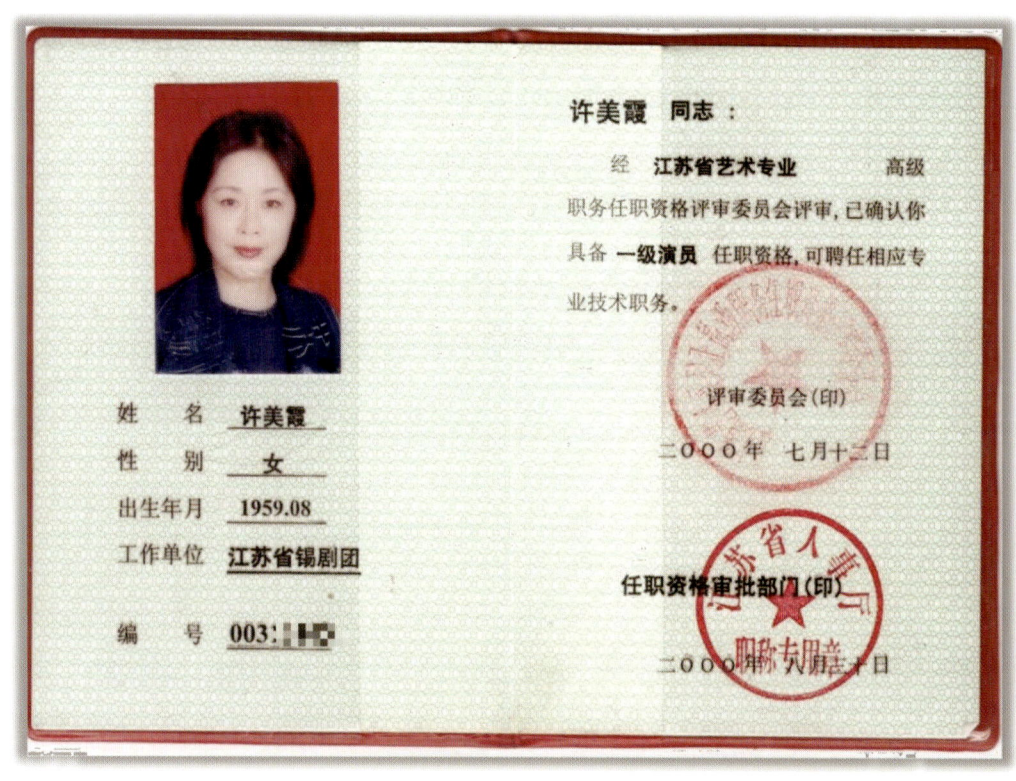

一级演员证书

## 许美霞艺术生涯简介

许美霞,江苏宜兴人,中共党员,一级演员,锡剧名家。1981年以优异成绩毕业于江苏省戏剧学校。进入江苏省锡剧团后,专工青衣、花旦,为著名锡剧表演艺术家姚澄先生之杰出弟子。曾任江苏省演艺集团锡剧团副团长,现为江苏省非物质文化遗产锡剧代表性传承人。

1979—1981年,在江苏省戏剧学校锡剧科学习锡剧表演;1982—2005年,在江苏省演艺集团锡剧团从事演员工作;2006—2010年,在江苏省演艺集团锡剧团任团长助理;2010—2014年,在江苏省演艺集团锡剧团任副团长;2014年退休至今,在江苏省戏剧学校戏曲表演专业从事锡剧传承教学工作。

综观许美霞从艺40年来的历程,她不倦地研学"姚派"艺术,虚心地兼收各家之长,将每个人物特征和戏剧特点都抓捏得非常到位且层次分明,同时在唱腔上富有华丽典雅与委婉深情的引力,又在表演上独具端庄朴实与细腻传神的张力;而其在声腔艺术方面的造诣,更是突出地表现在能够自由地用嗓、自如地用气、自在地用技等几个方面,而此"三自",正是许美霞娴熟的演唱艺术的集中体现,也正是她基于继承、开拓进取而取得的优异成果。

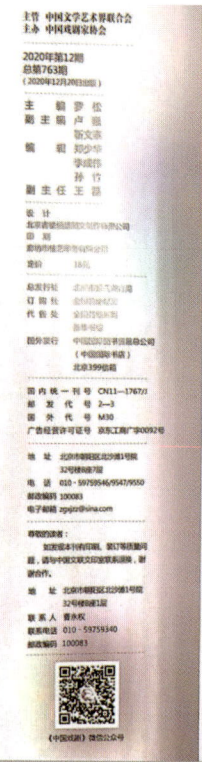

《中国戏剧》2020年第12期上发表的论文

2015年在南京博物馆演出《拔兰花》

《双玉蝉》饰演谢芳儿（周东亮饰演沈梦霞）

# 许美霞艺术生涯所获艺术和政治荣誉

许美霞三次荣获江苏省锡剧节"优秀演员奖""优秀表演奖";1988年荣获江苏省中青年锡剧演员"双达杯"电视大赛"最佳表演奖";1998年荣获锡剧优秀青年演员电视汇演"优秀演员奖";1999年荣获第三届江苏省戏剧节"优秀表演奖";2012年荣获上海白玉兰戏剧表演艺术奖配角奖;2012年荣获第三届"国戏杯"全国学生大赛"公益大使"称号;2018年在第三届全国"梨花杯"青少年戏曲教育教学成果展示活动中荣获指导教师奖。

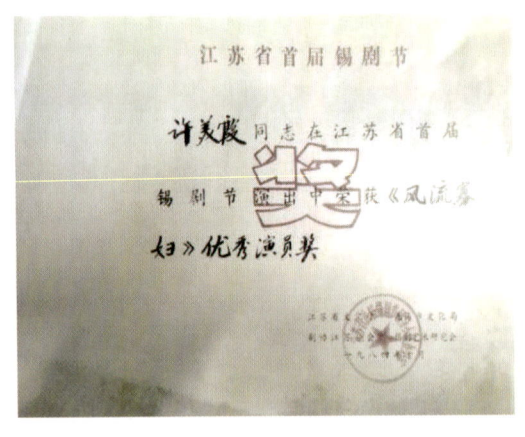

1984年获江苏省首届锡剧节优秀演员奖

1988年获"双达杯"电视大赛最佳表演奖

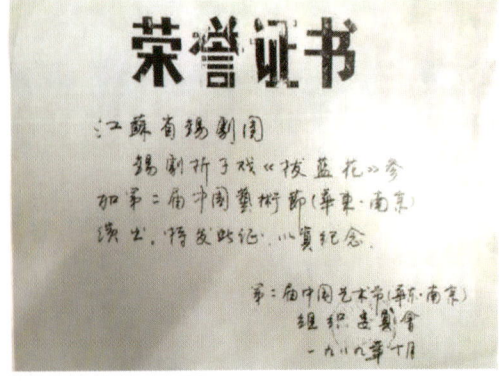

1989年《拔兰花》参加第二届中国艺术节（华东·南京）演出荣誉证书

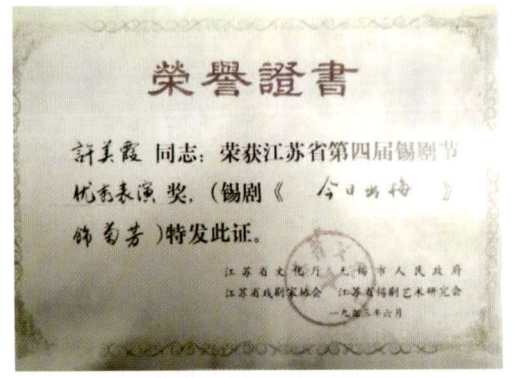

1993年获江苏省第四届锡剧节优秀表演奖

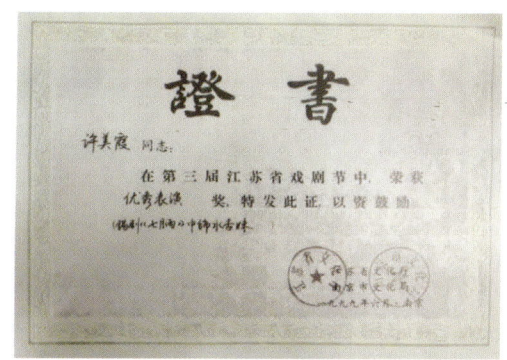
1999年获第三届江苏省戏剧节优秀表演奖

2012年荣获第22届上海白玉兰戏剧表演艺术奖配角奖

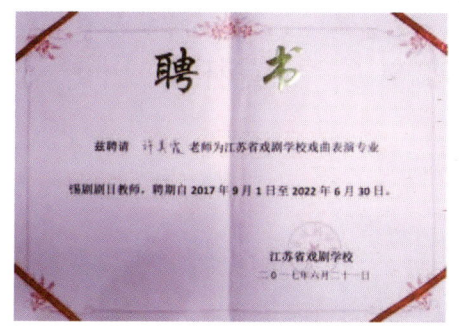
2017年江苏省戏剧学校聘书

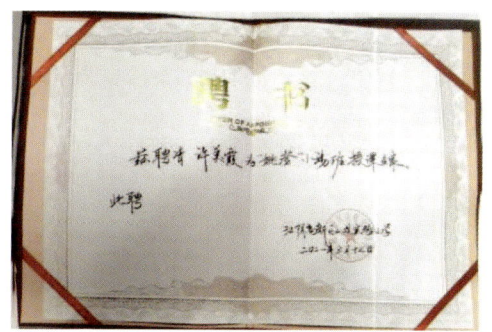
2021年"姚澄小锡班"授课专家聘书

江苏艺术基金2022年度艺术人才培养项目授课专家聘书

## 许美霞艺术生涯花絮

师父姚澄到江苏省戏剧学校看许美霞上课

在无锡荡口与师父姚澄、国家级非遗传承人王根兴、著名剧作家薛明合影
左起：许美霞、姚澄、王根兴、薛明

1983年与恩师姚澄合影

与师父姚澄在江苏省戏剧学校合影

与著名作家叶兆言合影（师父姚澄之子）

与徒弟胡婷婷合影　　　　　　与徒弟赵静合影　　　　　　与徒弟吴雨彤合影

在江苏省政协礼堂演出《拔兰花》,饰演王凤霞

《七月雨》剧照

左起:张清珠、倪志新、许美霞、周东亮、张金华

江苏省原宣传部部长杨承志、江苏省原文化厅厅长季根章接见许美霞、周东亮、钱晓英、张金华。许美霞在《七月雨》中饰演水杏妹。

与张金华在台湾中山堂演出《拔兰花》

著名剧作家郑怀兴老师的《傅山进京》，由谢涛领衔主演，观后合影。

与三位著名表演艺术家姚澄、王兰英、沈佩华合影

参加中央电视台戏曲晚会《菊苑颂春》，与主持人宋世雄合影

参加中央电视台戏曲晚会《菊苑颂春》，与著名化妆师毛宗良合影

与锡剧名家李菊、陈雪梅合影

参加中央电视台《99地方戏名家名段演唱会》演唱剧目《玉蜻蜓》中"红榴结子"唱段,与黄梅戏演员马兰合影

参加中央电视台《99地方戏名家名段演唱会》,与沪剧演员茅善玉合影

参加中央电视台《99地方戏名家名段演唱会》,与越剧演员何赛飞合影

参加中央电视台《99地方戏名家名段演唱会》,与川剧演员沈铁梅合影

与著名锡剧表演艺术家周东亮合影

与老艺术家崔龙海、倪同芳老师一起参加戏迷活动时合影

与江阴高新区山观实验小学校长刘清法（中）、无锡知名歌手石莉娟（右二）、江阴锡剧团团长沈鸣华（右三）等合影

左起：孙黎健、卞雁敏、许美霞、季春艳、李舒娴合影

第22届上海白玉兰戏剧表演艺术奖配角奖

江苏省中青年锡剧演员"双达杯"电视大赛最佳表演奖

2018年带领江苏省戏剧学校的学生到中国戏曲学院参加个人展示地方戏少年组的比赛，入围第三届全国"梨花杯"青少年戏曲教育教学成果展示活动。（指导教师许美霞）

接受采访，谈姚派的传承

参加中国共产党江苏省演艺集团有限公司第一次代表大会

在网络上发表的文章

# 吴碧华艺术生涯简介

吴碧华，1961年出生于江苏宜兴。一级演员，中国戏剧家协会会员，江苏省艺术基金评审委员会专家库专家，南京市秦淮区第一届政协委员，江苏省戏剧学校教师

曾就读于宜兴艺校（小京班）、江苏省戏剧学校、中国戏曲学院，专工刀马旦、花旦。在校学习期间得到前辈艺术家冀韵兰、刘琴心、蔡明芬、马宗慧、阎世善、谢锐青、张正芳等老师的严格训练和悉心传授。毕业后分配至江苏省京剧院担任主要演员。2002年调入江苏省戏剧学校任教。长期以来主要从事京剧舞台艺术表演、戏曲教学和戏曲研究工作。曾发表《戏曲教学与导演手法》《谈脚下技巧与人物塑造》等学术论文。

主演了《穆桂英招亲》《大英杰烈》《昭君出塞》《百花赠剑》《杨排风》《拾玉镯》《秋江》《汴梁杀宫》《喜荣归》《挡马》《女杀四门》《十三妹》等传统剧目。在新编历史剧《荣辱鉴》《西施归越》《天下归心》、神话剧《青蛇传》中担任重要角色。曾获文化部颁发的"表演奖"、江苏省第一届戏剧节"优秀表演奖"、全国中青年京剧演员电视大奖赛江苏赛区"优秀表演奖"。1999年在南京人民剧场成功举办"吴碧华京剧专场"演出。

先后赴日本、加拿大、瑞士、丹麦、墨西哥等国家进行京剧巡演、

讲学和文化艺术交流。并获得丹麦国家博物馆授予的"文化使者"荣誉称号。

坚持戏曲进校园，到大、中、小学校开设京剧知识讲座，辅导学生学习经典唱段、戏曲表演、剧目排练，让他们近距离地接触中华优秀传统文化，感受"国粹"的艺术魅力和博大精深。

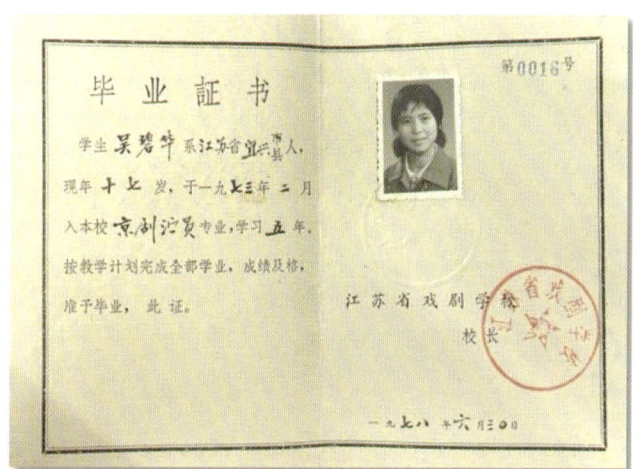

毕业证书

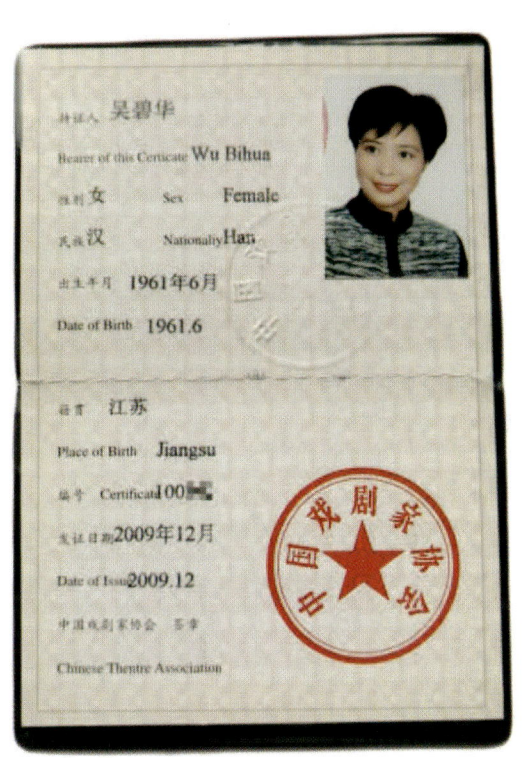

中国戏剧家协会会员证

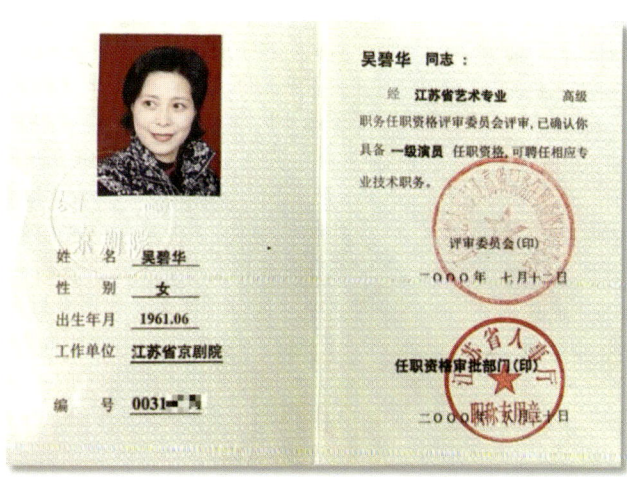

一级演员证书

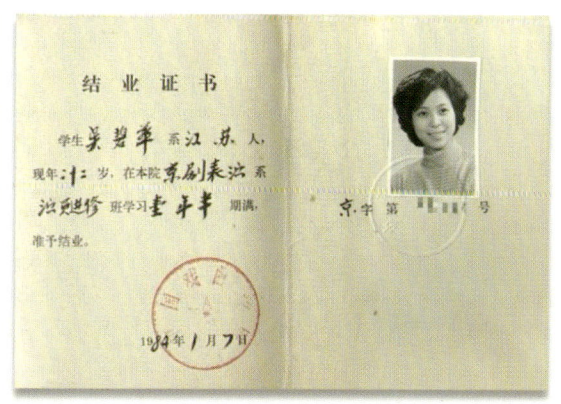

中国戏曲学院演员进修班结业证书

# 吴碧华个人演唱会集锦

1999年12月南京个人专场演出海报

京剧《铁弓缘》饰演陈秀英

京剧《霸王别姬》饰演虞姬　　　　新编历史京剧《荣辱鉴》饰演石为岚

京剧《打焦赞》饰演杨排风

京剧《秋江》饰演陈妙常

京剧《拾玉镯》饰演孙玉姣

移植剧目《汴梁杀宫》饰演苏玉娥

移植剧目《汴梁杀宫》饰演苏玉娥

传统京剧《扈家庄》饰演扈三娘（著名武丑演员朱金贵饰演王英）

# 吴碧华艺术生涯重点作品选辑

京剧《百花赠剑》饰演百花公主

京剧专场热心观众等待开演

各大媒体对个人专场演出的新闻报道

个人专场《喜荣归》饰演崔秀英

个人专场《喜荣归》饰演崔秀英（盛海宁饰演赵庭玉）

个人专场《汴梁杀宫》饰演苏玉娥

个人专场《汴梁杀宫》饰演苏玉娥（严阵饰演刘承佑，李正华饰演刘桂莲）

个人专场《穆桂英招亲》饰演穆桂英

个人专场《穆桂英招亲》饰演穆桂英（盛海宁饰演杨宗保）

1999年12月南京个人专场演出简历及节目单

新编历史京剧《天下归心》饰演掩屏

新编历史京剧《天下归心》
（与梅花奖获得者王小午合演）

新编历史京剧《天下归心》
（与二度梅花奖获得者陈霖仓合演）

京剧《穆桂英招亲》饰演穆桂英

新编历史京剧《西施归越》饰演东施

新编神话京剧《青蛇传》饰演许梦蛟

# 吴碧华艺术生涯所获艺术和政治荣誉

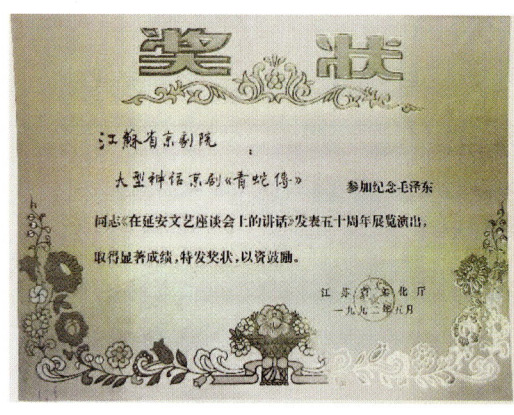

大型神话京剧《青蛇传》参加纪念毛泽东同志《在延安文艺座谈会上的讲话》发表五十周年展览演出，取得显著成绩

《西施归越》参加首届中国京剧艺术节荣获"程长庚"铜奖

京剧《西施归越》获江苏省舞台艺术精品工程（2007—2008年度）精品剧目

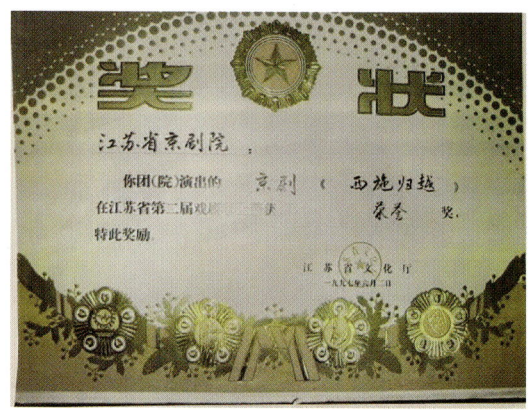

《西施归越》参加江苏省首届青年戏曲节（加佳杯），荣获优秀剧目奖

京剧《西施归越》在江苏省第二届戏剧节上荣获荣誉奖

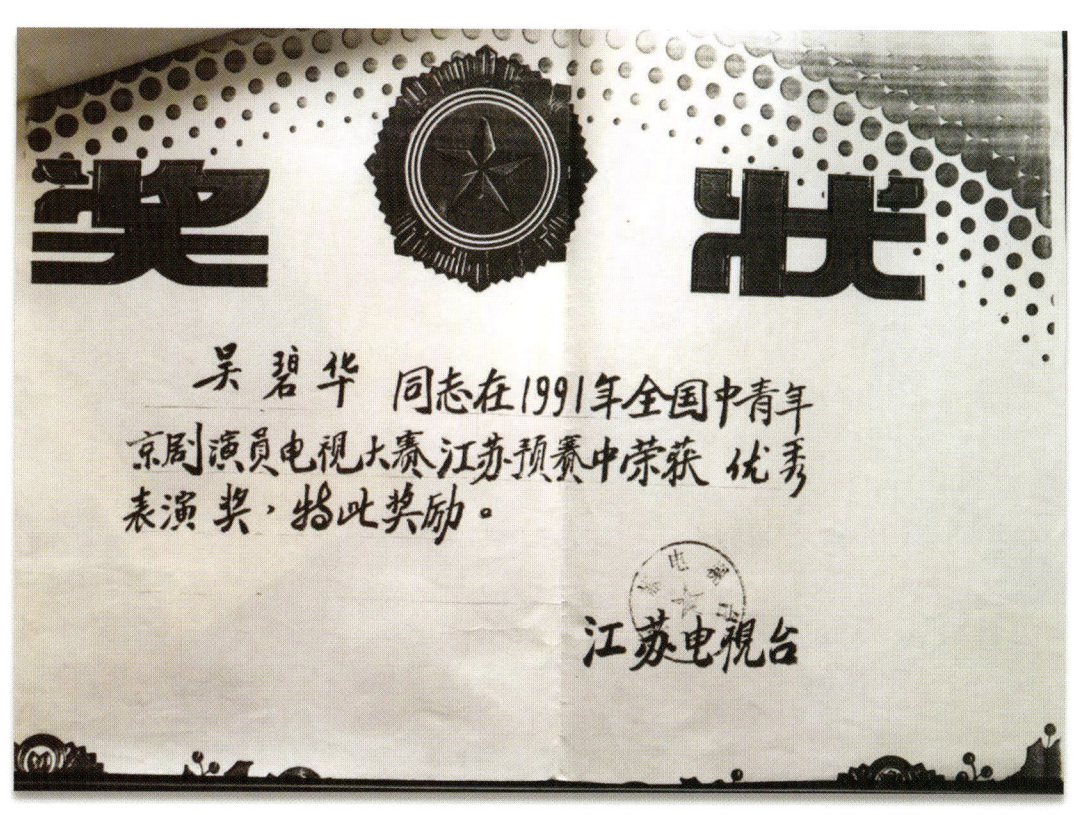

1991年在全国中青年京剧演员电视大赛江苏预赛中荣获优秀表演奖

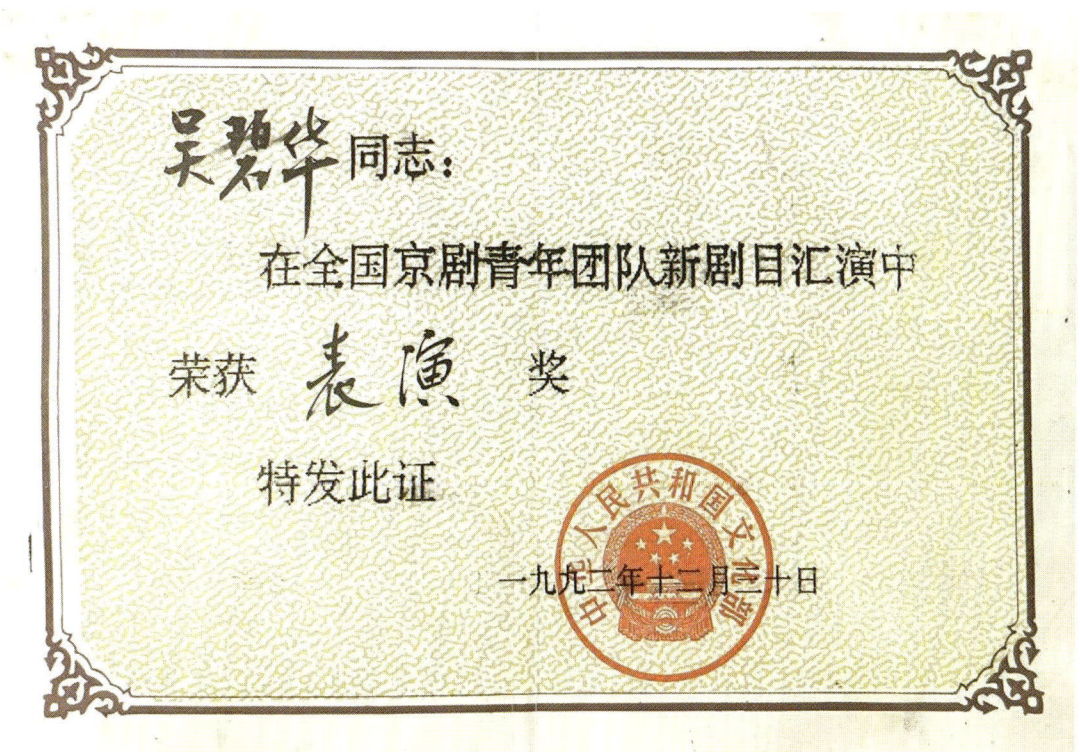

1992年在全国京剧青年团队新剧目汇演中荣获表演奖

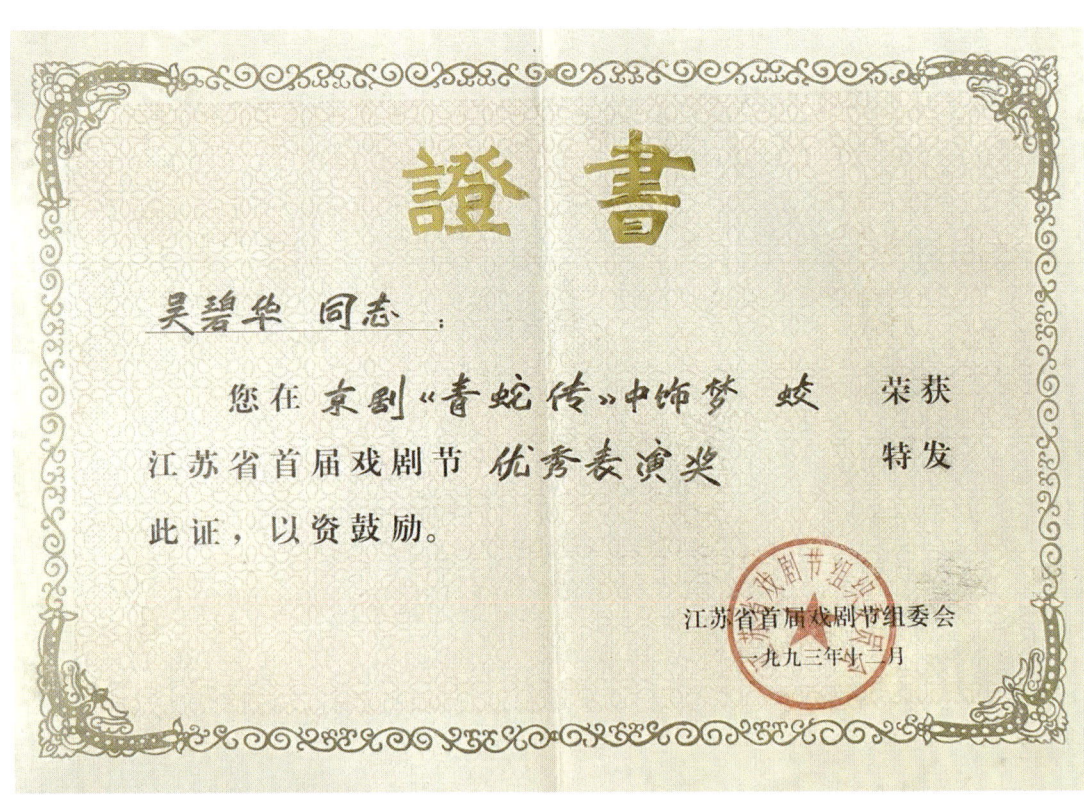

荣获江苏省首届戏剧节优秀表演奖

2004年度先进工作者

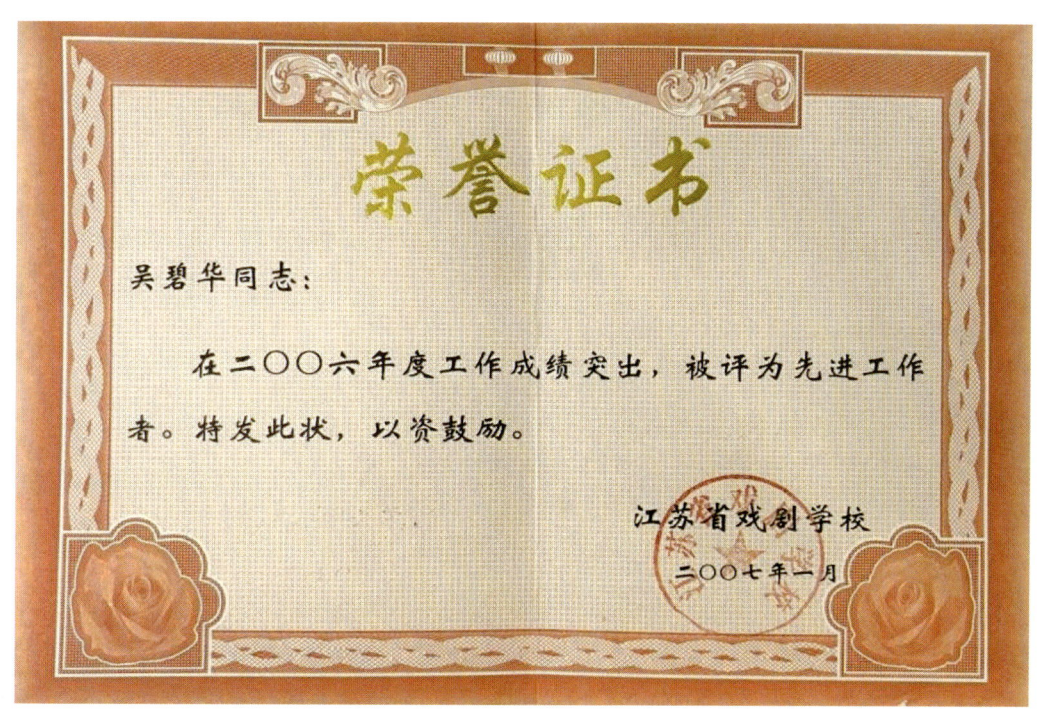

2006年度先进工作者

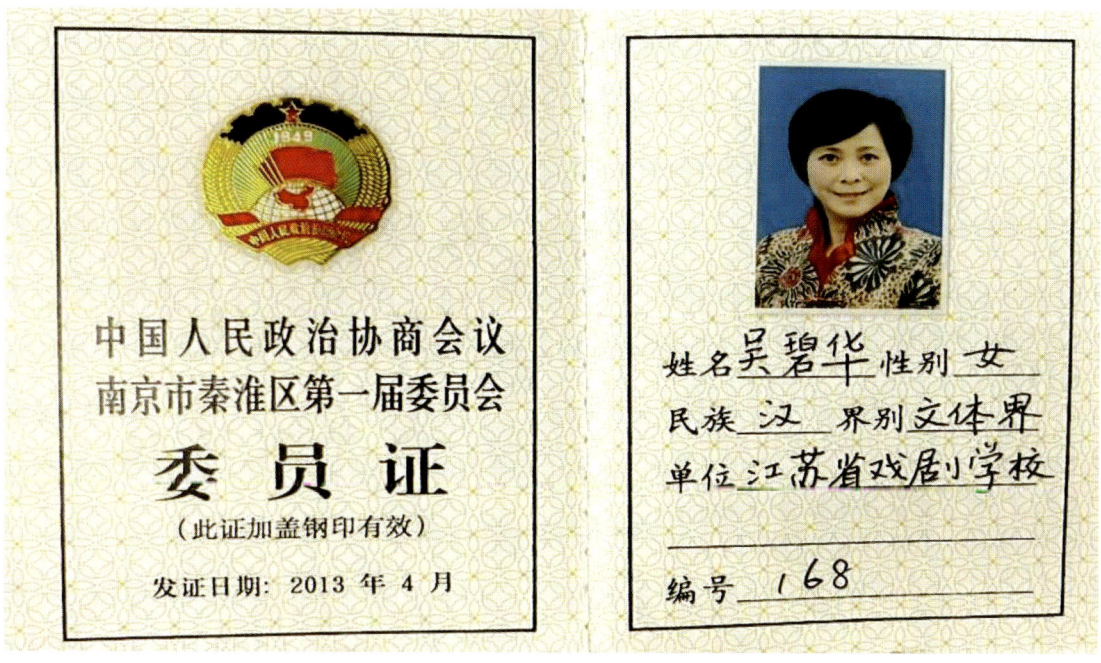

中国人民政治协商会议南京市秦淮区第一届委员会委员证

## 吴碧华艺术生涯花絮

1998级京剧班《穆桂英招亲》课堂教学汇报演出（学生毕露娜饰演穆桂英，盛晟饰演杨宗保）

1998级京剧班《穆桂英招亲》课堂教学汇报演出（学生朱冰贞饰演穆桂英）

2002级京剧班《扈家庄》课堂教学（指导学生王萌）

2002级京剧班《挡马》课堂教学汇报演出后与学生王萌合影

2005级京剧班《扈家庄》课堂教学汇报演出后与学生朱田爽、花丽丽、李可合影

2018级淮剧班《挡马》课堂教学汇报演出（学生吉玉箫饰演杨八姐）

2002级京剧班《扈家庄》课堂教学汇报演出后与学生王萌合影

2002级京剧班《扈家庄》课堂教学（指导学生王琰）

2005级京剧班《扈家庄》课堂教学汇报演出前身段指导（学生朱田爽）

2018级淮剧班《昭君出塞》课堂教学汇报演出（学生李玉饰演王昭君）

1998级京剧班《穆桂英招亲》课堂教学汇报演出后与学生毕露娜合影

1998级京剧班《昭君出塞》课堂教学汇报演出后与学生朱冰贞合影

恩师京剧表演艺术家冀韵兰先生1978年传授《穆桂英招亲》时的留影

中国戏曲学院教授、著名京剧表演艺术家张正芳老师1998年传授京剧《百花赠剑》时的留影

京剧进校园掠影

在日本堺市化妆服饰专科学校讲授京剧服饰知识

受邀在丹麦讲学

介绍戏曲舞台道具"宝剑"的使用技巧

在南京大学为留学生授课

1993年参加"中国文化周"与我国驻丹麦大使馆大使和文化参赞夫妇(宜兴人)合影

2002年到丹麦演出,受到大使馆官员接见

与丹麦国家博物馆馆长合影

与京剧表演艺术家吴美玲（左）、台湾京剧艺术大师戴绮霞（中）合影

与著名京剧表演艺术家沈小梅合影

与中国文联原副主席杨承志合影

在《剧影月报》上发表的《谈脚下技巧与人物塑造》

在《艺术百家》上发表的《戏曲教学与导演手法》

71

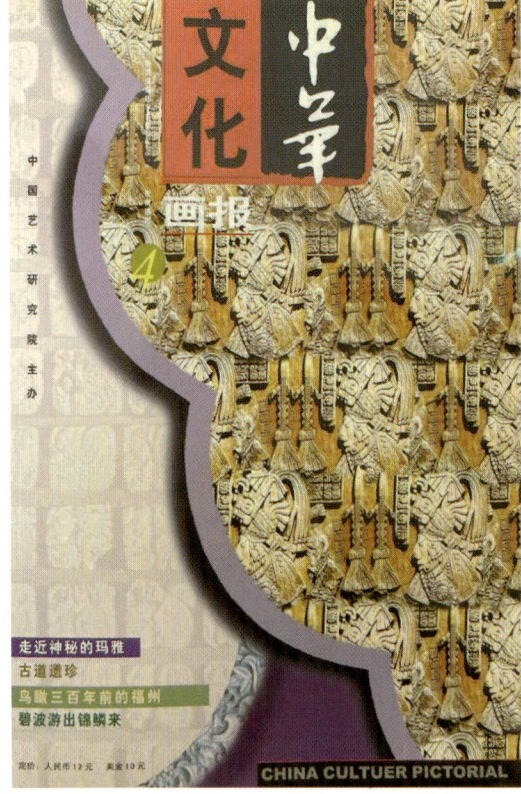

人物写真——2001年《中华文化画报》之《弘扬与超越之路》

## 2020年唐振华专场演唱会集锦

2011年"锡韵风流"唐振华锡剧演唱会节目单

# 唐振华个人演唱会集锦

2011年2月10日,"锡韵风流"唐振华锡剧演唱会在宜兴人民剧院隆重举行。

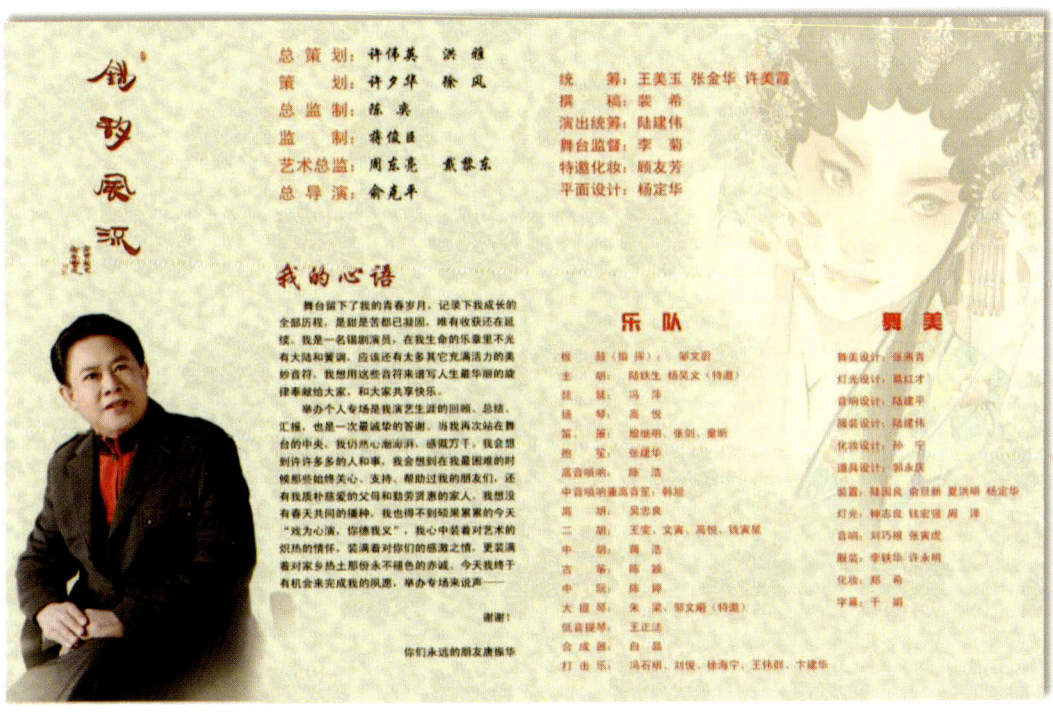

2011年"锡韵风流"唐振华锡剧演唱会海报

经 江苏省艺术专业高级专业技术资格评审委员会于2005年8月21日评审，唐振华已具备一级演员资格。

姓　名　唐振华
性　别　男
出生年月　1952.01
工作单位　宜兴市锡剧团
编　号　05

发证机关：江苏省人事厅

二〇〇五年 八月廿一日

一级演员证书

的唱段又陆续被许多音像公司出版发行。2017年10月中国戏剧出版社出版了《锡剧名家唐振华》一书。

唐振华先后获得江苏省第一届、第二届、第三届、第五届锡剧节优秀表演奖，1985年在由上海人民广播电台、江苏人民广播电台等六个广播电台联合举办的锡剧青年演员"太湖梅花"广播大奖赛中获二等奖，1988年在江苏省中青年锡剧演员"双达杯"电视大赛中获最佳表演奖，1996年、1998年在无锡市新剧（节）目调演中均获得优秀表演奖，2000年在无锡市新剧（节）目调演中获得表演奖；1997年、1999年、2003年分别在第二届、第三届、第四届江苏省戏剧节上获得优秀表演奖。

唐振华曾于1981—1989年连续三届当选为宜兴市人民代表大会常务委员会常委委员，无锡市劳动模范称号、宜兴市先进工作者称号，还获得无锡市"德艺双馨"艺术家、宜兴市宣传新闻文化工作"十杰"称号等殊荣，其事迹被收入《中华人物辞海·当代文化卷》、《二十一世纪人才库》、《银幕与舞台》、《剧影月报》、《宜兴年鉴》（1995年）、《当代江苏戏剧家》等。

40多年的舞台演艺生涯中，成绩骄人。唐振华无可争议地成为宜兴市锡剧团的领军人物，成为青年演员学习的榜样，他为宜兴的文化建设做出了突出的贡献。

# 唐振华艺术生涯简介

唐振华,一级演员,当代锡剧名家,中共党员,江苏省级非物质文化遗产锡剧代表性传承人。1952年出生于江苏宜兴芳桥镇(今芳桥街道)。1971年进入宜兴县锡剧团从事表演工作。1982—1983年在江苏省戏剧学校表演系进修;1985—2005年任宜兴市锡剧团副团长。

他基本功扎实,唱做俱佳,嗓音高亢明亮,音色饱满清透,极具穿透力,把握人物准确,扮相英俊不失阳刚、硬朗不失灵气,在锡剧界独树一帜,具有令人赏心悦目的舞台风范。

唐振华师承锡剧名家张志强先生,不仅扮相俊秀,唱腔抑扬婉转,声情并茂,吐字如珠,运气充沛,而且善于吸收和借鉴兄弟剧种及歌曲的演唱方法,丰富和完善自己的演唱技巧,形成了自己独特的表演风格。

曾在京剧现代戏《智取威虎山》《红灯记》《磐石湾》,锡剧传统戏《宝莲灯》《三请樊梨花》《狸猫换太子》、现代戏《海岛女民兵》《霓虹灯下的哨兵》以及新创剧目《爱河滔滔》《周处》《范蠡情》《磐山夜雨》《姐妹恨》《百合花开》《花季谣》等30多台戏中领衔主演。并在锡剧电视剧《谢瑶环》《龙泉情》《牛六宝哭田》《陶朱公传奇》和锡剧电影《红楼夜审》中担任主角。

1986年上海音像公司出版了《唐振华演唱精选》磁带,之后他

**NATIONALMUSEET**

Ms. Wu Bihua
Room 602, Building 7,
20, Xiaohuowaxiang Street
Nanjing
People's Republic of China.

NATIONAL MUSEUM OF DENMARK
INTERNATIONAL COLLECTIONS
*Ethnographic Collection*

FREDERIKSHOLMS KANAL 12
DK-1220 KØBENHAVN K
TEL +45 33 47 32 03
FAX +45 33 47 33 20

DIRECT TEL +45 33 47 32 08
DIRECT E-MAIL joan.hornby@natmus.dk

DATE  8 November 2002

Dear Wu Bihua,

On behalf of the National Museum of Denmark I am very pleased to confirm that you have visit our Museum from October 10 to November 11, 2002 in connection with the special arrangement: Beijing Opera. Exhibition, performance and mask-painting.

The numerous visitors to the Museum during this period have enthusiastically enjoyed and applauded your charming and elegant acting. We are proud to have hosted this event and want to express our sincere thanks to you for visiting the Museum.

Yours sincerely,

Joan Hornby
Curator of Far Eastern art and Culture.

HOMEPAGE WWW.NATMUS.DK
CVR/VAT-NO: DK 22-13-91-18

丹麦国家博物馆授予的荣誉证书

赴日本东京进行文化交流，演出京剧《红娘》

江苏七人艺术家小组赴丹麦参加"中国之夜"文化交流活动，展示京剧水袖

应邀赴瑞士巡演《拾玉镯》（饰演孙玉娇）

1994 年在日本演出《霸王别姬》

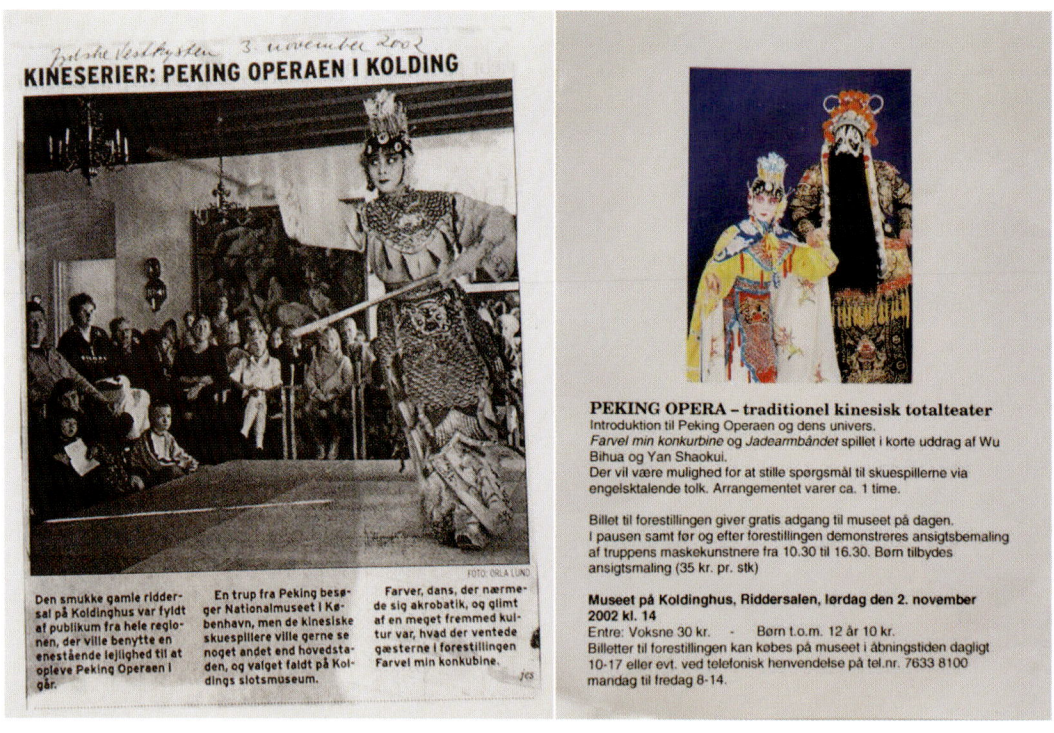

出访丹麦演出《霸王别姬》（饰演虞姬）

出访丹麦演出《拾玉镯》新闻报道　　出访墨西哥演出《拾玉镯》新闻报道

出访墨西哥演出《拾玉镯》(饰演孙玉娇)

出访加拿大演出《秋江》(饰演陈妙常)

在中央电视台录制《名家名段》,演出京剧《青丝泪》(饰演林娘)

人物写真——2002年《弘报》之《绽放的京剧奇葩——吴碧华》

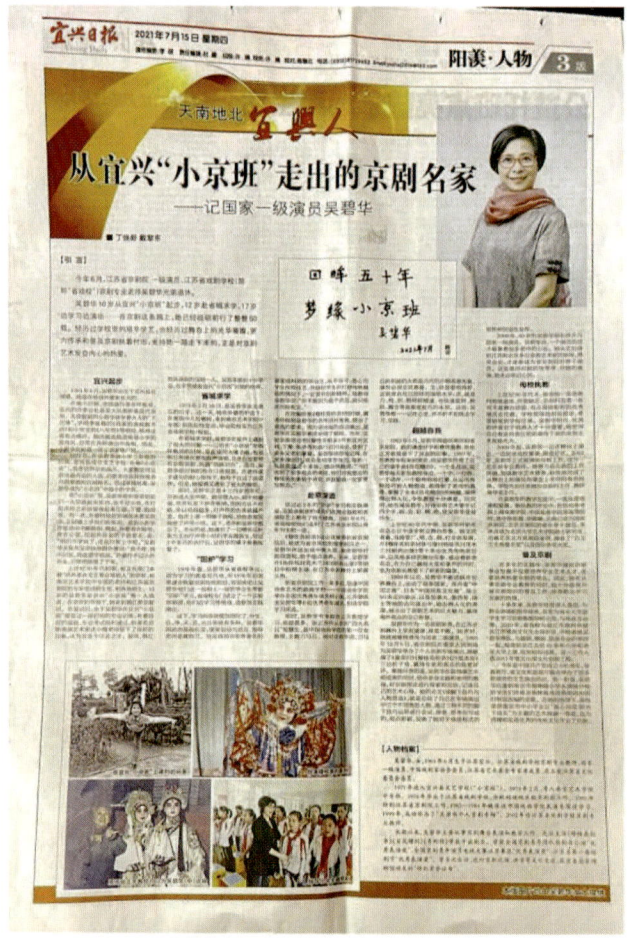

2021年《宜兴日报》之《从宜兴"小京班"走出的京剧名家——记国家一级演员吴碧华》

2020年唐振华专场演唱会上与王凤华合作演出

唐振华与演唱会节目主持人白燕升合影

唐振华（中）与时任宜兴市委书记蒋洪亮（左二）、时任宜兴市纪委书记
许力夫（右二）、表演艺术家倪同芳（左一）、表演艺术家茅善玉（右一）合影

# 唐振华艺术馆集锦

经过一年多的筹划与准备，2022年7月28日唐振华艺术馆在宜兴市芳桥街道金兰村对外开放。

唐振华艺术馆揭牌仪式

唐振华艺术馆掠影

唐振华艺术馆掠影

群众参观唐振华艺术馆

# 唐振华艺术生涯重点作品选辑

《周处》中饰演周处

现代戏《百合花开》中饰演老村长何伟长

《三请樊梨花》饰演薛丁山

《三看御妹》饰演封加进

《爱河滔滔》宣传海报

《爱河滔滔》饰演李金根

《狸猫换太子》饰演陈琳

《姐妹恨》饰演周叶飞

戏曲 锡剧

《磬山夜雨》饰演范修

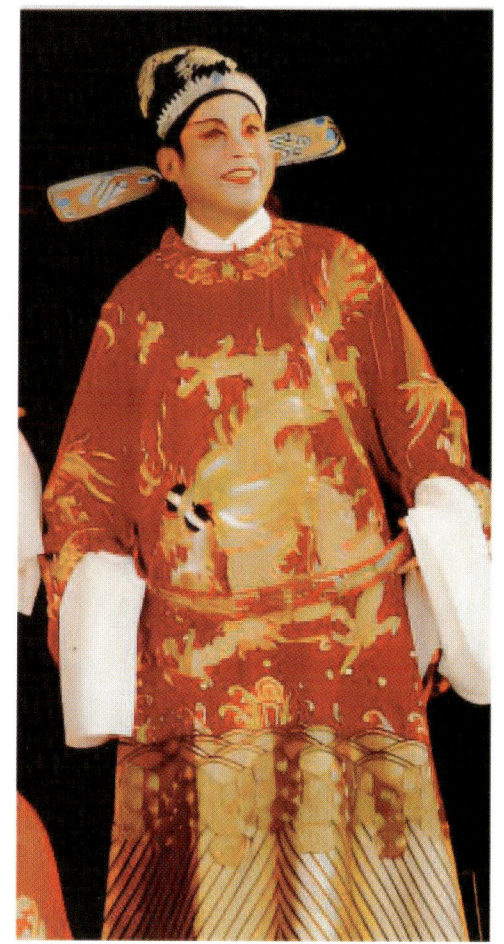

《信陵公子》饰演信陵君

《珍珠塔》饰演方卿

《孟丽君》饰演皇甫少华

《范蠡情》饰演范蠡

《花季谣》饰演老爷爷

《红灯记》饰演李玉和

《沙家浜》饰演郭建光

《智取威虎山》饰演参谋长

《金玉奴》饰演林顺

锡剧电影《红楼夜审》饰演胡文龙

六集锡剧电视连续剧《陶朱公传奇》饰演文种

上下集锡剧电视剧《牛六宝哭田》饰演牛六宝

上下集锡剧电视剧《谢瑶环》饰演袁行健

上下集锡剧电视剧《龙泉情》饰演火龙

唐振华演唱音像制品

唐振华演唱音像制品

唐振华演唱音像制品

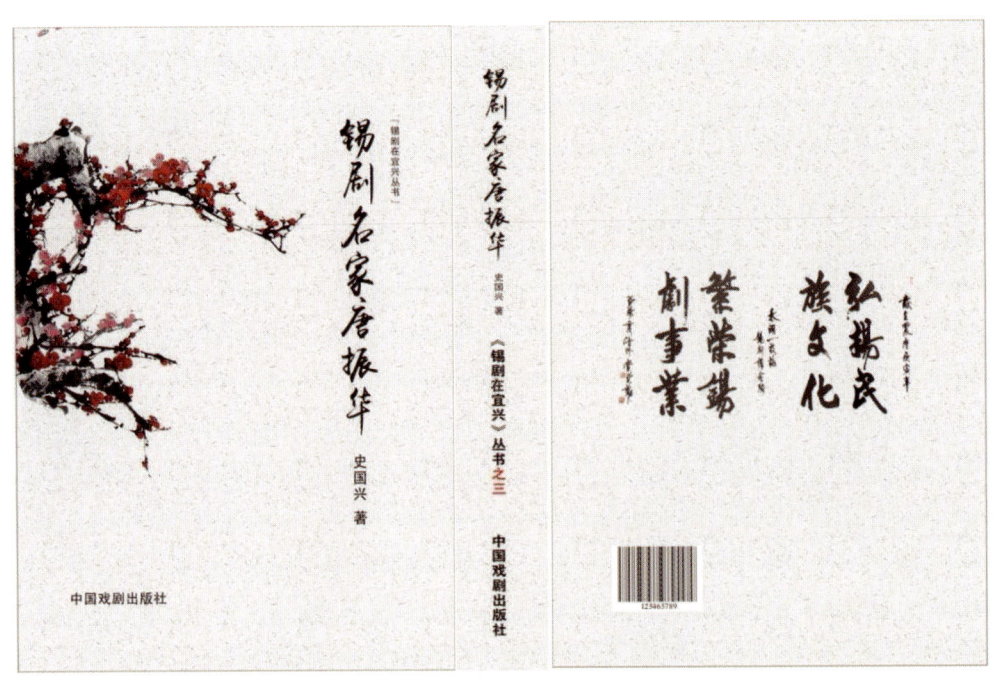

2017年10月《锡剧名家唐振华》一书由中国戏剧出版社出版发行

# 唐振华艺术生涯所获艺术和政治荣誉

唐振华，当代锡剧名家，江苏戏剧家协会会员。曾当选宜兴人民代表常务委员会常委、无锡市劳动模范、无锡市党代、无锡市"德艺双馨艺术家"。多次获宜兴市先进工作者称号、宜兴市优秀宣传新闻文化工作者等殊荣，事迹被收入《中华人物辞海》、《世界名人录》、《银幕与舞台》、《剧影月报》、《宜兴年鉴》、《当代江苏戏剧家》等等。

唐振华在四十多年的演艺生涯中，成绩骄人。无可争议地成为宜兴市锡剧团的领军人物，青年演员学习的榜样。

2005年12月，年满55岁的他从领导岗位退了下来，退职不退情、退位不退心，他用他献身锡剧艺术的情怀，又在广大群众面前树立了一个劳动模范的新典范。演薛丁山时脚上的血泡，《爱河滔滔》演满500场之际，后台架起的牵引腰椎用的木板床，电视剧《牛六宝哭田》之际，为了拍戏和剧团演出两不误，汗湿的衣衫……他的刻苦、他的敬业精神，深深地感动着剧团的演职员，感染着他的学生。

近两年多的时间里，他把主要精力放在培养下一代身上，韩志良是他的第一代学生，如今已经成为了剧团的台柱子，也当上了副团长；潘群超是他的第二代学生，也已在舞台上崭露头角，演艺日趋成熟。

## 锡韵风流四十载 春风满园桃李芳
——宜兴市锡剧团 一级演员 唐振华

**主要作品及奖项：**

京剧：《智取威虎山》、《红灯记》、《磐石湾》
锡剧传统戏：《宝莲灯》、《三请樊梨花》、《狸猫换太子》
现代戏：《海岛女民兵》、《霓虹灯下的哨兵》，以及新创剧目《爱河滔滔》、《周处》、《范蠡情》、《姐妹恨》、《星光灿烂》等。
电视剧：《谢瑶环》、《龙泉情》、《牛六宝哭田》、《陶朱公传奇》；
电影：《红楼夜审》。

先后获江苏省第一、二、三、五届锡剧节优秀表演奖，第六届锡剧艺术节演员奖，江苏省第二、三届戏剧节优秀表演奖，上海音像公司出版《唐振华唱腔精选》，多部作品在中央电视台11频道播出。1985年在由上海、江苏等6个广播电台联合举办的"太湖梅花"广播大奖赛上获二等奖，1988年在江苏省青年锡剧演员"双达杯"电视大赛上获最佳表演奖，1996年、1998年在无锡市新剧(节)目调演中均获得优秀表演奖，2000年在无锡市新剧(节)目调演中获得表演奖；1997年、1999年、2004年分别在江苏省第二届、第三届、第四届戏剧节上获得优秀表演奖。1984年以来，还在电影戏曲片《红楼夜审》中饰主角胡文龙、电视戏曲片《谢瑶环》上下集中饰主角袁行健(该剧获第十五届中国电视"金鹰奖")、电视戏曲片《龙泉情》中饰主角火龙、电视戏曲片《牛六宝哭田》上下集中饰主角牛六宝(该剧获无锡市首届"五个一工程"奖，并于1997年4月25日在中央一台播放)；在六集锡剧电视连续剧《陶朱公传奇》中饰演文种一角(该剧多次在中央11频道播出)。1986年上海音像公司出版了《唐振华唱腔精选》磁带。

戏 剧 篇

《锡剧在宜兴》丛书中个人介绍

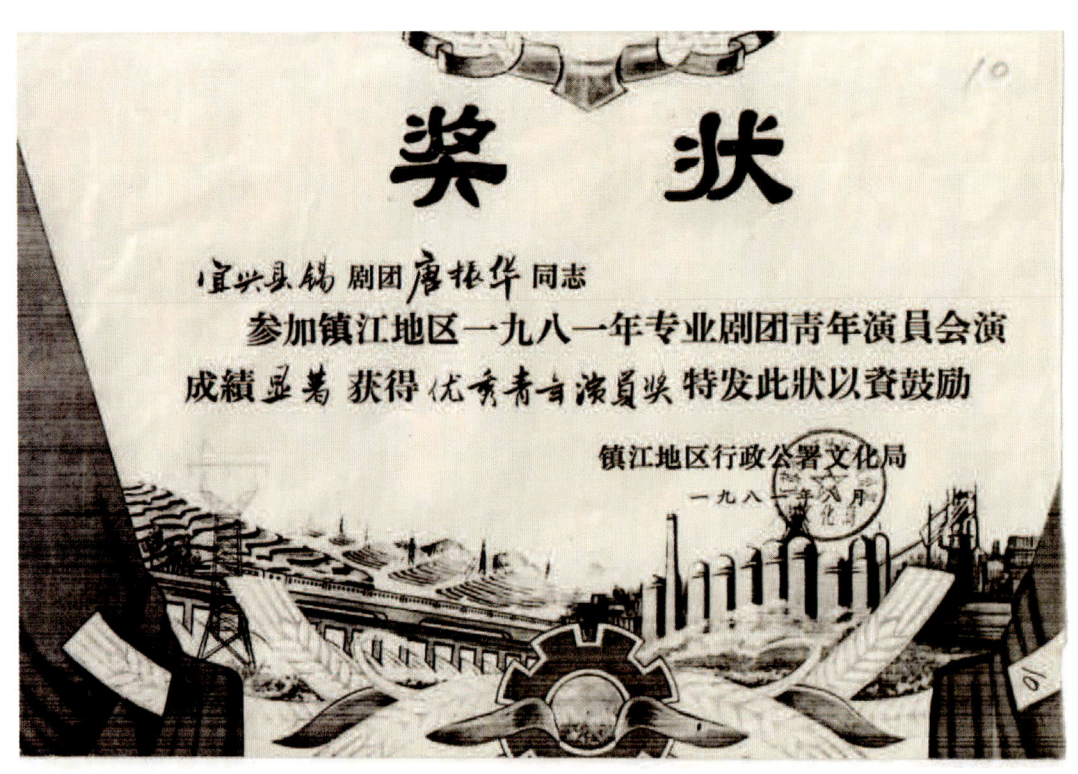

镇江地区 1981 年专业剧团青年演员会演优秀青年演员奖

江苏省首届锡剧节优秀演员奖

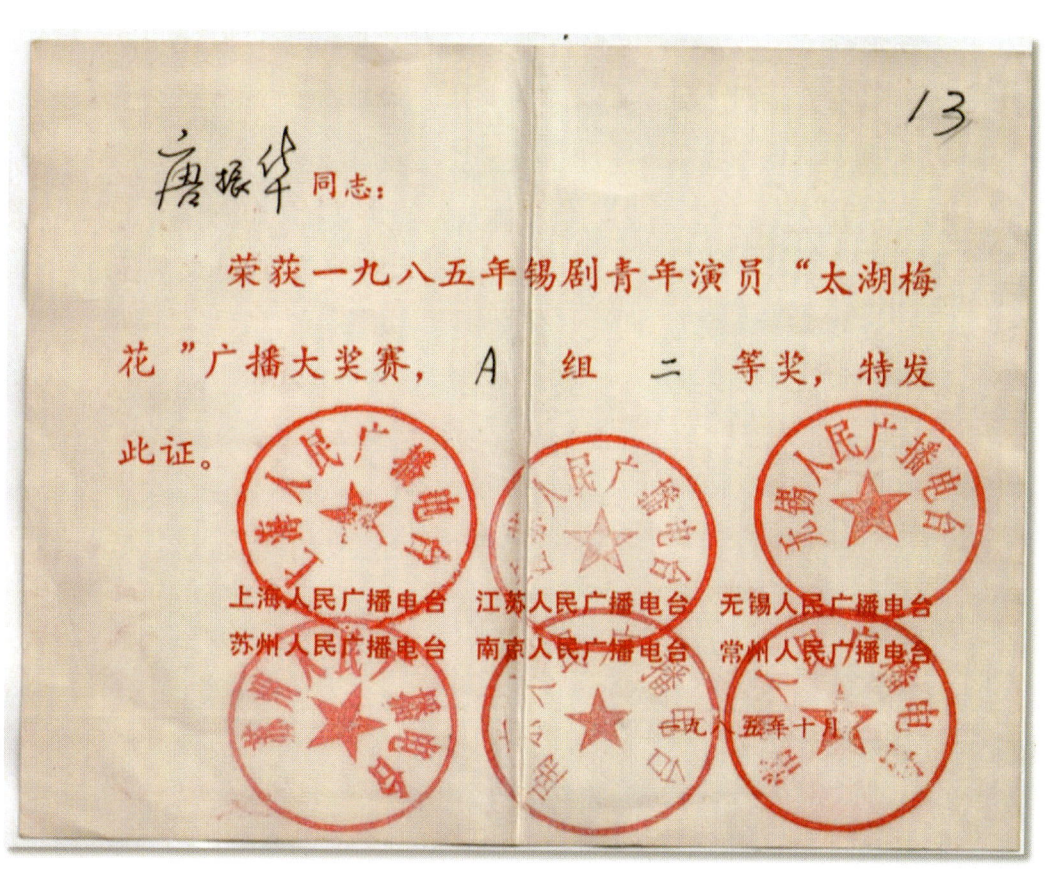

1985年锡剧青年演员"太湖梅花"广播大奖赛二等奖

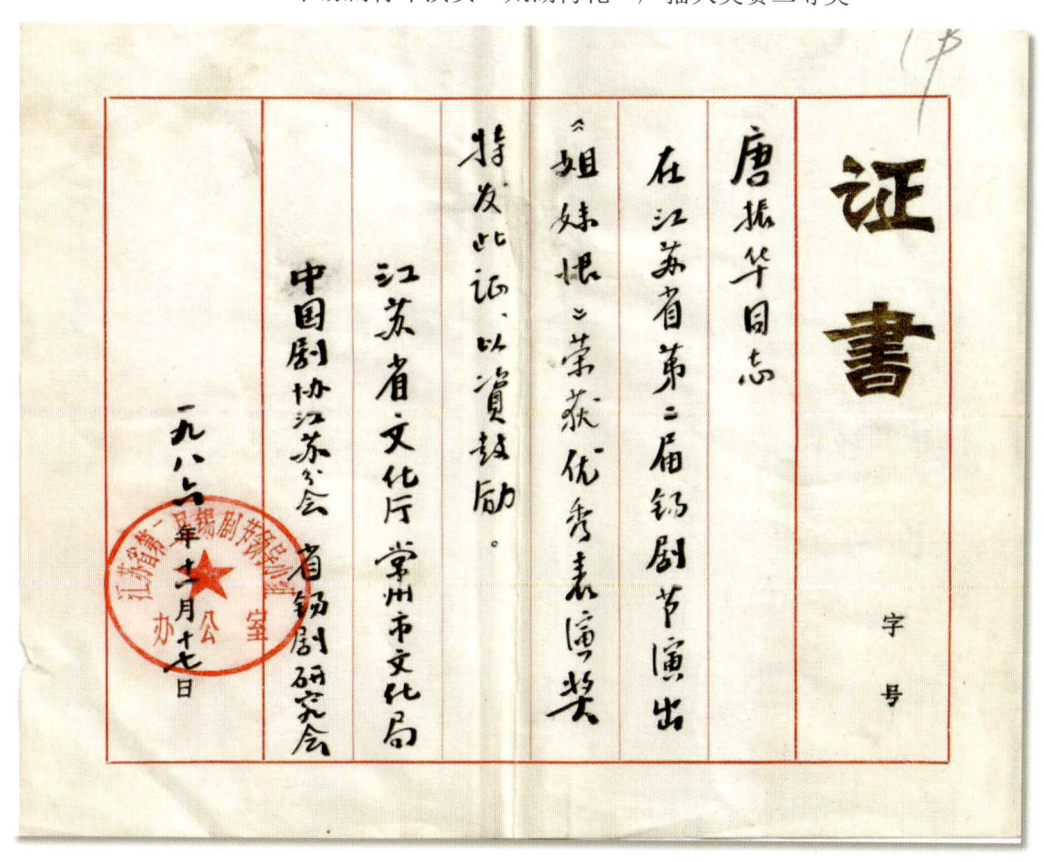

江苏省第二届锡剧节优秀表演奖

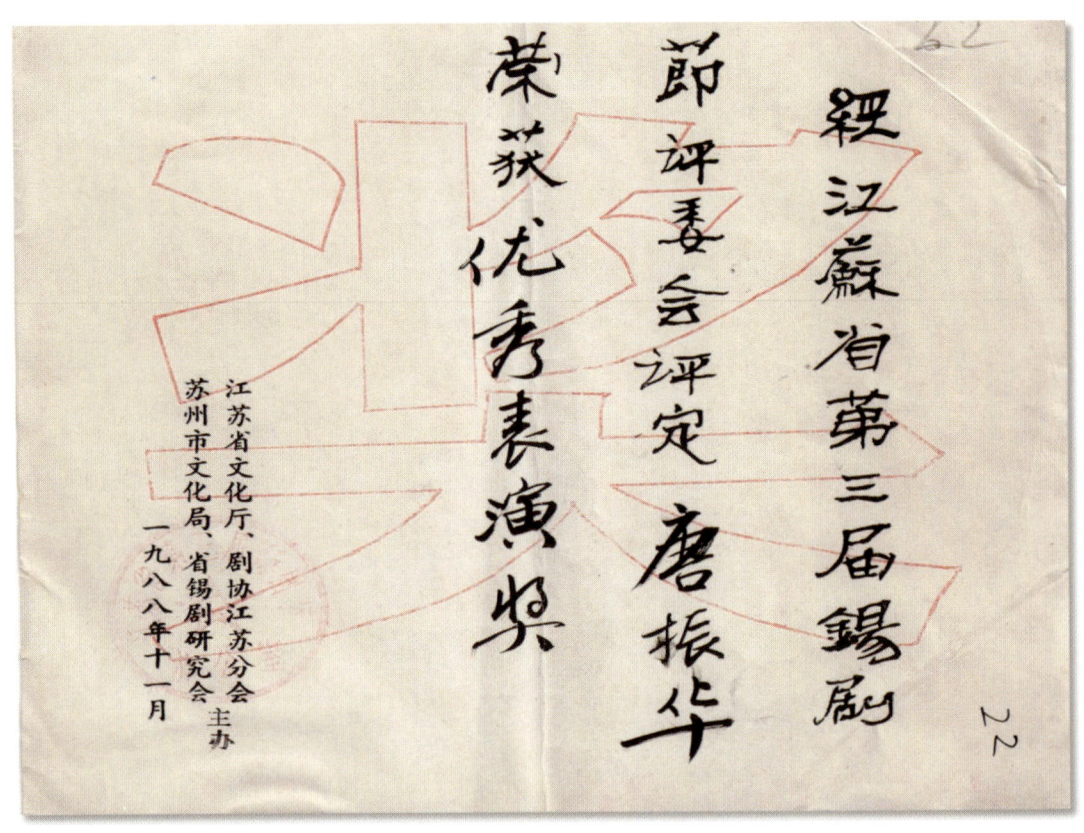

江苏省第三届锡剧节优秀表演奖

江苏省中、青年锡剧演员"双达杯"电视大赛最佳表演奖

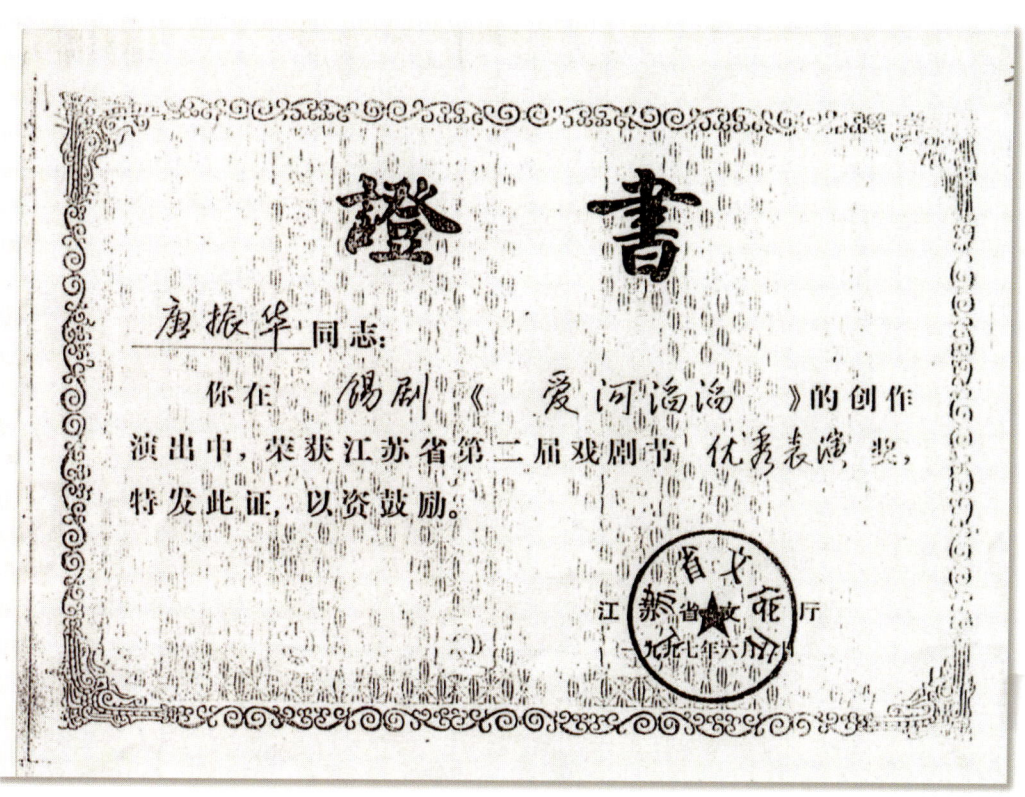

江苏省第二届戏剧节优秀表演奖

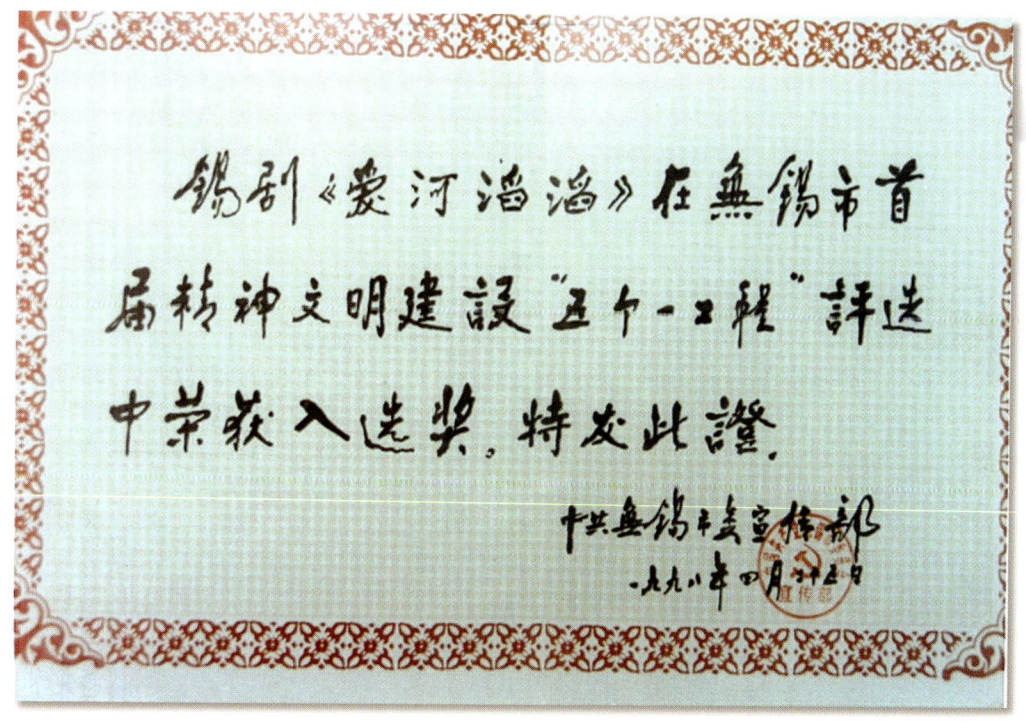

《爱河滔滔》获无锡市首届精神文明建设"五个一工程"奖

## 荣誉证书

唐振华同志：

你在锡剧《磐山夜雨》中饰演范 修，荣获江苏省第五届锡剧节（龙城杯）优秀表演奖。特发此证，以资鼓励。

江苏省第五届锡剧节（龙城杯）
组　委　会
一九九九年四月十六日

江苏省第五届锡剧节（龙城杯）优秀表演奖

## 证书

唐振华 同志：

在第三届江苏省戏剧节中，荣获优秀表演奖，特发此证，以资鼓励。

（锡剧"磐山夜雨"中饰范修）

一九九九年六月·南京

第三届江苏省戏剧节优秀表演奖

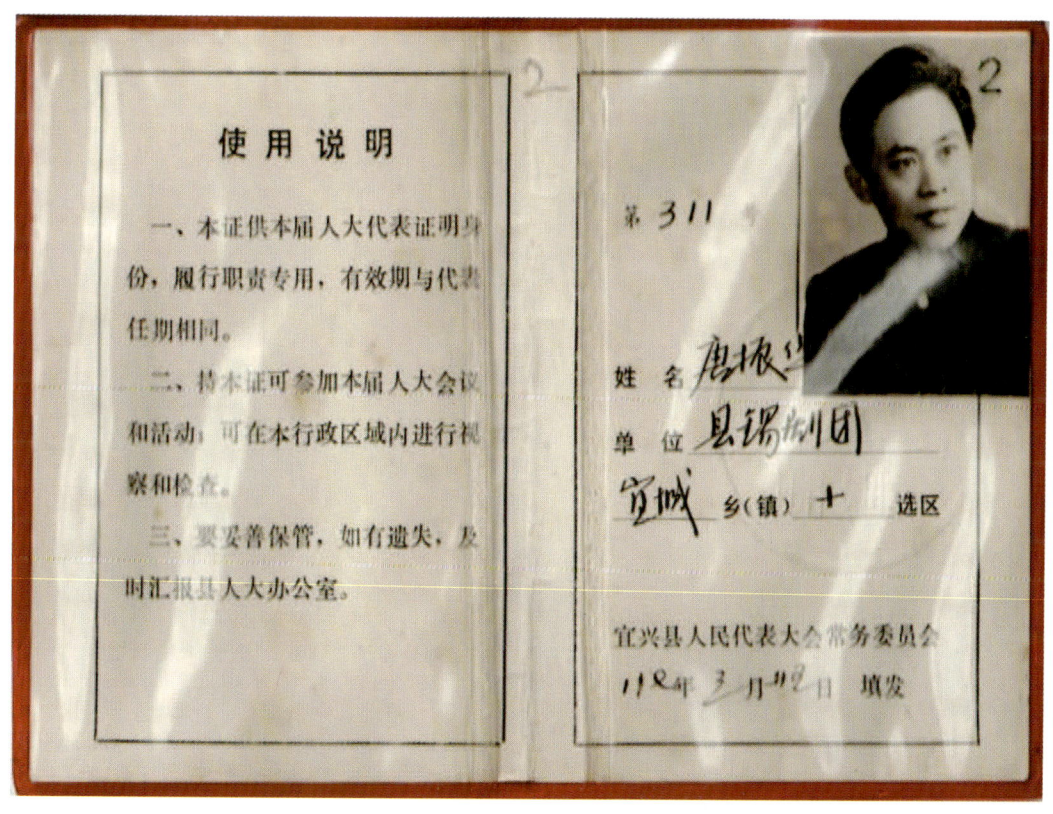

宜兴县第十届人民代表大会代表证

唐振华同志曾于一九八五年二月出席我市一九八三 / 一九八四年度先进表彰会议荣获劳动模范称号 特发此证以资纪念

无锡市人民政府

1985年2月

编号 257

1983—1984年度无锡市劳动模范

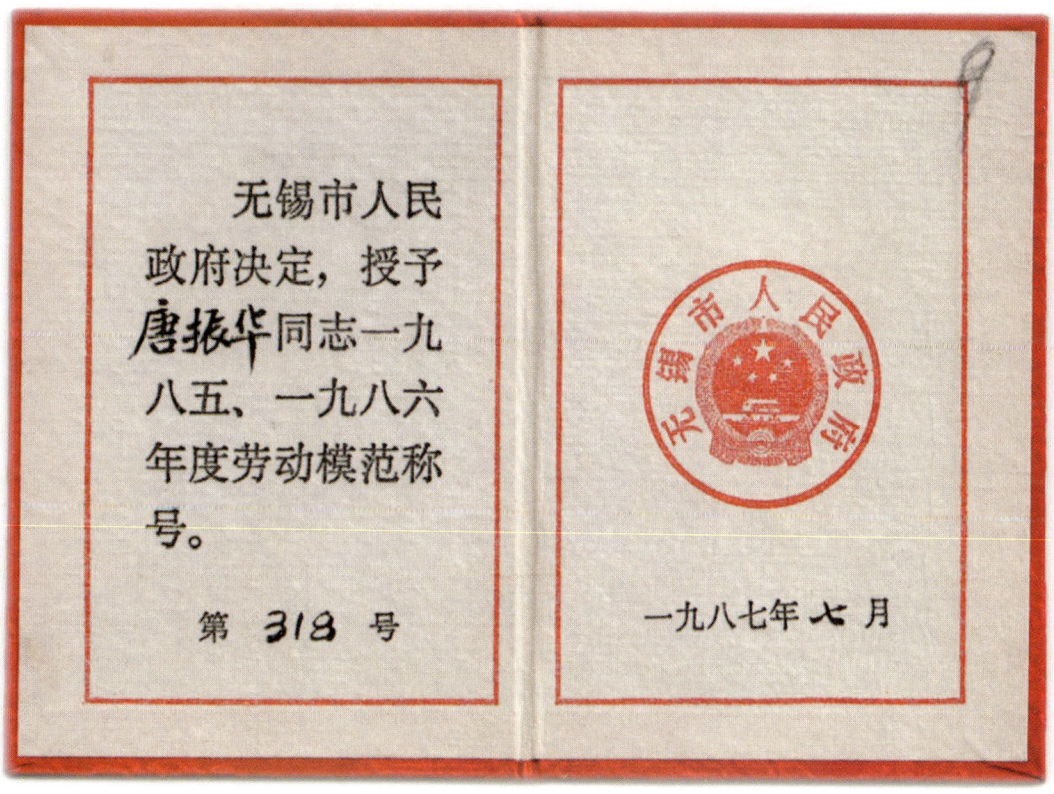

1985—1986年度无锡市劳动模范

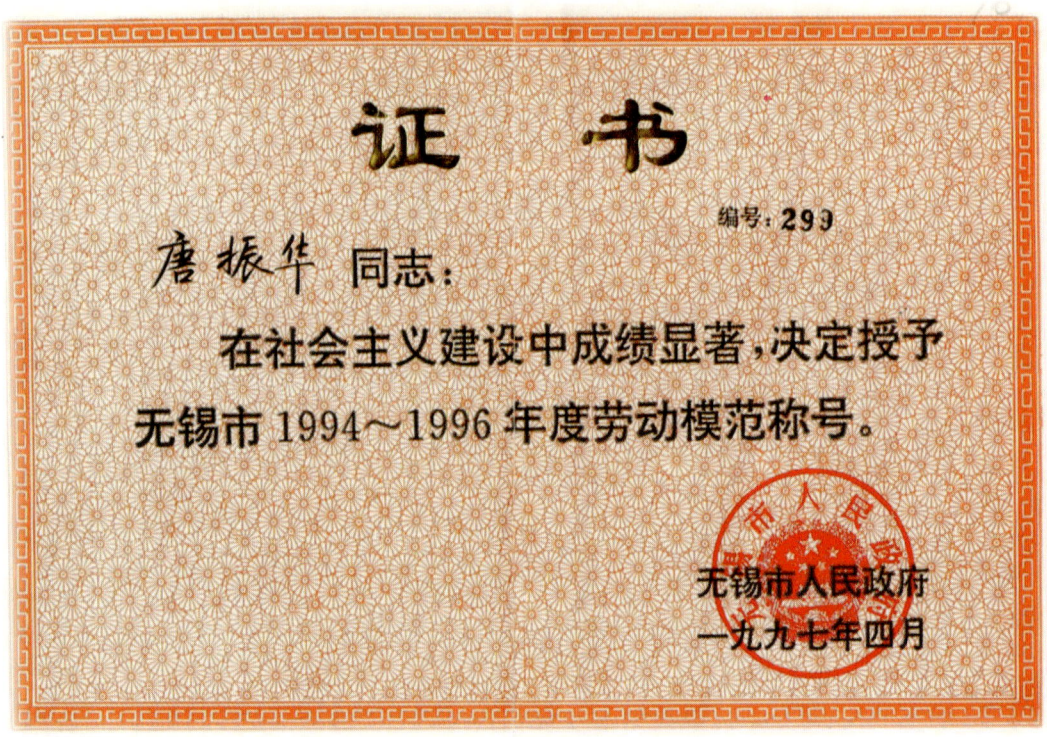

1994—1996年度无锡市劳动模范

镇江地区农村文化艺术工作先进工作者

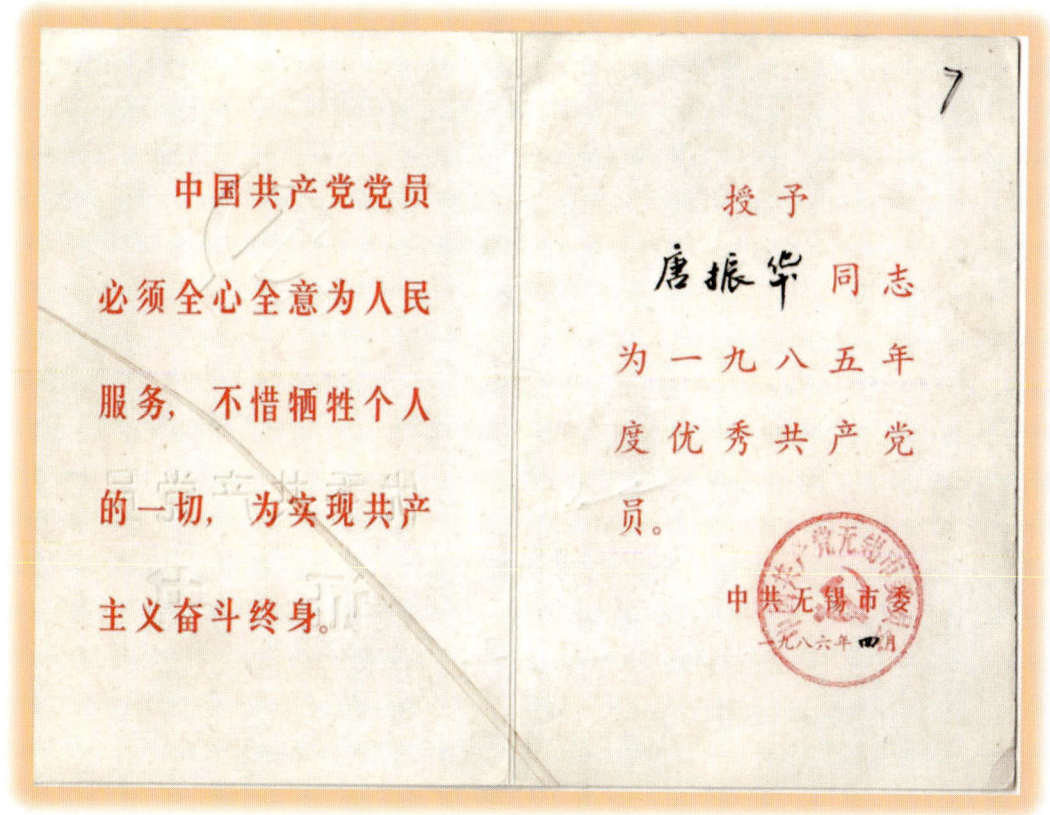

1985年度优秀共产党员

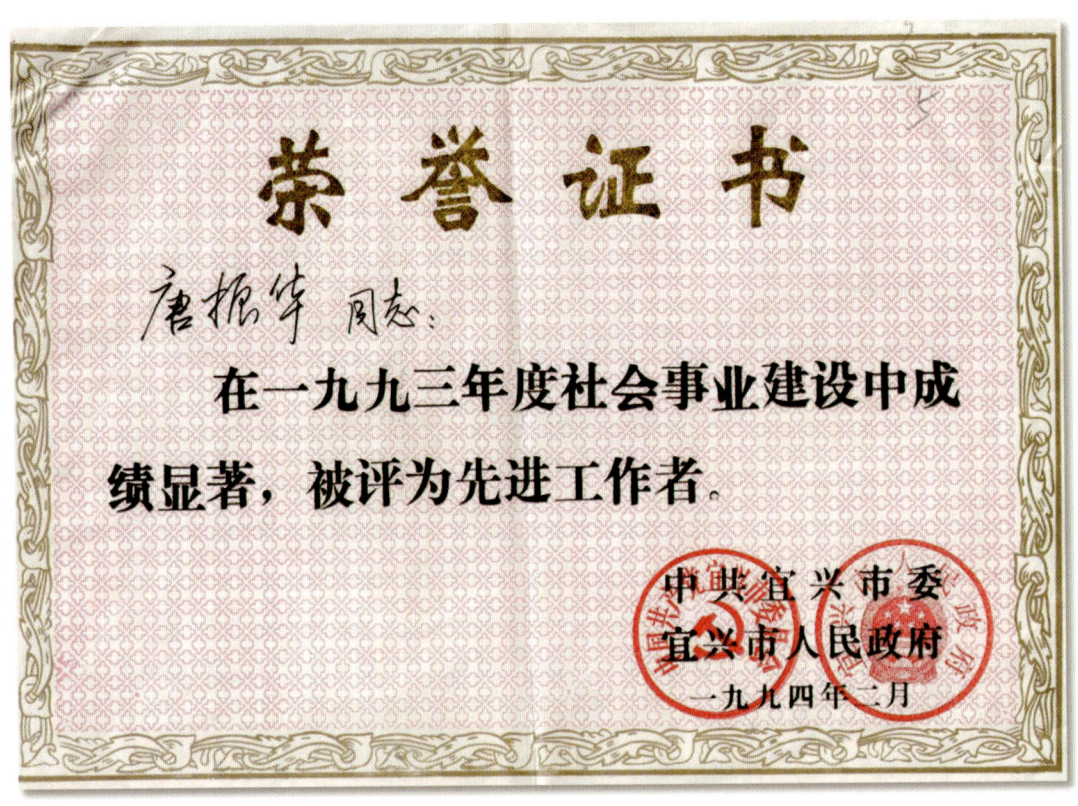

1993年度宜兴市先进工作者

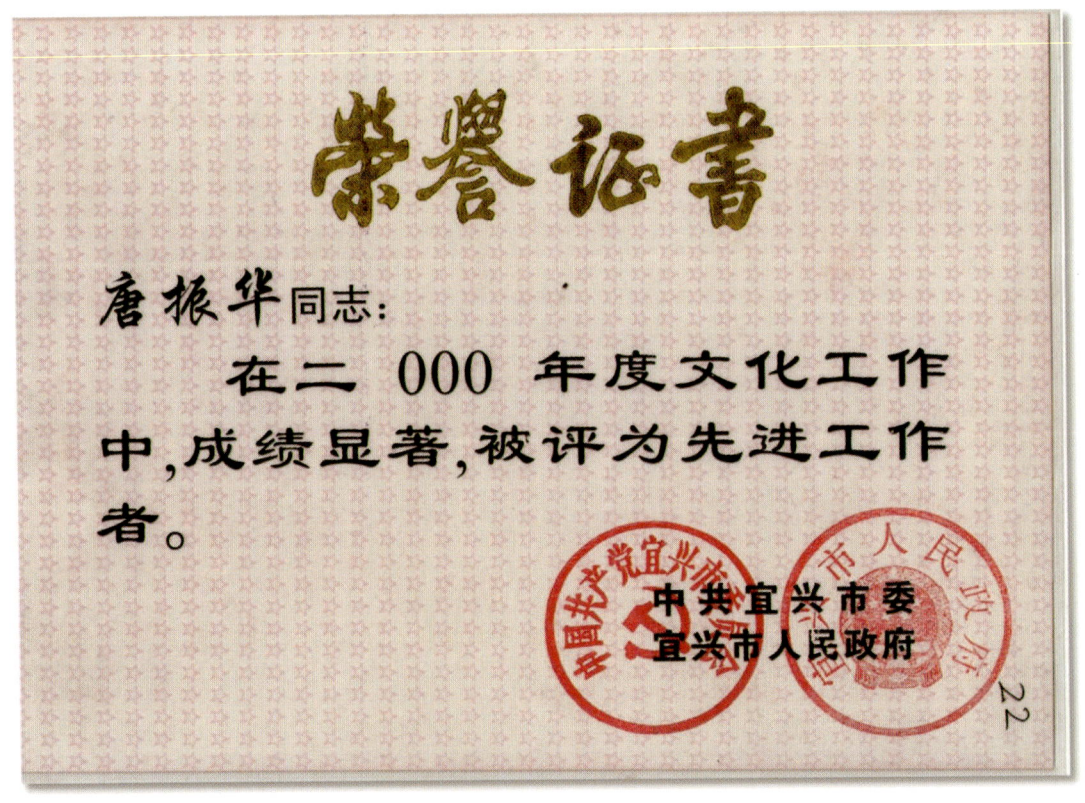

2000年度宜兴市先进工作者

1998年4月20日被宜兴市人民政府荣记三等功

1999年获无锡市"德艺双馨"文艺工作者称号

2003年度宜兴市宣传新闻文化工作"十杰"称号

2004年度宜兴市宣传新闻文化工作"十杰"称号

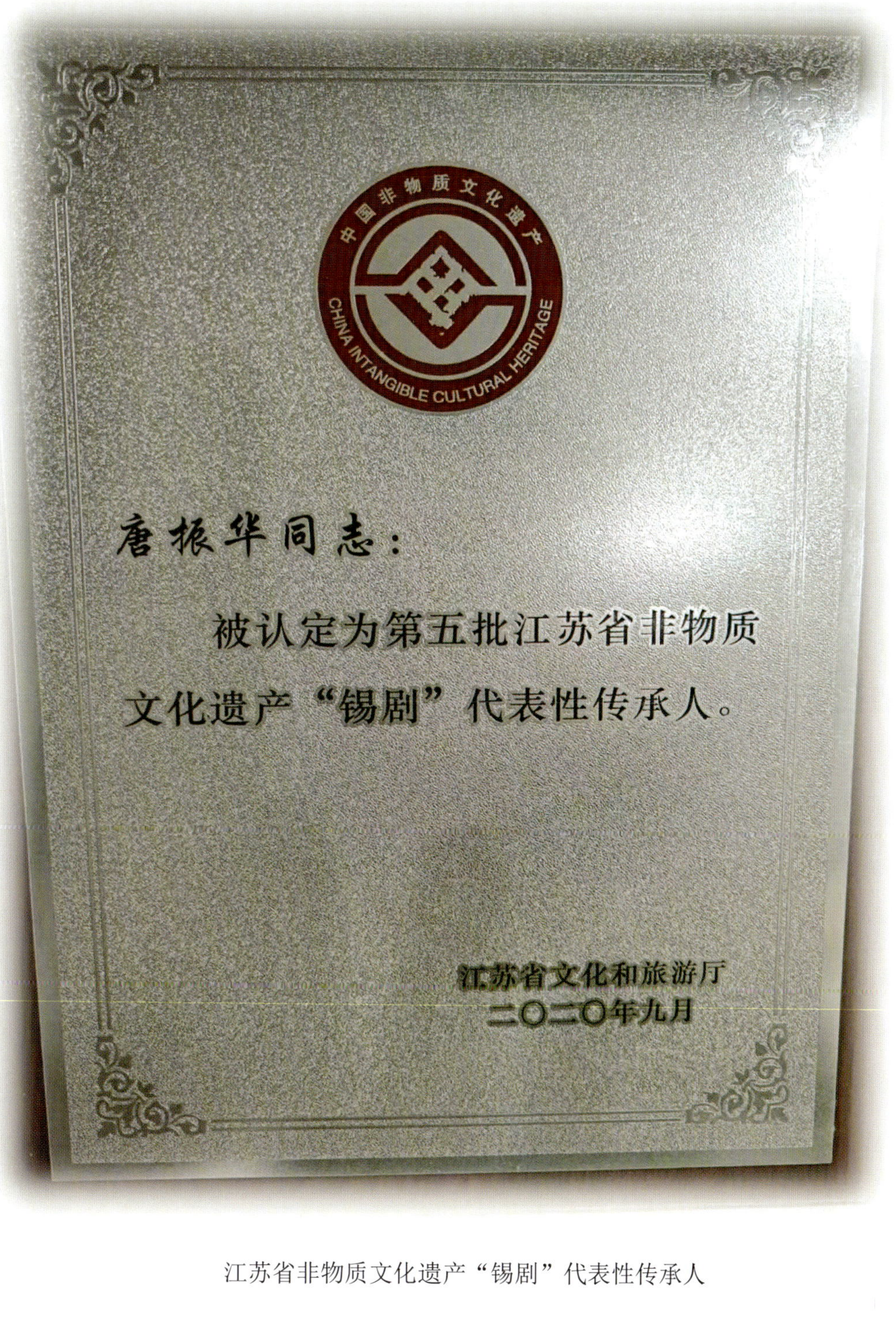

江苏省非物质文化遗产"锡剧"代表性传承人

·唐振华· 1952年1月生。江苏宜兴人。中共党员。宜兴市锡剧团副团长。二级演员。江苏省戏剧家协会会员。主要成果：1984年以来先后获得江苏省第一、第二、第三届锡剧节优秀表演奖；1985年在由上海、江苏等6个广播电台联合举办的"太湖梅花"广播大奖赛上获二等奖，1988年在江苏省中青年锡剧演员"双达杯"电视大赛上获最佳表演奖，1996年在无锡市新剧目调演中获优秀表演奖。1984年以来，还在电影戏曲片《红楼夜审》中饰主角吴文龙，在戏曲电视剧《龙泉情》中饰主角火龙、《谢瑶环》中饰主角袁引健、《牛六宝哭田》上下集中饰主角牛六宝（该剧于1997年4月25日在中央一台播放）。1986年上海音像公司出版了《唐振华唱腔精选》磁带。1988年当选为宜兴人民代表大会常务委员会常委，1985年当选为无锡市劳动模范、无锡市党代表，1996年当选为无锡市劳动模范。事迹被收入《银幕与舞台》、《宜兴年鉴》（1995年卷）、《当代江苏戏剧家》。

事迹被收入《中华人物辞海·当代文化卷》

确认稿编号： 整理稿编号：111621
郑重说明：此稿为入选人最终确认稿，请您在终校时用正楷字修正，修正后签名确认"可以发排"并同订单等资料一并寄回，英文部分如自译有困难，可由本社代译。谢谢合作！

# 《二十一世纪人才库》
## 中国专家人才卷
### 中、英文版入选人员确认稿

世纪寄语：一个人的知识和才能得到了社会的认可，这是社会对他最好的回报。

——唐振华

**唐振华** 二级演员，男，汉族，1952年2月生，江苏宜兴人。毕业于宜兴市扶风中学，现任宜兴市锡剧团副团长，兼职江苏省戏剧家协会会员。主要业绩：1984年以来先后获得江苏省第一、第二、第三届、第五届锡剧节优秀表演奖；1985年在由上海、江苏等6个广播电台联合举办的"太湖梅花"广播大奖赛上获二等奖，1988年在江苏省中青年锡剧演员"双达杯"电视大赛上获最佳表演奖，1996、1998年在无锡市新剧（节）目调演中均获得优秀表演奖；1997、1999年分别在江苏省第二届、第三届戏剧节上获得优秀表演奖。1984年以来，还在电影戏曲片《红楼夜审》中饰主角胡文龙、电视戏曲片《谢瑶环》上下集中饰主角袁行健（该剧获第十五届中国电视"金鹰奖"）、电视戏曲片《龙泉情》中饰主角火龙、电视戏曲片《牛六宝哭田》上下集中饰主角牛六宝（该剧获无锡市首届"五个一工程"奖，并于1997年4月25日在中央一台播放）。1986年上海音像公司出版了《唐振华唱腔精选》磁带。1981-1990年当选为宜兴人民代表大会常务委员会常委，1985年当选为无锡市劳动模范、无锡市党代表；1996年当选为无锡市劳动模范；1997年被宜兴市政府荣记三等功一次。1999年被评为无锡市德艺双馨艺术家。事迹被收入《银幕与舞台》、《剧影月报》、《宜兴年鉴》（1995年）、《当代江苏戏剧家》等。

邮编：214200 通讯地址：江苏省宜兴市锡剧团
电话：0510-7902163
回信时请在信封上写明"第十五组 于 蕾收"

（第十五组）技术编辑：于 蕾 微机录入：A1501   唐振华 2000年2月5日
入选人在此签字确认

通讯地址:中国北京2534信箱___组 Add:P.O.Box 2534.Beijing.China 邮政编码 Zip Code:100041
电话 Tel:(010)68816809 (010)68880479 传真 Fax:(010)68880475 网址:http://www.21cn-talents.com

事迹被收入《二十一世纪人才库》

新闻媒体报道

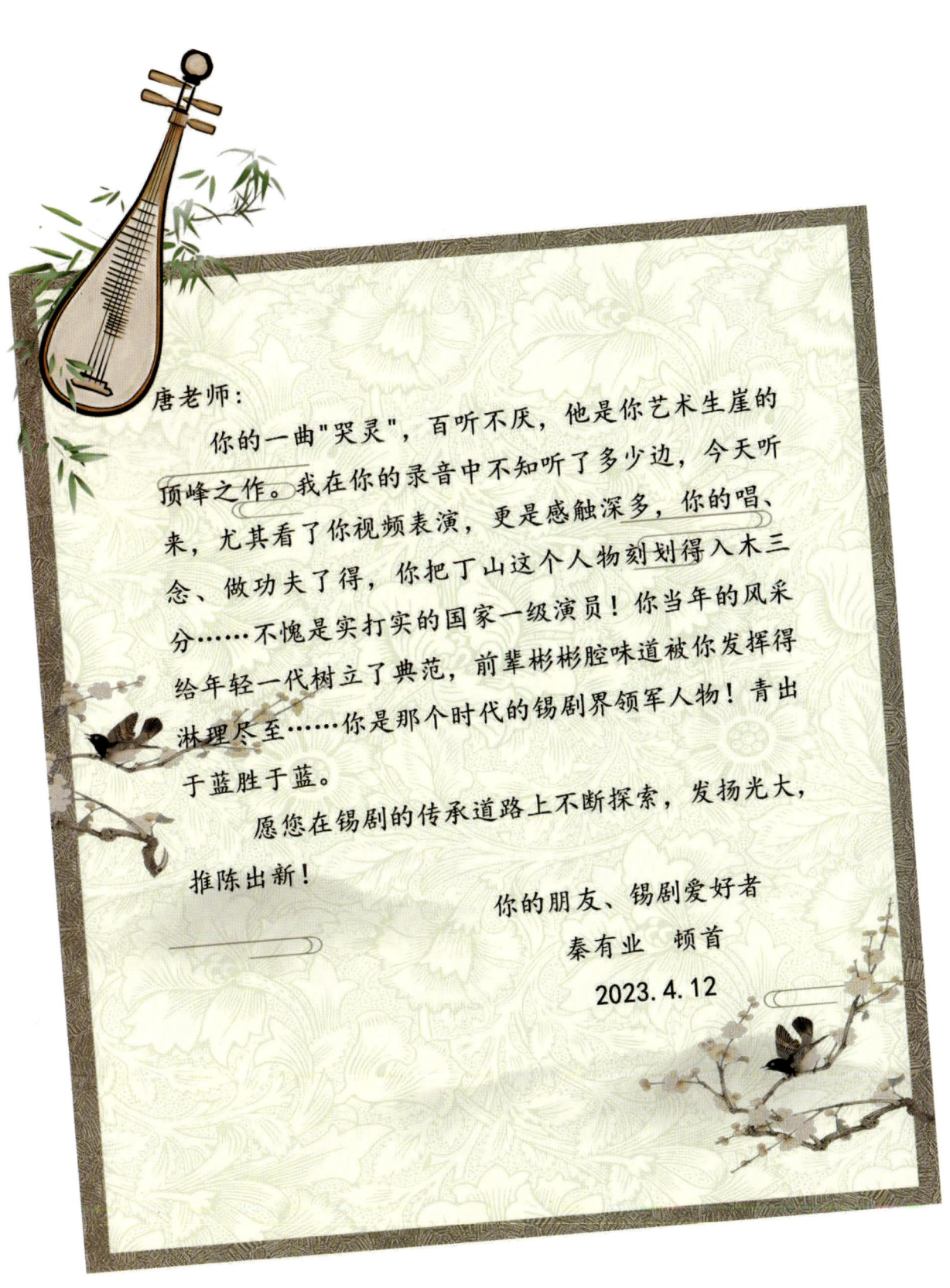

唐老师：

　　你的一曲"哭灵"，百听不厌，他是你艺术生崖的顶峰之作。我在你的录音中不知听了多少边，今天听来，尤其看了你视频表演，更是感触深多，你的唱、念、做功夫了得，你把丁山这个人物刻划得入木三分……不愧是实打实的国家一级演员！你当年的风采给年轻一代树立了典范，前辈彬彬腔味道被你发挥得淋理尽至……你是那个时代的锡剧界领军人物！青出于蓝胜于蓝。

　　愿您在锡剧的传承道路上不断探索，发扬光大，推陈出新！

你的朋友、锡剧爱好者<br>秦有业　顿首<br>2023.4.12

注释说明：①"艺术生崖"应为"艺术生涯"；②"多少边"应为"多少遍"；③"刻划"应为"刻画"；④"淋理尽至"应为"淋漓尽致"。

戏迷来信

赞锡剧名家唐振华艺术馆开馆：

爆竹喧天声高昂，
锦团花簇激情扬。
唐公艺馆今业成，
社会各界义共襄。

青年立志梨园梦，
终生无悔意专场。
业精技湛形伟岸，
苍劲雄健声宏亮。

唱念做打功底厚，
硕果累累耀金光。
风清气正育新人，
德艺双馨真榜样。

而今古稀仍体健，
余热活跃放光芒。
艺馆落成添阵地，
传统发扬誉四方。

2022.7.28.晚

戏迷感言题诗

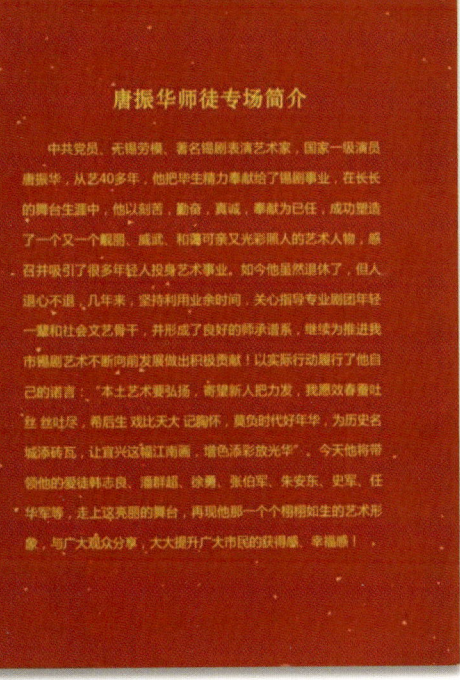

唐振华师徒专场演唱会节目单

# 唐振华师徒专场

2020年10月2日，唐振华收徒仪式（新收徐勇、张伯军、朱安东、任华军四位徒弟）暨种文化"春华秋实"唐振华师徒专场演唱会在宜兴人民剧院隆重举行。

唐振华及其七位弟子韩志良、潘群超、徐勇、张伯军、朱安东、任华军、史军
（马玉、王凤华友情出演）

2020年7月28日唐振华收戏迷任华军为徒

唐振华与弟子史军合影

2018年11月5日下午,常州广播电台交通频道《何林戏迷俱乐部》栏目为戏迷朱安东拜唐振华为师举行了一场别开生面的拜师仪式

## 艺脉相承　薪火相传

唐振华退休不退艺，坚持奔走在传承发展戏曲事业的路上。多年来，他不但在艺术上悉心指导他的学生，而且还担任宜兴市锡剧研究会艺术顾问，经常开展口传身授教艺活动。通过一系列的授经传艺活动，使业余文艺开展如火如荼，出现了一派欣欣向荣的景象。

唐振华与弟子韩志良（右）、潘群超（左）合影

各界题赠墨宝

锡剧联唱《试看屺山一枝花》

唐振华与弟子张伯军联袂演绎锡剧《霓虹灯下的哨兵》选段

唐振华与弟子张伯军联袂演绎折子戏《珍珠塔·许婚》

锡歌《终无憾》

唐振华弟子同台演绎

135

全体演员合影

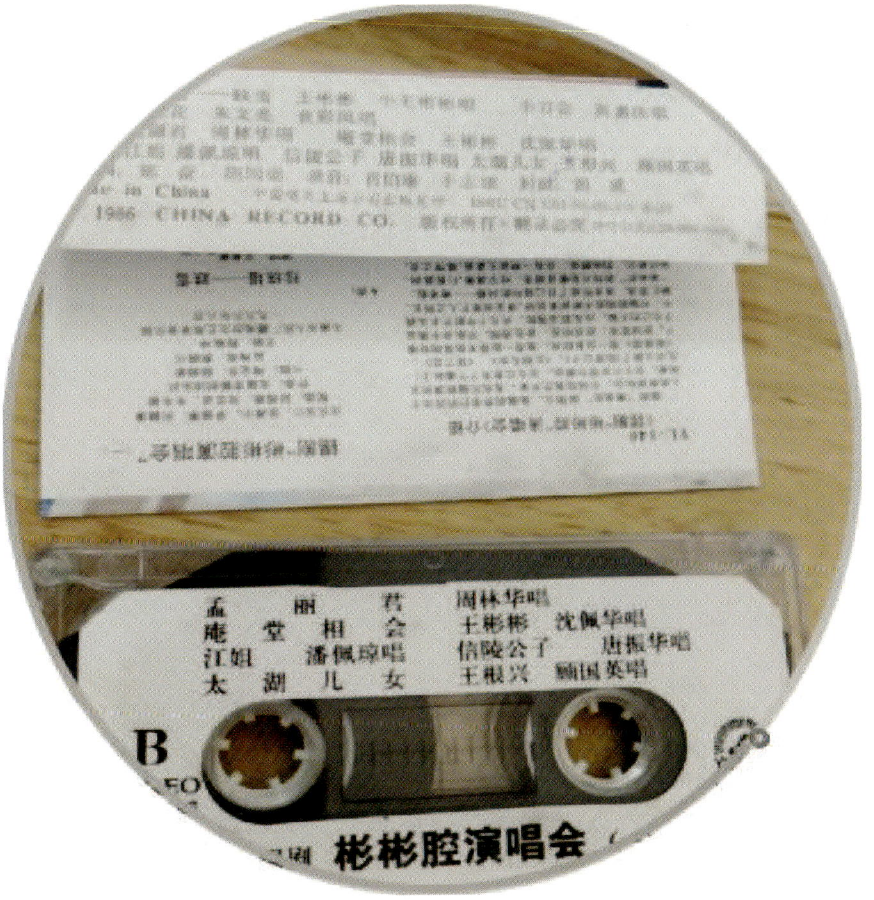

## 唐振华艺术生涯花絮

1986年唐振华受邀参加彬彬腔演唱会演出
磁带由中国唱片上海公司出版发行

2016年10月25日,唐振华应邀做客常州广播电台
《何林戏迷俱乐部·名家会客厅》
下图:与主持人何林合影

## 张金华南京、宜兴个人演唱会集锦

1993年曾和著名锡剧表演艺术家王兰英老师录制锡剧《三访桑园》盒带，由上海音像公司出版；1999年曾录制锡剧精品唱段VCD光盘；2000—2004年应邀赴中央电视台录制《名家名段》个人专辑；2002年、2005年应文化部邀请赴台湾、香港进行文化交流演出；2010年赴韩国进行文化交流演出；2007年和2012年分别在南京和宜兴成功举办"金色年华"个人专场演唱会并出版发行DVD专辑。

2007年南京个人专场演唱会宣传海报

江苏省委原副书记顾浩为演唱会题词——金色年华

毕业证书

一级演员证书

## 张金华艺术生涯简介

张金华，一级演员，中国戏剧家协会会员，江苏省级非物质文化遗产锡剧代表性传承人。1967年出生在江苏宜兴湖㳇镇，1985年考入江苏省戏剧学校锡剧表演专业，专工小生1989年分配到江苏省锡剧团，1997年加入中国共产党，2002年至2024年任江苏省演艺集团锡剧团副团长，2024年至今任江苏省演艺集团锡剧团党支部书记

他扮相英俊洒脱，功底扎实，嗓音高亢清透，雄浑华丽，行腔自如流畅，善于刻画各类角色，把握人物准确细腻，厚重凝练。他对待锡剧事业坚定不移、锲而不舍的精神，使他成为颇受观众、戏迷喜欢的当代实力派青年锡剧名家。

# 金色年华

唐振华与先生张志强、徐洪芳（中）夫妇合影

唐振华与先生张志强（右）、弟子韩志良（中）合影

南京、常州、上海戏迷敬赠锦旗，祝贺演出成功

2012"金色年华"张金华锡剧个人演唱会宣传海报

2012"金色年华"张金华锡剧个人演唱会节目单

演出集锦

与著名京剧表演艺术家杨春霞合影

与著名锡剧表演艺术家倪同芳合影

演出谢幕合影

# 张金华艺术生涯重点作品选辑

张金华在传承的基础上大胆开拓创新，勇于吸取各门类剧种的艺术精华，博采众长、勤奋好学、刻苦钻研、精益求精，以清新的舞台风采在锡剧界独树一帜，他先后在《双推磨》《拔兰花》《水泼大红袍》《庵堂相会》《沙家浜》《七月雨》《红色恋人》《玉蜻蜓》《玲珑女》《八珍汤》《草命天子》《珍珠塔》《双珠凤》《清风亭》《生死牌》《状元打更》《桃花村》《玫瑰村》《紫砂梦》《大风歌》《显应桥》《董存瑞》《刘胡兰》《装台》等剧目中担当主演，还在锡剧电影《珍珠塔》《紫砂梦》《大风歌》中担当主演。

《玉蜻蜓》饰演申贵升

《八珍汤》饰演常天保

《水泼大红袍》饰演卢廷义

《拔兰花》饰演蔡根发

《双推磨》饰演何宜度

《珍珠塔》饰演陈培德

《生死牌》饰演黄伯贤

《状元打更》饰演王丞相

《南归记》饰演宋高宗

《双珠凤》饰演刘景安

《革命天子》饰演八贤王

《玉蜻蜓》饰演张国勋

《清风亭》饰演张元秀

《追香记》饰演华太师

《显应桥》饰演邹炳泰

《大风歌》饰演刘太公

《刘胡兰》饰演爷爷

《清风亭》饰演张元秀

锡剧电影《紫砂梦》饰演李郎中

锡剧《紫砂梦》舞台版饰演田中

锡剧《紫砂梦》舞台版饰演田中

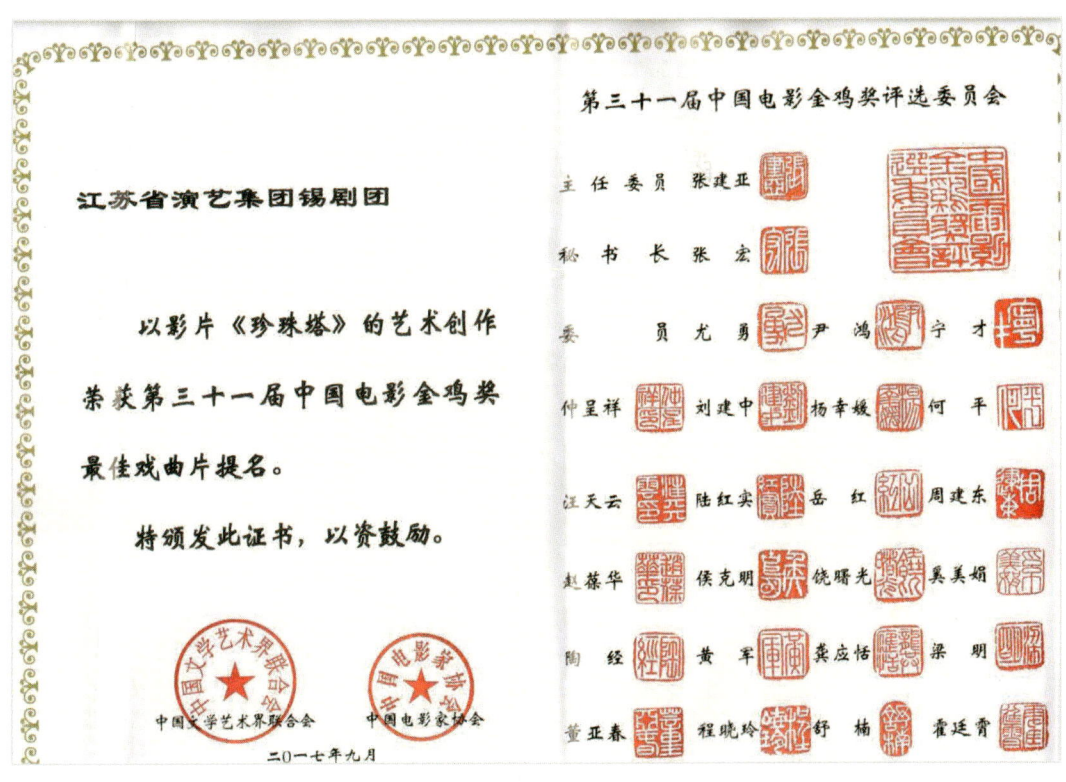

锡剧电影《珍珠塔》荣获第 31 届中国电影金鸡奖"最佳戏曲片"提名奖

锡剧电影《珍珠塔》荣获金杉叶民族文化影像传承奖

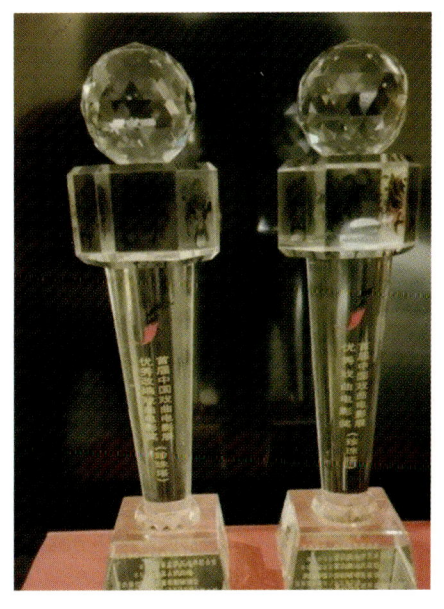

锡剧电影《珍珠塔》荣获首届中国戏曲电影展"优秀戏曲电影奖"和"优秀改编戏曲电影奖"

## 张金华艺术生涯所获艺术和政治荣誉

### 锡剧电影《珍珠塔》

锡剧电影《珍珠塔》饰演陈培德

《七月雨》饰演吴阿强

《装台》饰演寇铁

《董存瑞》饰演邵连长

《沙家浜》饰演刁德一

《董存瑞》饰演邵连长

# 大型原创锡剧《紫砂梦》

锡剧电影《紫砂梦》饰演李郎中

锡剧《紫砂梦》荣获第三届江苏省文华奖

锡剧《紫砂梦》荣获江苏省第十届精神文明建设"五个一工程"优秀作品奖

# 大型红色军旅锡剧《董存瑞》

大型红色军旅锡剧《董存瑞》饰演邵连长

《董存瑞》荣获 2019 江苏省紫金文化艺术节优秀剧目奖

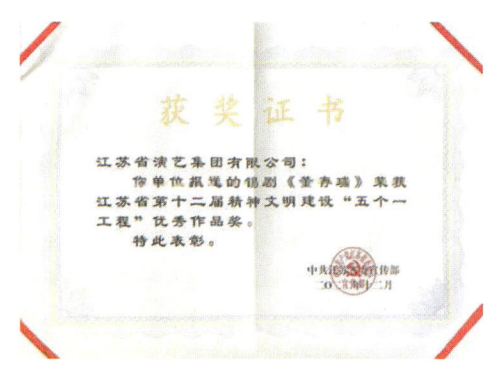

《董存瑞》荣获江苏省第十二届精神文明建设"五个一工程"优秀作品奖

锡剧《董存瑞》荣获第五届江苏省文华大奖

# 大型原创历史锡剧《大风歌》

历史锡剧《大风歌》饰演刘太公一角

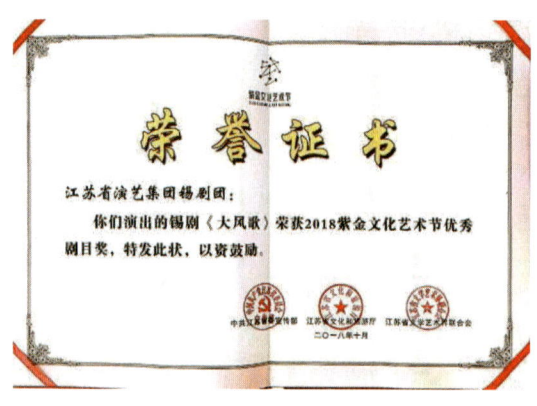

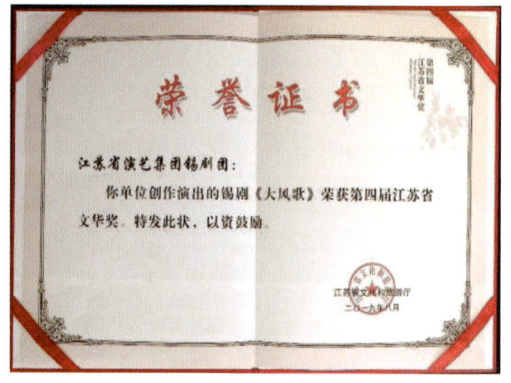

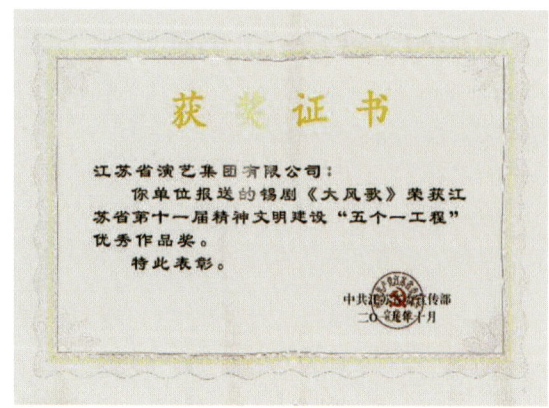

★ 《大风歌》荣获2018紫金文化艺术节优秀剧目奖

★ 《大风歌》荣获第四届江苏省文华奖

★ 《大风歌》荣获江苏省第十一届精神文明建设"五个一工程"优秀作品奖

# 锡剧《显应桥》

锡剧《显应桥》饰演邹炳泰一角

《显应桥》荣获2020江苏省紫金文化艺术节优秀剧目奖

# 锡剧《装台》

锡剧《装台》饰演寇铁一角

《装台》荣获 2022 江苏省紫金文化艺术节优秀剧目奖

# 锡剧《刘胡兰》

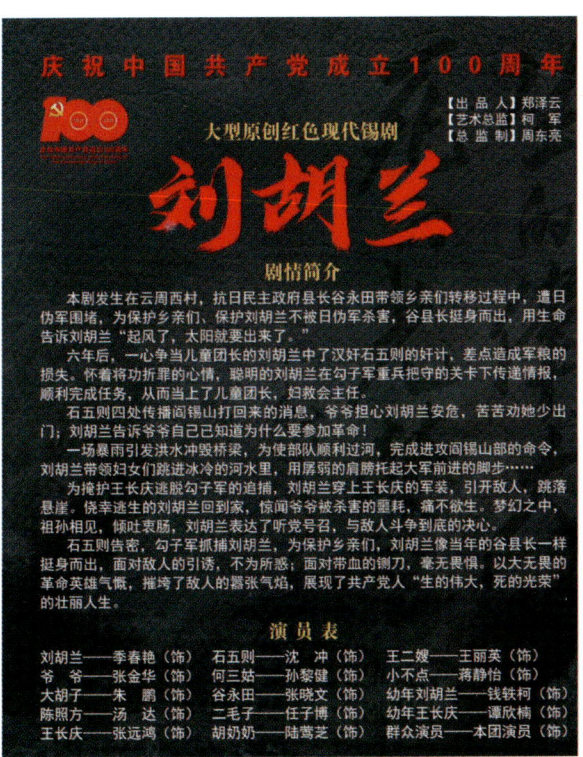 

锡剧《刘胡兰》饰演爷爷一角

锡剧《刘胡兰》荣获2021江苏省紫金文化艺术节优秀剧目奖

张金华先后获得各类奖项：1998年荣获上海电视台主办的锡剧优秀青年演员电视汇演"优秀演员奖"；1999年荣获江苏省第五届锡剧节"优秀表演奖"，第三届江苏省戏剧节"表演奖"；2002年、2006年分别荣获第六届、第七届江苏省锡剧艺术节"优秀表演奖"；2003年荣获江苏省首届小戏小品大赛"优秀表演奖"等；2019年被评为江苏省文化科技卫生"三下乡"先进个人；2021年被评为"优秀共产党员"。

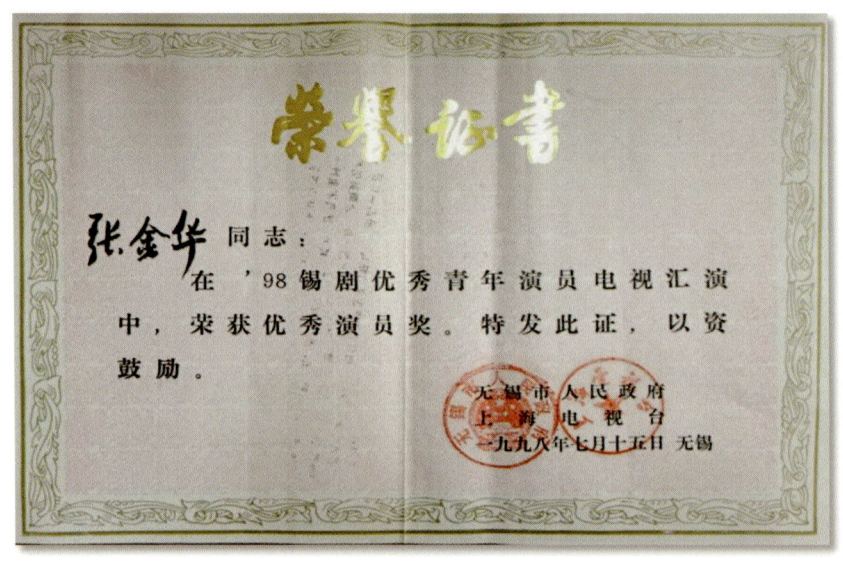

1998年锡剧优秀青年演员电视汇演"优秀演员奖"

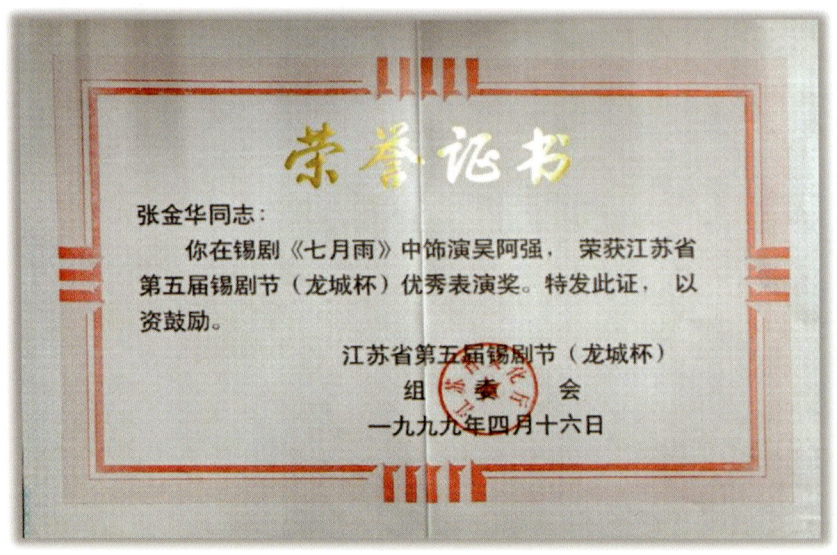

1999年江苏省第五届锡剧届（龙城杯）"优秀表演奖"

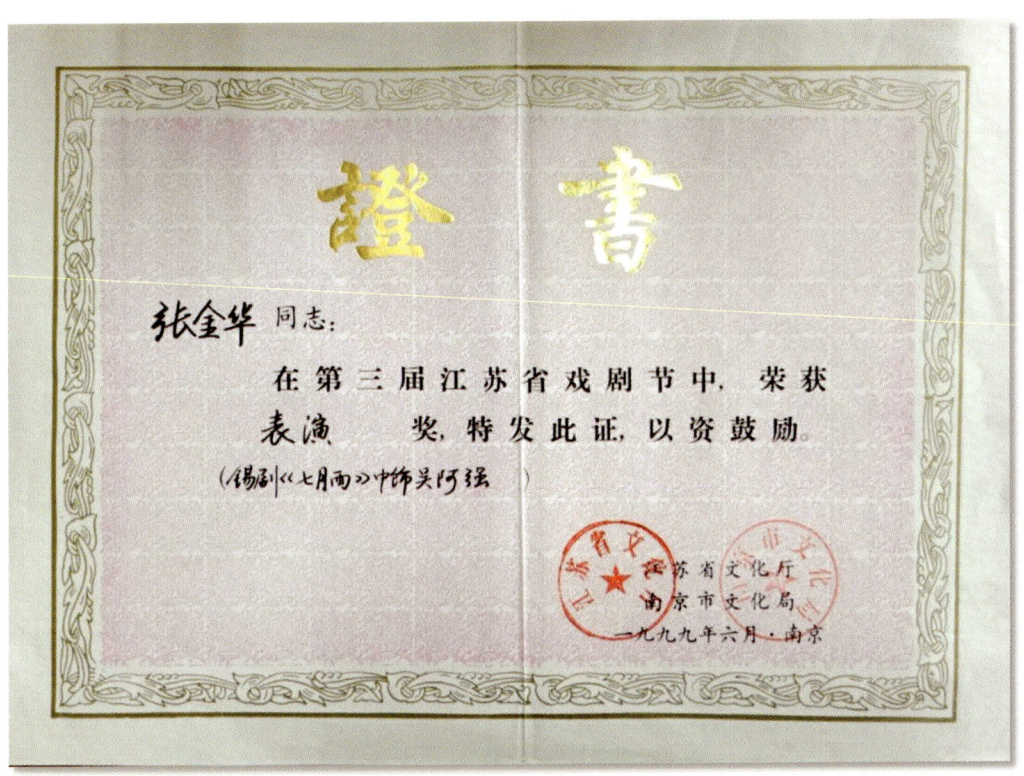

第三届江苏省戏剧节"表演奖"

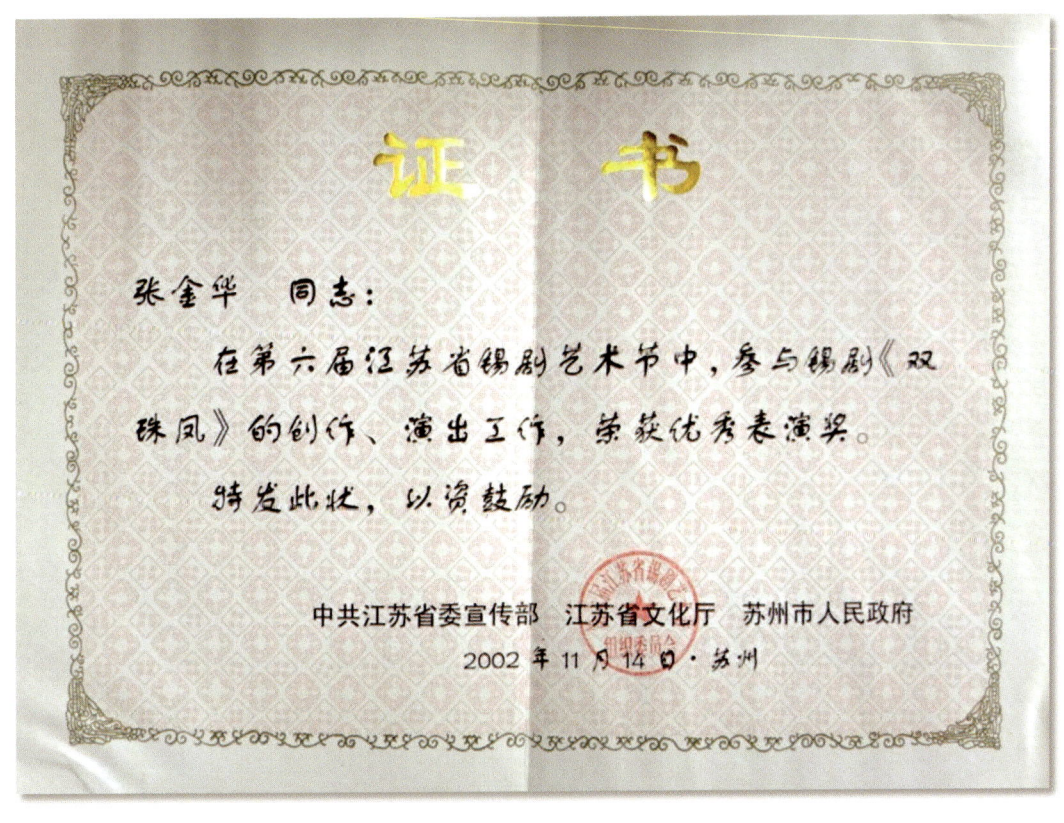

第六届江苏省锡剧艺术节"优秀表演奖"

2003年江苏省小戏小品大赛"优秀表演奖"

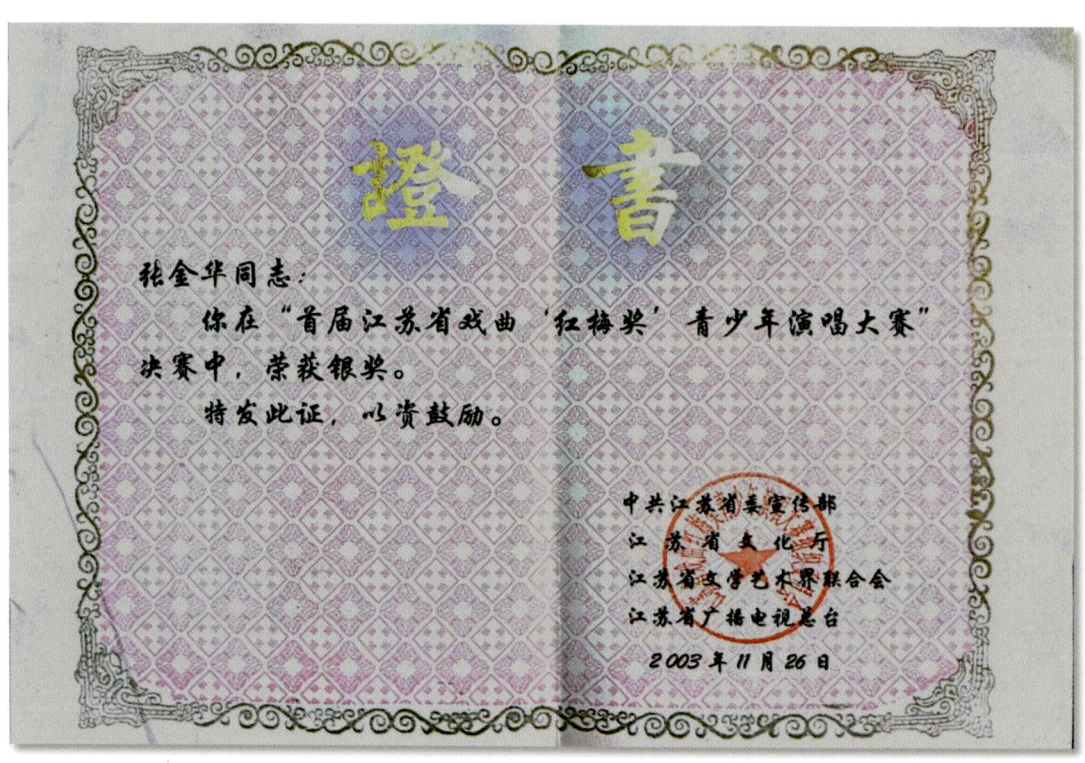

2003年首届江苏省戏曲"红梅奖"青少年演唱大赛"银奖"

## 张金华艺术生涯花絮

与江苏省委原书记陈焕友、储江，著名锡剧表演艺术家姚澄先生合影

与央视著名主持人白燕升合影

2013年江苏省全省文化人才培训班结业证书

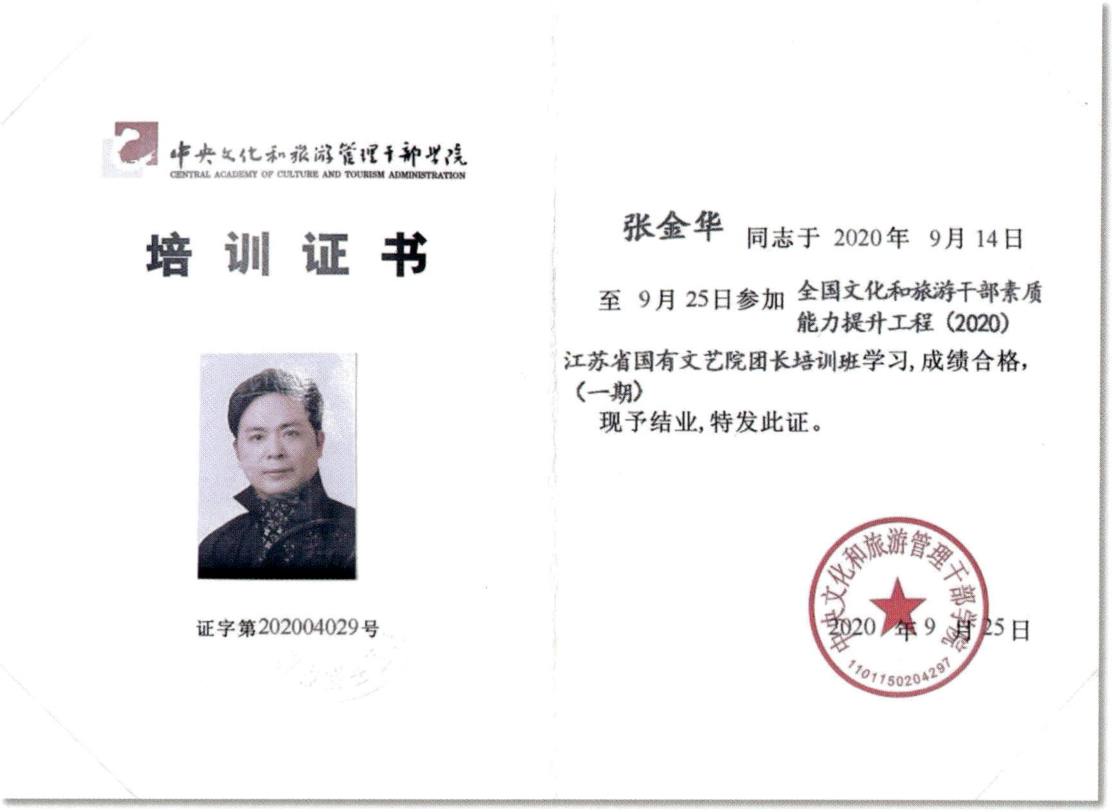

中央文化和旅游管理干部学院
CENTRAL ACADEMY OF CULTURE AND TOURISM ADMINISTRATION

培 训 证 书

证字第202004029号

张金华 同志于 2020年 9月 14日
至 9月 25日参加 全国文化和旅游干部素质能力提升工程（2020）
江苏省国有文艺院团长培训班学习，成绩合格，（一期）
现予结业，特发此证。

中央文化和旅游管理干部学院
1101150204297
2020 年 9 月 25日

全国文化和旅游干部素质能力提升工程（2020）结业证书

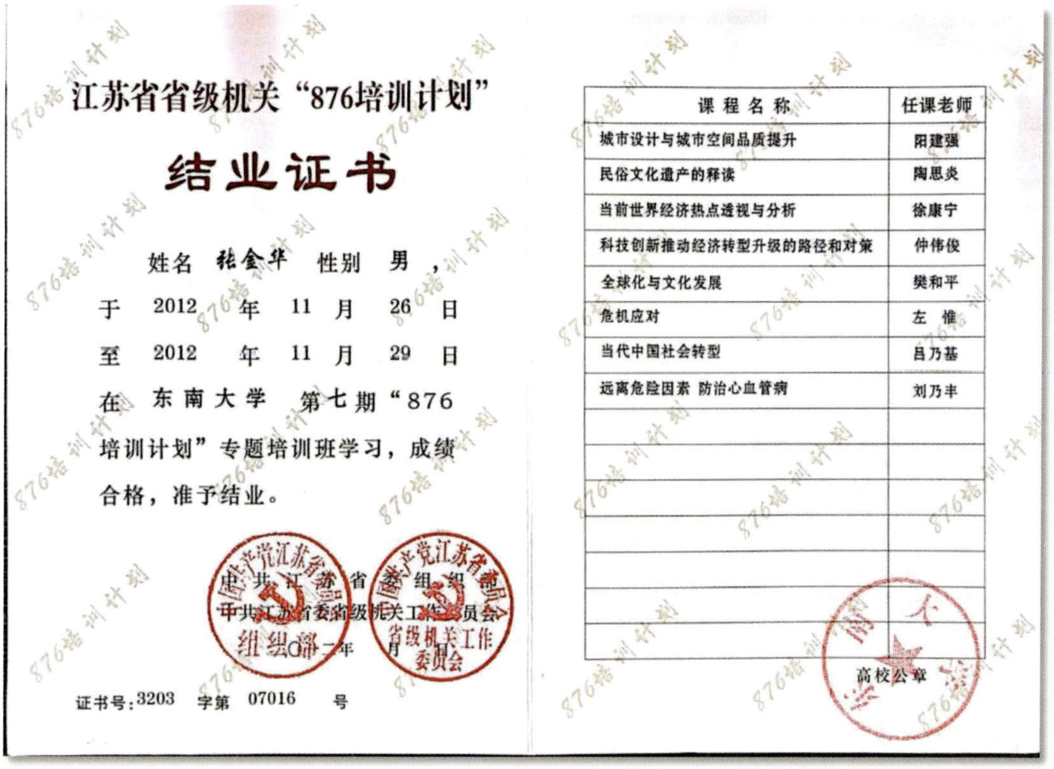

江苏省省级机关“876培训计划”

结业证书

姓名 张金华 性别 男 ，
于 2012 年 11 月 26 日
至 2012 年 11 月 29 日
在 东南大学 第七期“876培训计划”专题培训班学习，成绩合格，准予结业。

中共江苏省委组织部
中共江苏省委省级机关工作委员会
二〇 年 月

证书号：3203 字第 07016 号

| 课程名称 | 任课老师 |
|---|---|
| 城市设计与城市空间品质提升 | 阳建强 |
| 民俗文化遗产的释读 | 陶思炎 |
| 当前世界经济热点透视与分析 | 徐康宁 |
| 科技创新推动经济转型升级的路径和对策 | 仲伟俊 |
| 全球化与文化发展 | 樊和平 |
| 危机应对 | 左 惟 |
| 当代中国社会转型 | 吕乃基 |
| 远离危险因素 防治心血管病 | 刘乃丰 |

高校公章

江苏省省级机关“876 培训计划”结业证书

优秀共产党员

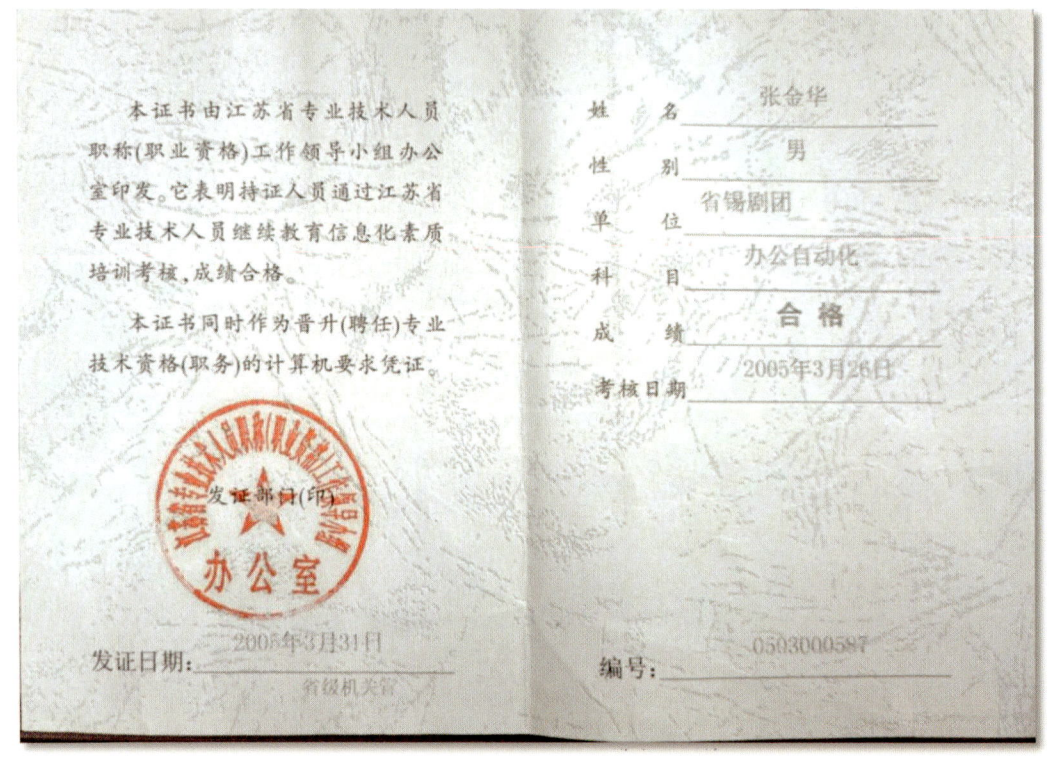

江苏省专业技术人员职称计算机证证书

2008年度江苏省演艺集团有限公司先进工作者

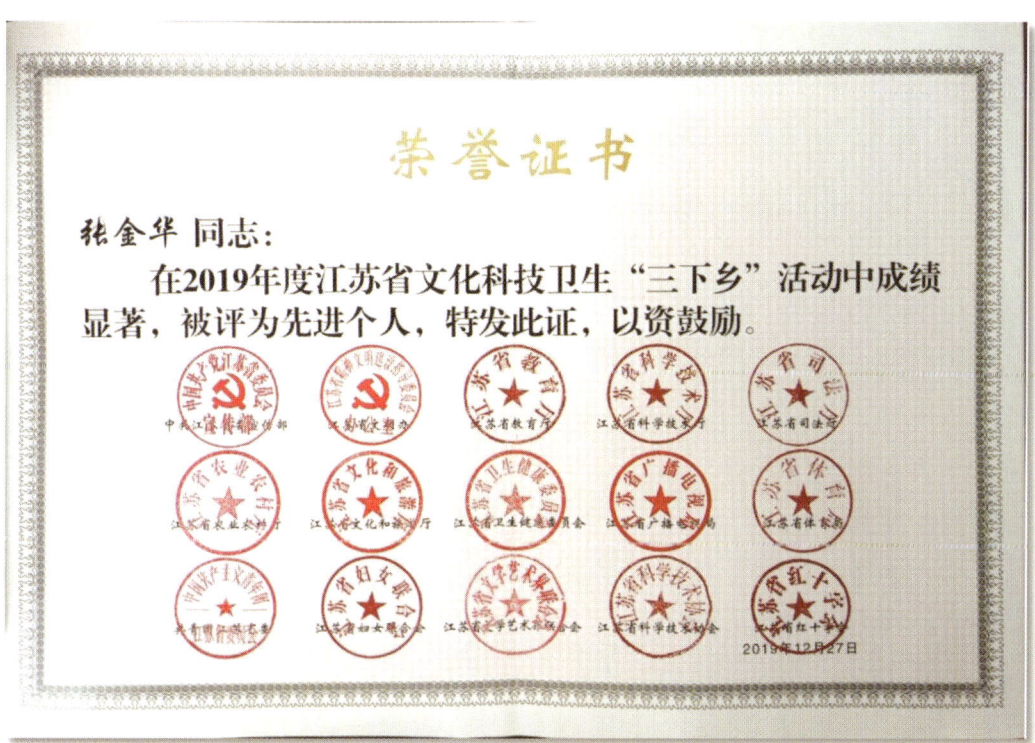

2019年度江苏省文化科技卫生"三下乡"先进个人

2006年度江苏省演艺集团有限公司贡献奖

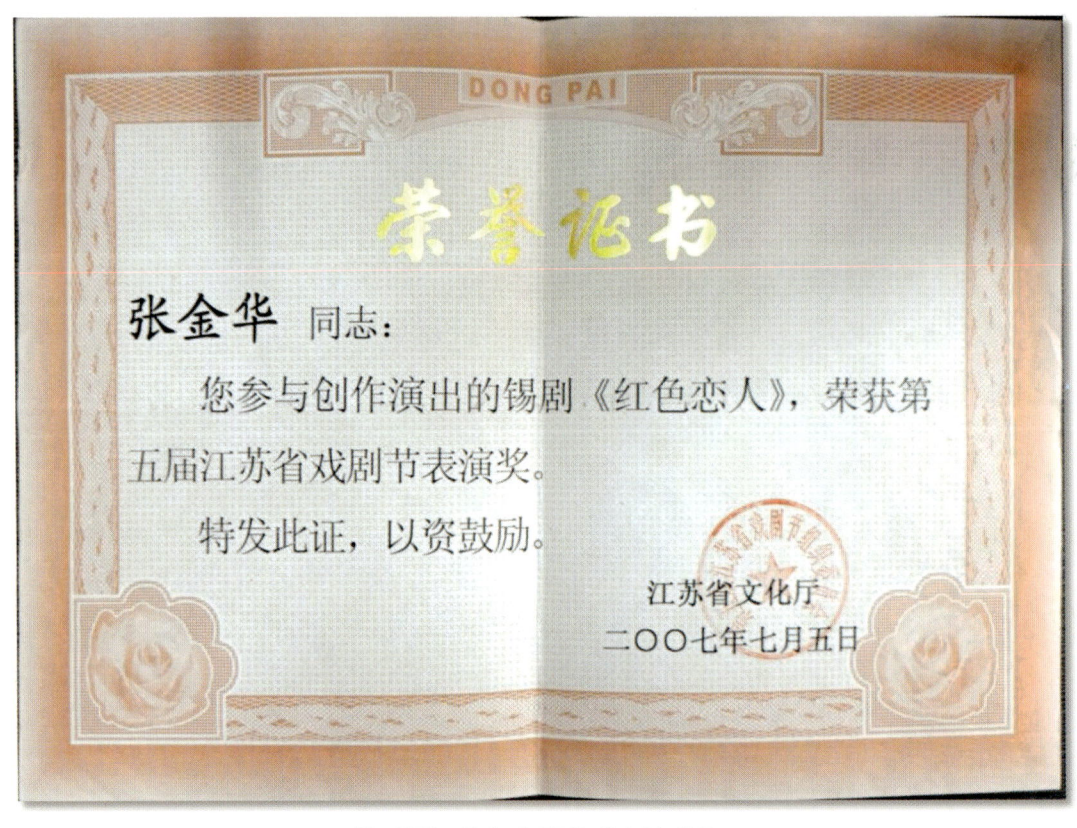

第五届江苏省戏剧节"表演奖"

与江苏省委原副书记顾浩合影

与著名锡剧表演艺术家小王彬彬合影

与著名锡剧表演艺术家沈佩华先生合影

与著名京剧表演艺术家孙毓敏合影

与著名越剧表演艺术家竺小招合影

与著名锡剧表演艺术家倪同芳合影

与"沪剧皇后"茅善玉合影

与著名越剧表演艺术家陶琪合影

与著名歌手宋祖英合影

与夫人扬剧名家熊小萍合影

与学生张远鸿（后排右）、朱文戈（后排左）合影

与学生张远鸿在北京演出时合影

与江苏省委原副书记顾浩亲切握手

"践行二十大·艺颂新时代"戏曲名家名票走进吴中演唱会全体演员合影（左四为张金华）

## 吴美玉艺术生涯简介

吴美玉（艺名吴承瑾），一级演员，中共党员，中国戏剧家协会会员。1944年12月出生于江苏宜兴市宜城镇（今宜城街道），1958年10月考入江苏省戏剧学校，1962年7月毕业后分配到江苏省昆剧院，2001年退休。

她是江苏省昆剧院第二代知名武旦演员，工武旦、六旦、娃娃生。基本功扎实，能文能武，可塑性强，是不可多得的武旦演员。在全国昆剧界有很高的知名度和影响力，深受专家和观众的好评，是"承"字辈中的佼佼者和优秀代表之一。音乐家武俊达、声乐家萧翰芝两位教授曾称赞吴美玉是"武戏演员中难得有嗓子、有扮相、文武双全的演员"。

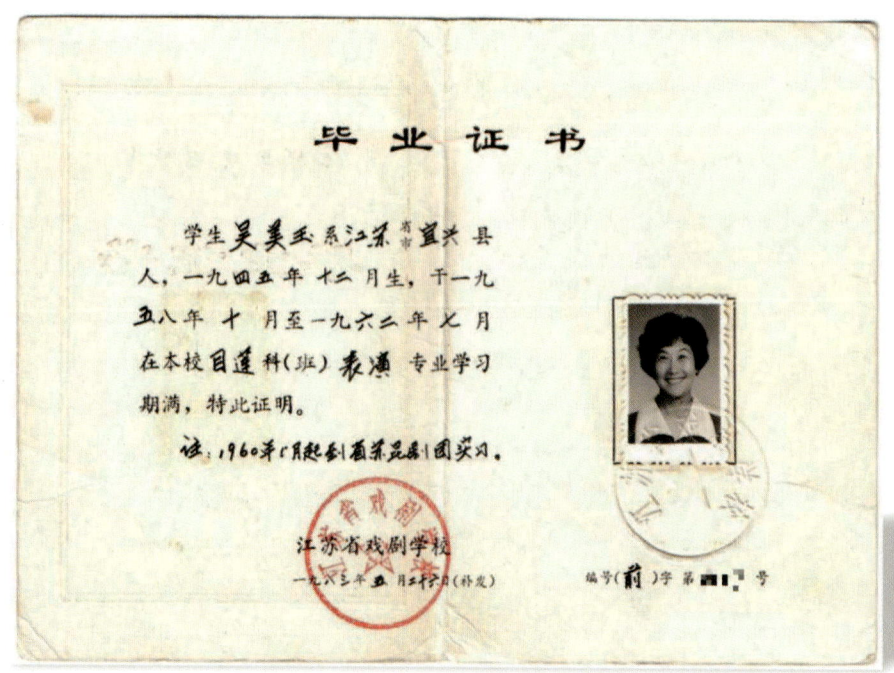

毕业证书

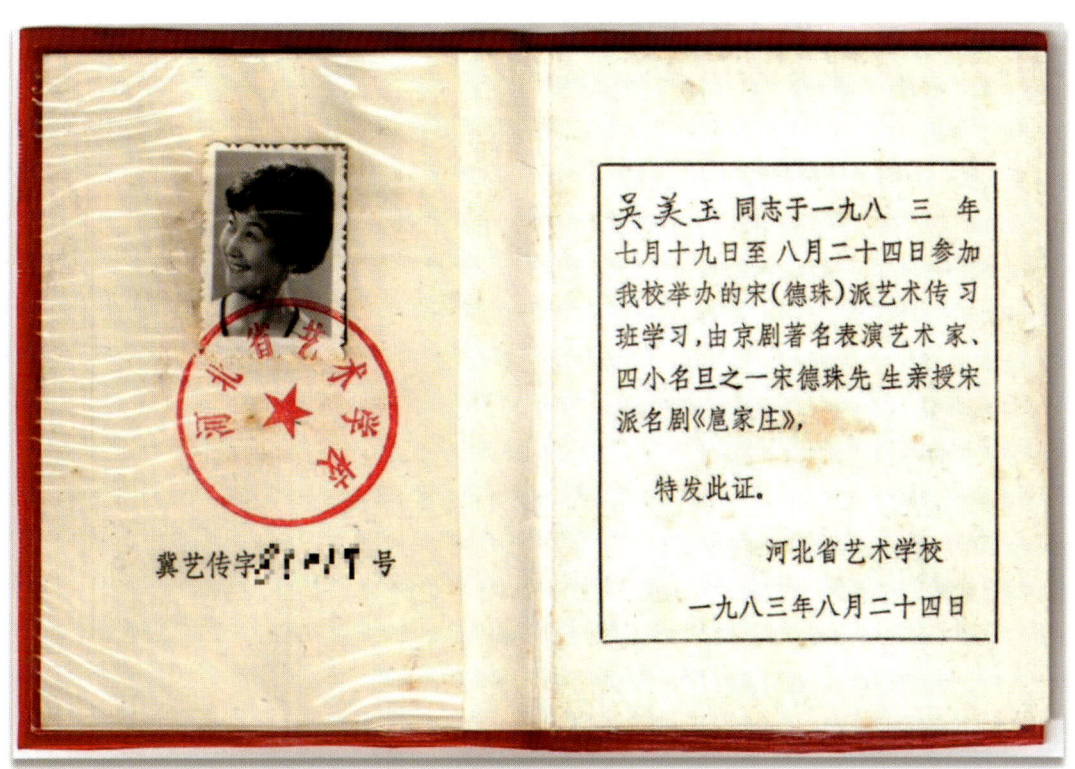

深造学习证书

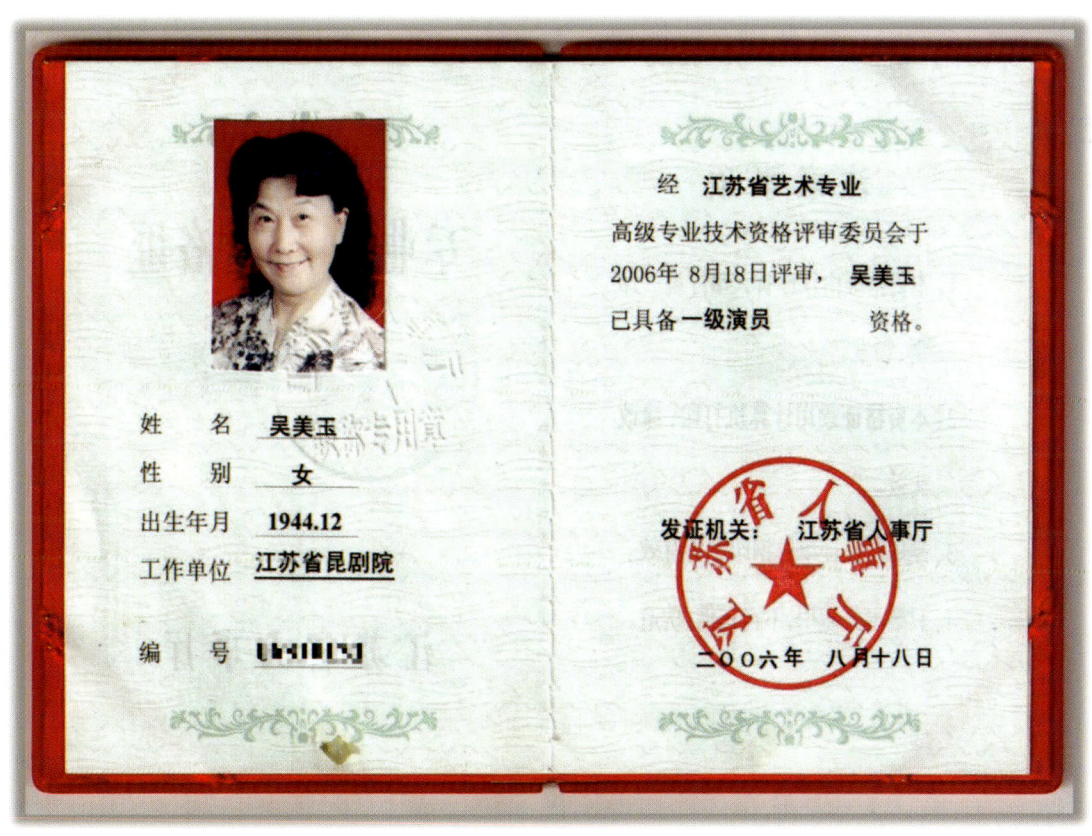

一级演员证书

## 吴美玉个人演唱会集锦

1993年4月1日，在戏剧不景气的情况下，吴美玉举办了首个昆剧折子戏个人专场，献演了《昭君出塞》《武松打店》《寄子》《游园》，得到有关领导、专家及前辈老师和同人的一致好评。

《昭君出塞》彩排中

《昭君出塞》饰演王昭君

《昭君出塞》饰演王昭君

《武松打店》饰演孙二娘

《武松打店》与单小明(昆剧名家)同台演出

《武松打店》饰演孙二娘

《寄子》饰演伍尚子

《寄子》与姚继焜先生同台演出　　　　　　《寄子》与王德林同台演出

《游园》饰演春香(沈露露饰演杜丽娘)

吴美玉（左二）与参演人员谢幕合影

领导、专家与参演人员合影（吴美玉后排中）

# 吴美玉艺术生涯重点作品选辑

吴美玉师承昆剧表演艺术家周传瑛、方传芸、刘传蘅、郑传鉴、马祥麟、张娴、张继青等，以及京剧表演艺术家张春华、宋德珠、周云霞、冀韵兰、刘韵亭、刘琪等，在舞台上塑造了一批鲜活生动的艺术人物形象。如《白蛇传》中的白素贞、《白蛇后传》中的小青、《借扇》中的铁扇公主、《昭君出塞》中的王昭君、《白兔记》中的咬脐郎、《武松打店》中的孙二娘、《小放牛》中的村姑、《寄子》中的伍尚子、《盗仙草》中的白娘子、《游园》中的春香、《红灯记》中的李铁梅、《智取威虎山》中的小常宝、《雪山风云》中的朗莎、《草原英雄小姐妹》中的玉荣等。

《寄子》饰演伍尚子

《盗仙草》饰演白娘子

《小放牛》饰演村姑

《焚香记》饰演春燕

《红线盗盒》饰演唐红线

《雪山风云》饰演朗莎

《智取威虎山》饰演小常宝

《草原英雄小姐妹》饰演玉荣

《柜中缘》饰演刘玉莲

《白蛇后传》饰演小青

《东风解冻》饰演小凤（吴美玉后排右一）

《借扇》饰演铁扇公主

《白兔记·出猎》饰演咬脐郎

《跳墙着棋》饰演红娘

# 吴美玉行走在传承戏曲的路上

“古稀晚霞别样红，逍遥自在乐其中；虽说岁月不饶人，仍然活得似顽童。”这是领导和同人送给吴美玉最好的四句话，也是吴美玉为昆剧事业努力奋斗的真实写照。她自 2001 年退休后，坚守初心，始终行走在传承戏曲的路上，收获满满。

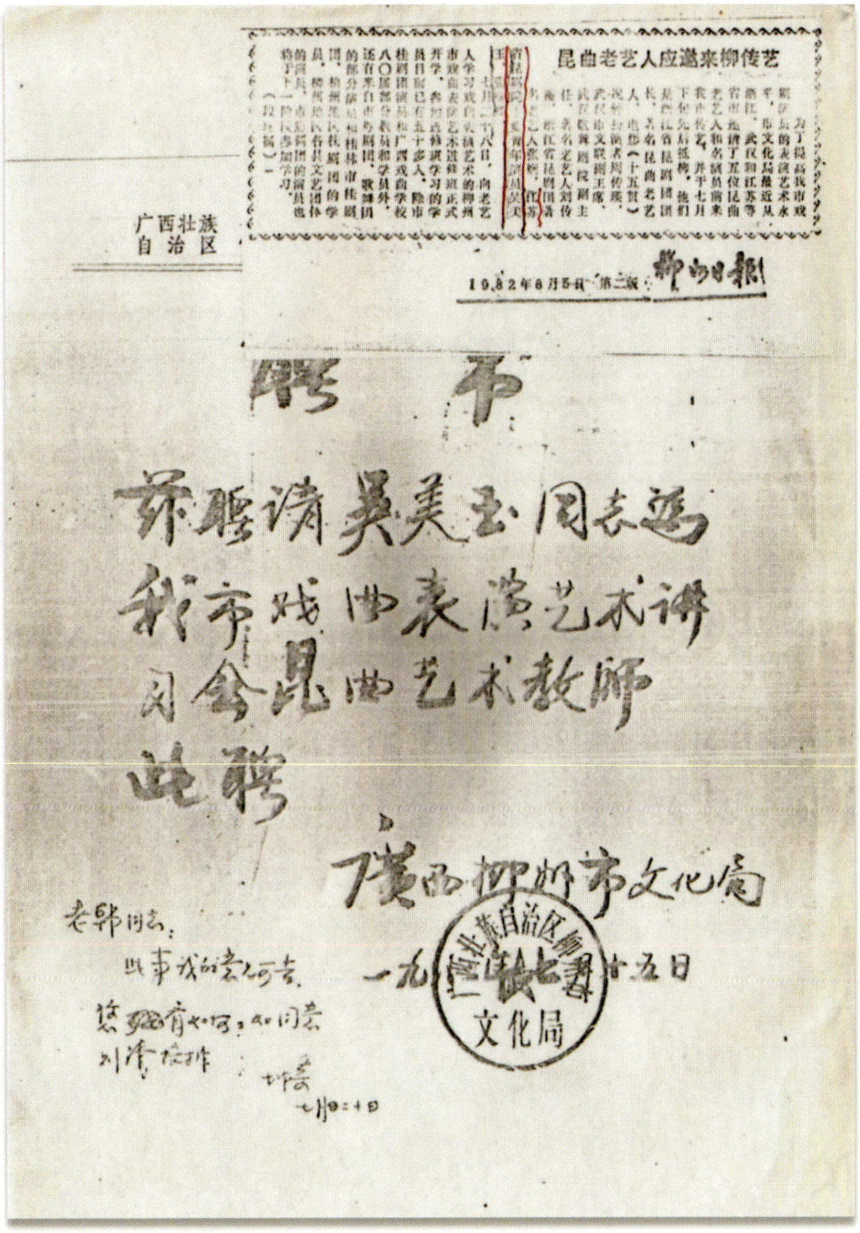
昆曲老艺人应邀来柳传艺

1982年6月5日 第二版 柳州日报

广西壮族
自治区

聘书

兹聘请吴美玉同志为我市戏曲表演艺术讲习会昆曲艺术教师

此聘

广西柳州市文化局

广西壮族自治区柳州市文化局

1982 年广西柳州市戏曲表演艺术讲习会聘书

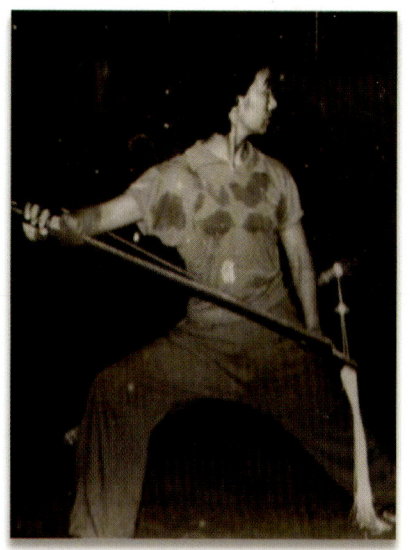

晨练照

1983年4月在广西教授桂剧演员们昆剧云帚组合

辅导桂剧演员沈启英学昆剧《红娘》

给学生上水袖课

给学生上探海课

给学生上扳腿课

教学生"点唇"指法

给学生上形体课

给学生上表演课

与小学员合影

给表演学生戴头饰

吴美玉（前排左四）与学生合影

吴美玉（后排右四）与学生合影

吴美玉（中）与学生合影

比赛开始前,正抓紧时间给参赛选手指点动作要领

吴美玉(左一)指导的《白蛇传·水斗》彩排后与演员合影

## 吴美玉艺术生涯花絮

与四小名旦之一宋德珠老师合影

宋德珠老师给吴美玉传授《扈三娘》

与"宋派"继承人王继珠合影

"昆曲之母"张娴给吴美玉传授《游园》

新闻媒体报道

2005年8月参加第九届中国少儿戏曲小梅花荟萃活动时与获奖选手合影

2005年度首届江苏省少儿戏曲"小梅花"大赛优秀园丁奖

## 证 明

  我校聘用教师吴美玉同志主教04级昆曲班现代昆曲《活捉罗根元——行路》于五月十四、十五日参加江苏省首届少儿戏曲小梅花大奖赛、学生刘煜荣获《金花状元奖》（最高奖），吴美玉同志获"优秀园丁"奖。

  特此证明。

苏州市艺术学校

2005.6.5

2005年度首届江苏省少儿戏曲"小梅花"大赛优秀园丁奖

吴美玉（第二排右六）与进修班师生合影

周传瑛（左五）、刘传蘅（右三）、张娴（左四）、吴美玉（左二）、
张继蝶（右一）、周世琮（左一）与桂剧知名演员合影

吴美玉（前排右一）与广西柳州文化局领导合影

吴美玉（前排右三）与"宋派"刀马旦学习班同学、老师们合影

吴美玉（左一）与南北昆曲交流人员合影

1986年文化部主办南北昆曲三省市武戏学习班全体师生合影（吴美玉第二排右一）

吴美玉（左一）与倪明达、周荣宝、柯军、郑传鉴、庄再春、
潘继正、徐学法、马政发、张逢源合影

周世琮、吴美玉（右二）、许晓明等合影

吴美玉（前排左二）与"昆曲皇后"张继青（中）等人合影

与恩师周云霞（全国武旦泰斗）合影

与"昆曲皇后"张继青合影

与越剧大师袁雪芬合影

与京剧名票赵小云合影

与昆曲巾生第一人俞玖林合影

与著名昆丑李鸿良合演《双下山》

1987年赴法国"地平线"演出　　　　2005年在香港演出前排练

闭幕后与外国友人合影（吴美玉右二）

与法国友人合影

吴苑水磨清雅崑壇美玉無瑕卅年藝海顯才華馳騁舞臺上下矢志繼承傳統辛勤培育新芽無私奉獻最堪誇藝德崇高無價

調寄西江月贈 吳美玉同志

癸酉年春 河海大學石城崑曲社 王運洪撰 王國勤書

赠给吴美玉的墨宝
（河海大学教授王运洪撰、王国勤书）

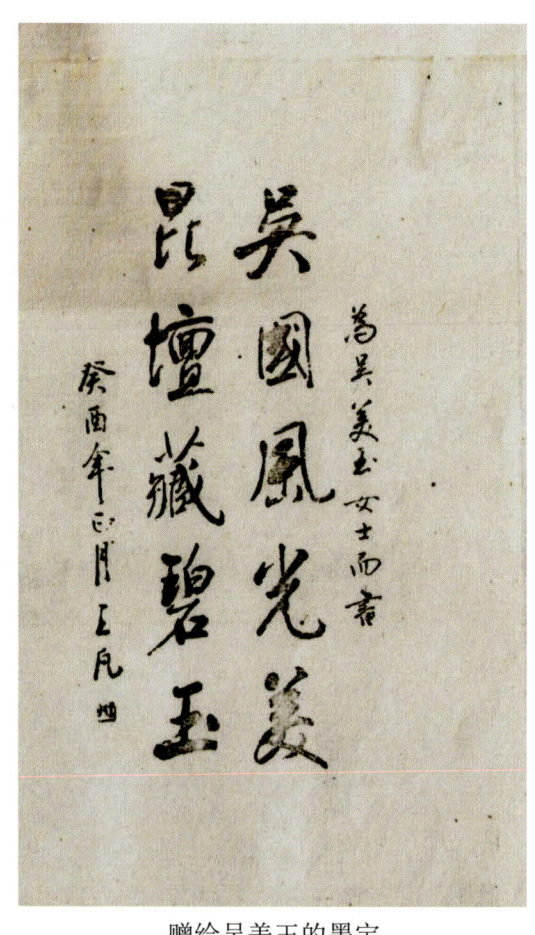

赠给吴美玉的墨宝
（原南京市文联主席王凡书）

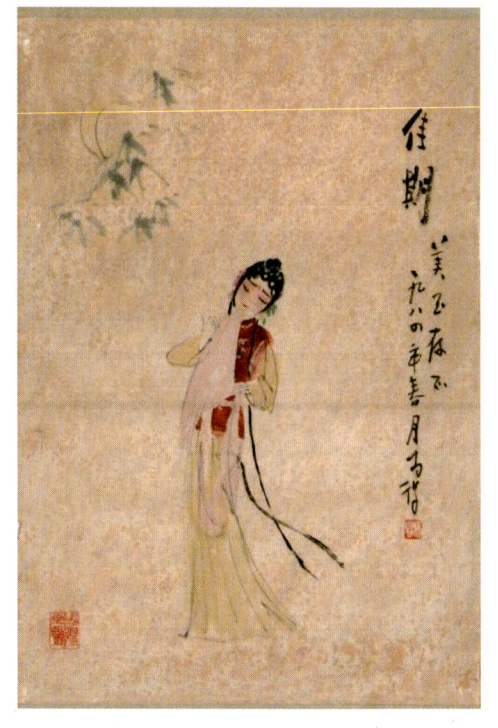

著名戏剧人物画家高马得先生为吴美玉作《红娘》中饰演的红娘

# 卢海兵艺术生涯重点作品选辑

锡剧《打金枝》饰演皇帝

锡剧《柜中缘》饰演淘气

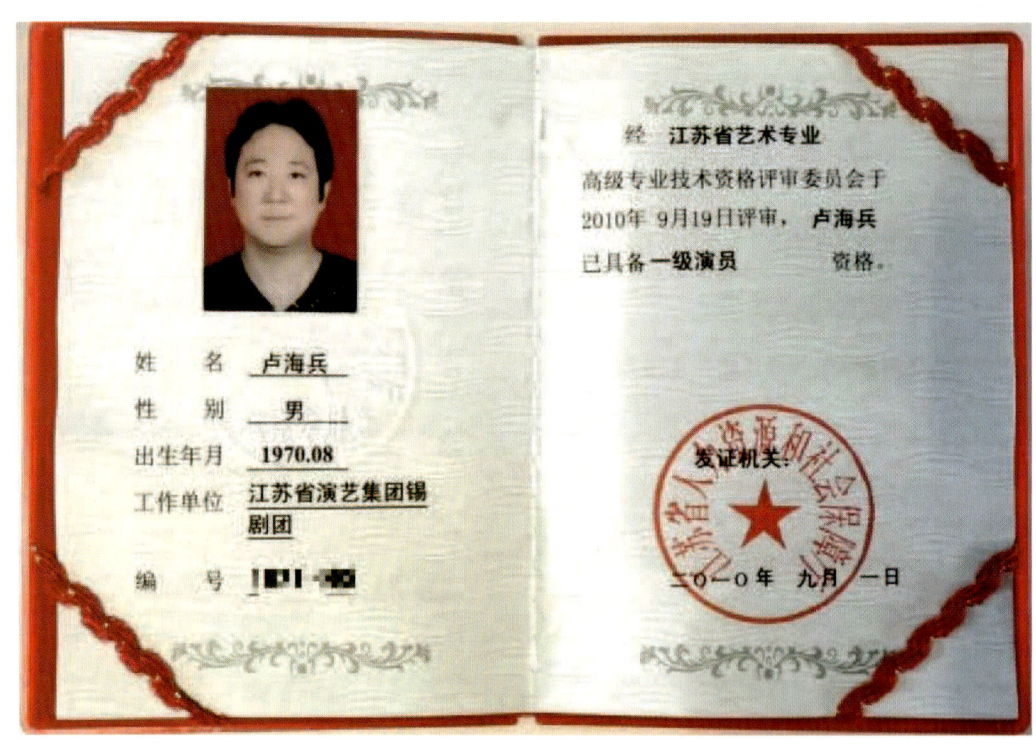

一级演员证书

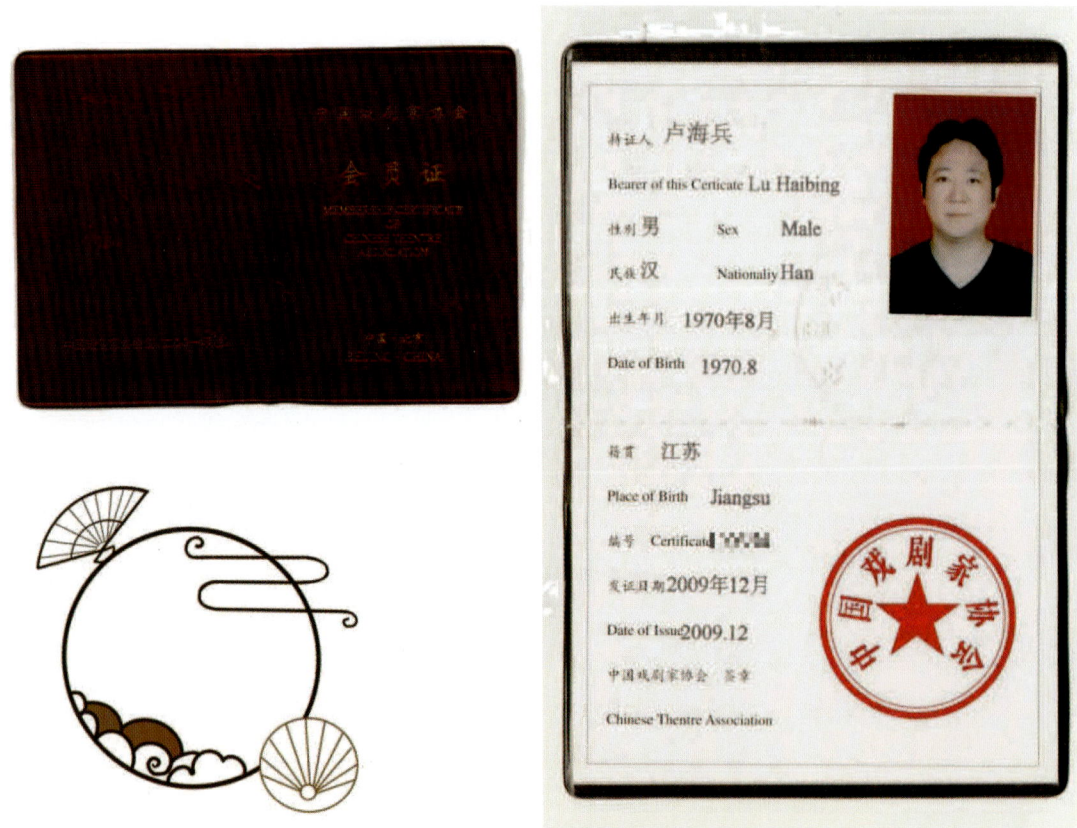

中国戏剧家协会会员证

## 卢海兵艺术生涯简介

卢海兵，一级演员，中国戏剧家协会会员。1970年出生于江苏宜兴鲸塘，1986年考入江苏省戏剧学校锡剧表演专业，专工小生、老生，1989年毕业后分配到江苏省锡剧团工作。1997年加入中国共产党。

荣获第六届江苏省锡剧节"表演奖"，江苏省第三届小戏小品大赛"优秀表演奖"，江苏省第四届小戏小品"表演奖"。

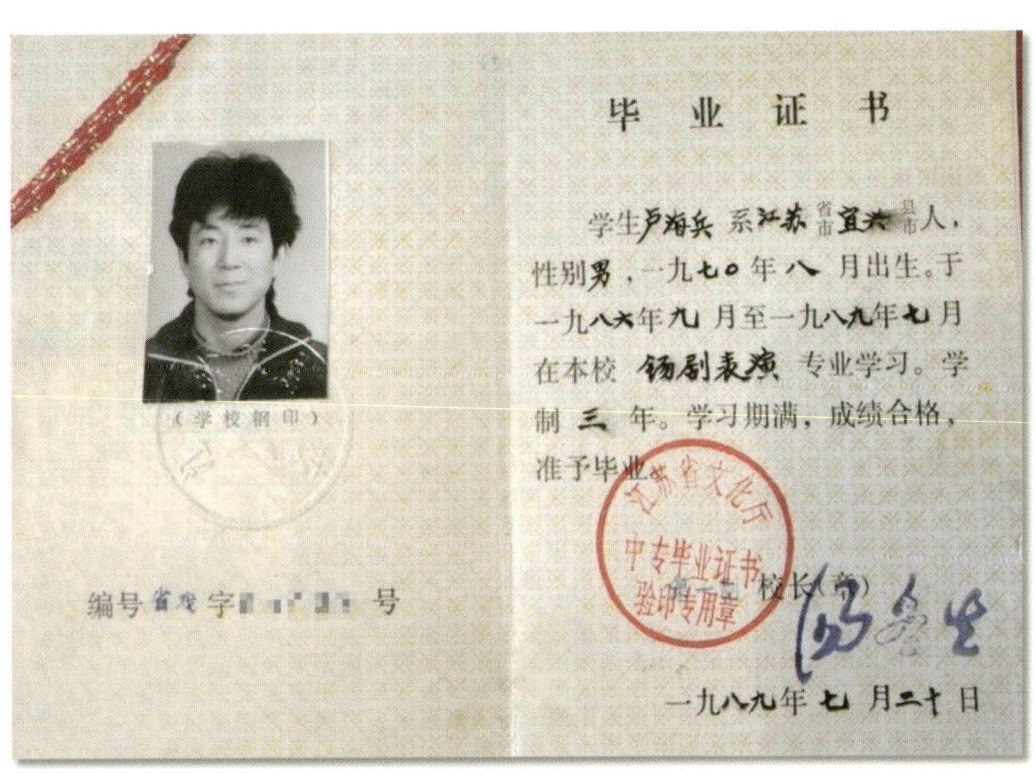

毕业证书

南京市河海大学教授华士林赠给吴美玉的墨宝

2008年1月5日《香港成报》刊登了《感性空间再拓大》一文
对吴美玉排演的《七月七日长生殿》给予了高度评价

锡剧《嫁媳》饰演苟才

锡剧《玲珑女》饰演王德

锡剧《生死牌》饰演海瑞

锡剧《双推磨》片段饰演何宜度

锡剧《双珠凤》饰演霍天荣

锡剧《状元情殇》饰演杜国忠

锡剧《紫砂梦》饰演陈泰

## 卢海兵艺术生涯所获艺术和政治荣誉

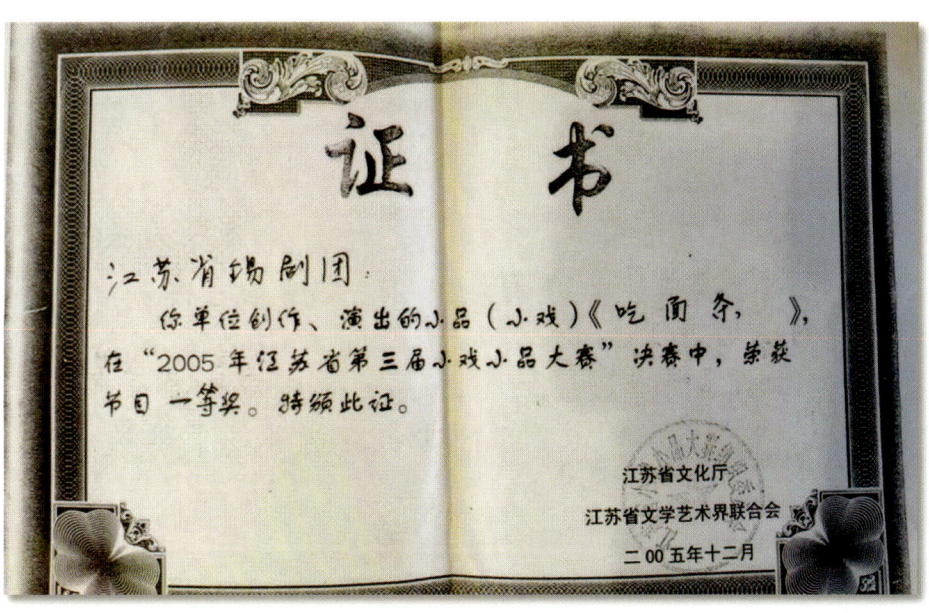

《吃面条》荣获江苏省第三届小戏小品大赛节目一等奖
（卢海兵在该剧中饰陈士度一角）

锡剧《紫砂梦》荣获江苏省第十届精神文明建设"五个一工程"优秀作品奖
（卢海兵在该剧中饰陈泰一角）

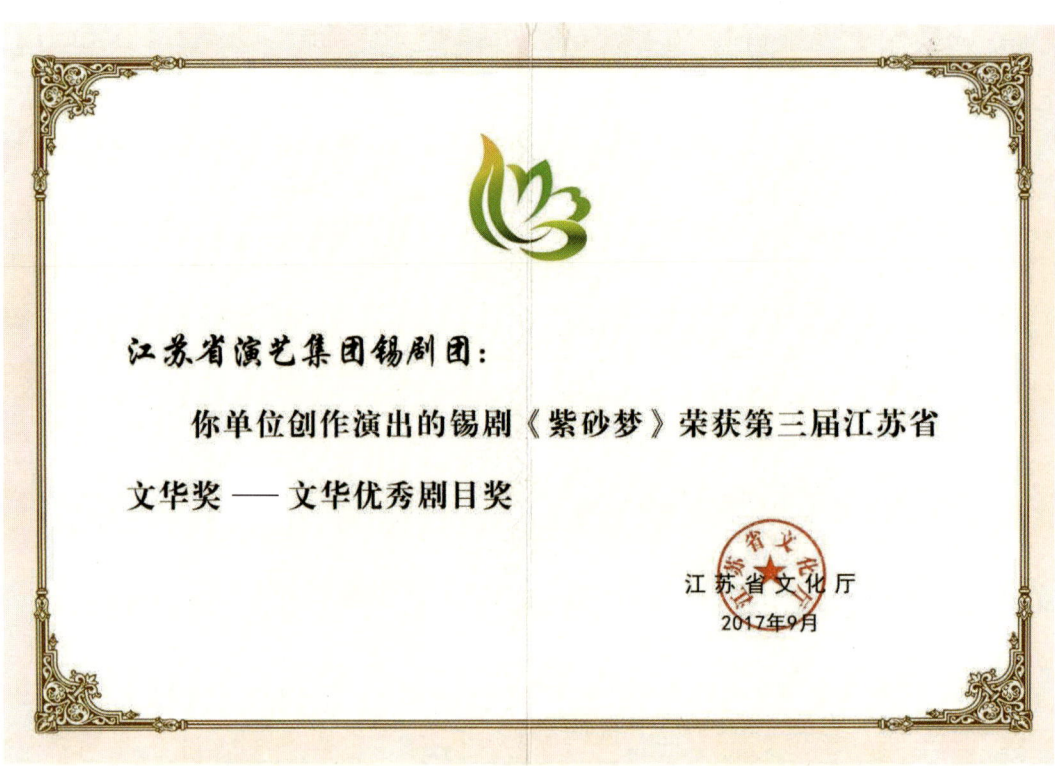

锡剧《紫砂梦》荣获第三届江苏省文华奖——文华优秀剧目奖

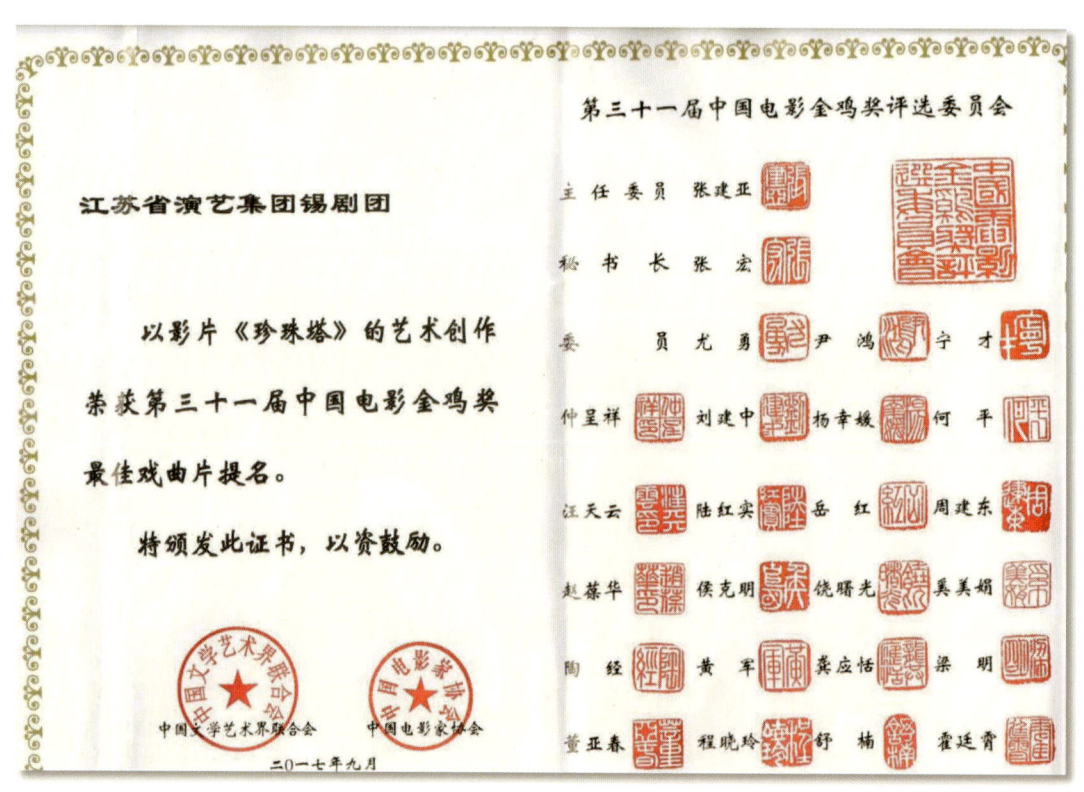

锡剧电影《珍珠塔》荣获第三十一届中国电影金鸡奖"最佳戏曲片"提名奖
（卢海兵在该剧中饰陈寿一角）

锡剧电影《珍珠塔》荣获
金杉叶民族文化影像传承奖

锡剧电影《珍珠塔》荣获首届中国戏曲电影展
"优秀戏曲电影奖"和"优秀改编戏曲电影奖"

# 卢海兵艺术生涯花絮

与王兰英合影

与沈佩华合影

与倪同芳合影

与王锡春合影

与沈佩华、李菊、卞雁敏合影

与唐振华合影

与张金华、孙黎健合影

与"锡剧王子"周东亮、"越剧王子"赵志刚合影

与"扬剧王子"李政成合影

与董云华合影

与"越剧王子"赵志刚合影

与钱伟、张金华合影

与蒋昌涌合影

与沈慧兰合影

与季春艳合影

与李菊合影

与薛燕合影

与著名二胡演奏家邓建栋合影

与央视主持人赵保乐合影

与著名戏剧导演韩剑英合影　　　　　　与演员濮存昕合影

与演员侯长荣合影　　　　　　与著名编剧张勇合影

《八女投江》饰演指导员冷云

《南冠草》饰演夏完淳

《白蛇传·断桥》饰演许仙

《汉宫怨》饰演汉宣帝刘询

《孟丽君》饰演皇帝

# 孙静艺术生涯重点作品选辑

《柳毅传书》饰演柳毅

《双玉蝉》饰演沈梦霞　　《庵堂认母》选段饰演徐元宰

一、《梁祝·楼台会》
梁山伯——孙 静（国家二级演员）
祝英台——朱 蔺（国家一级演员）
银 心——张丹丹

二、《山河恋》片段
绵姜——孙 静（国家二级演员）
曹 柏——殷瑞芬（国家一级演员）
获 花——朱红英（国家二级演员）
薇 羸——冯 悦
宫 女——吉 飞 张丹丹

剧情简介
梁山伯与祝英台两情缱绻，祝英台托媒母做媒，约期提亲，梁山伯如期到祝，执拗祝员外已将英台许字与马文才，悲愤难平的梁山伯、地贤的祝英台立下誓盟："在世不能成婚配，死后也要同坟台！"

剧情简介
战国时期，绵姜与夫王无嫉越事亲，侵占青国，设计谋骗皇后曹日恋人曹柏入宫私会，皇后识破诡计，为劝旧人远离皇宫，舍儿女私情以成全亲愿山河之大义，一场生死诀别，山河哭的动乱的凝聚头头化解。

三、《南冠草·献中咏书》
夏完淳——孙 静（国家二级演员）
秦 篆——陈伟萍（国家二级演员）
夏淑吉——杨凤英（国家一级演员）

四、《柳毅传书·湖滨惜别》
柳 毅——孙 静（国家二级演员）
龙女三娘——沈美娟（国家二级演员）
紫 柏——沈雪雯
比目鱼——沈藻鹏 李晓姐 杨丽萍 吉 飞
织锦女——陈伟萍（国家二级演员）
钱 俊
周 密（国家二级演员）
张 玲（国家二级演员）
朱 蔺（国家一级演员）

剧情简介
夏完淳反清失败，解救龙女归洞庭，落然谢别龙女秦约，重返人间。龙女三娘深情相送，保持柳毅之会，盼盼人间重逢……

剧情简介
夏完淳反清被清兵围捕，坚贞不屈，秦篆到夏淑吉狱中探望，夏完淳表明舍身取义志向，托付家人，抚养幼儿，继承先辈遗志。

个人专场《梁祝》饰演梁山伯

## 孙静个人演唱会集锦

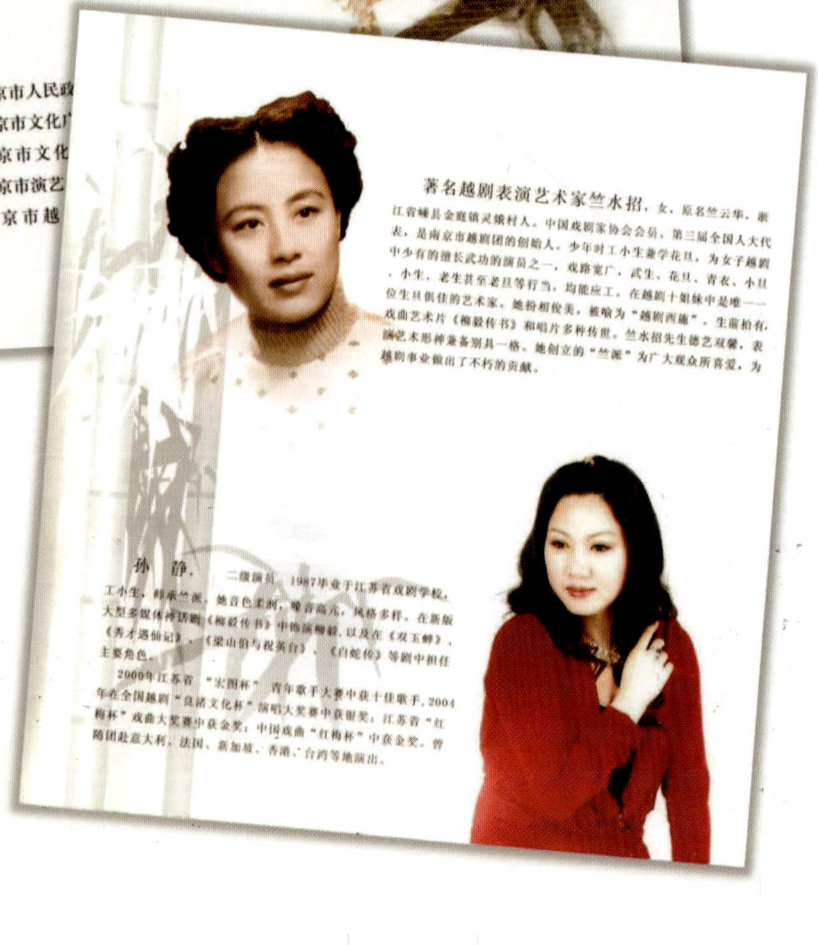

## 2012年孙静个人折子戏专场

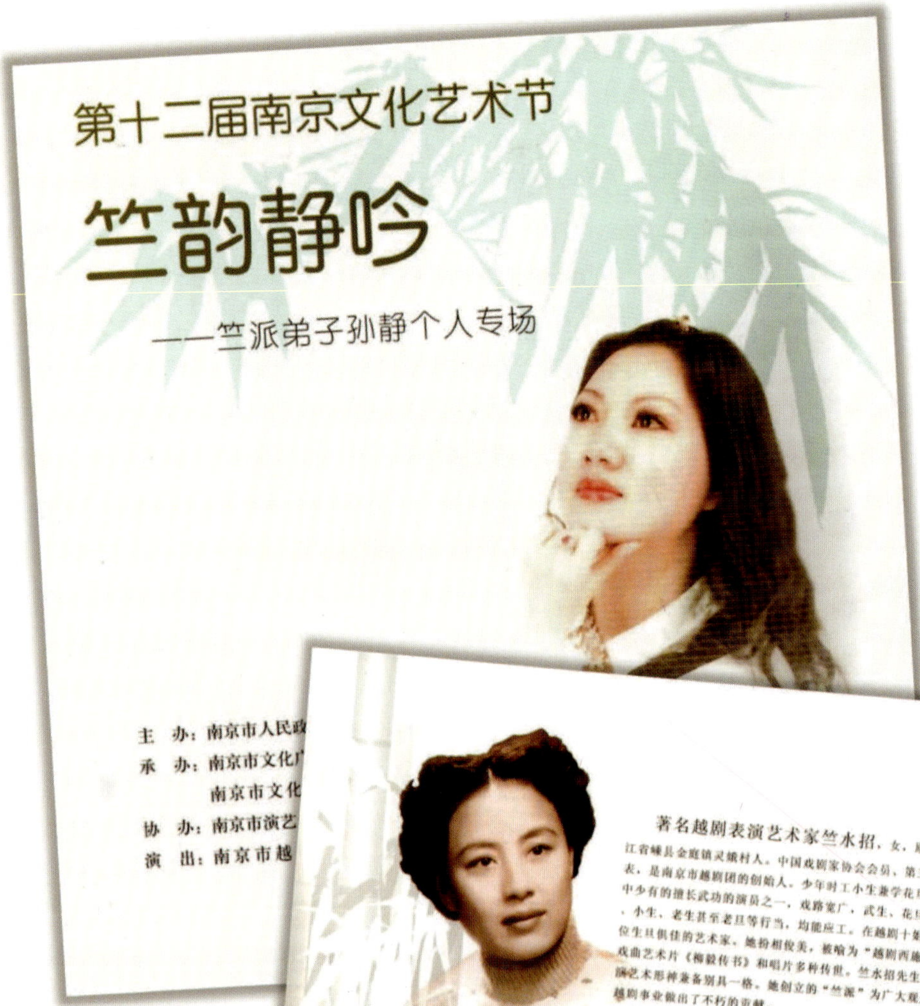

一级演员证书

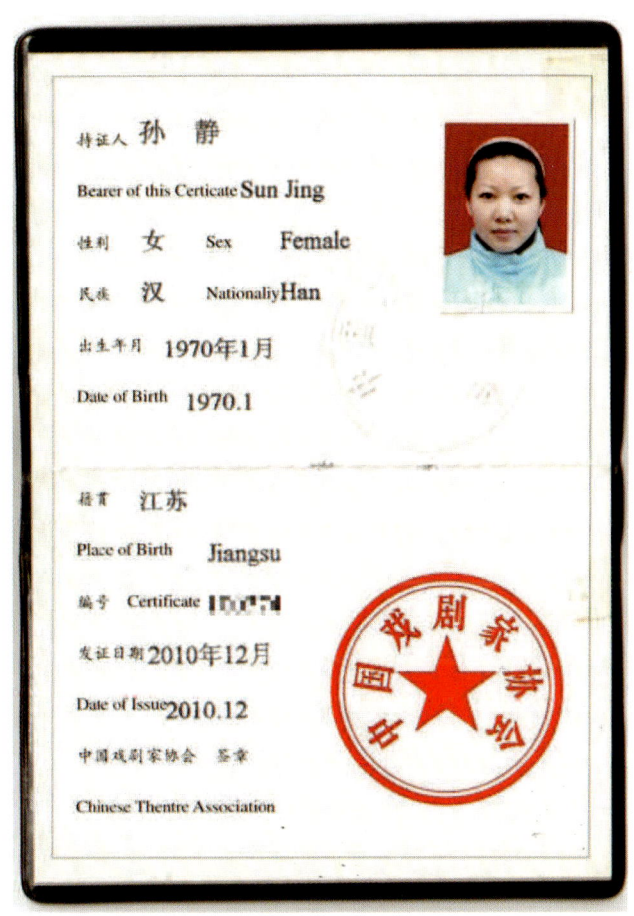

中国戏剧家协会会员证

## 孙静艺术生涯简介

孙静，一级演员，中国戏剧家协会会员，南京市戏剧家协会理事，民盟南京市越剧团支部主委。1970年出生在江苏省宜兴市张渚镇，1984年考入江苏省戏剧学校越剧表演系，工小生。1987年毕业后分配到南京市越剧团。2002年拜著名越剧表演艺术家竺小招为师，专工竺派。

她扮相俊美潇洒，表演稳重大方，唱腔华丽高亢，嗓音甜美，清透流畅，行腔收放自如，善于刻画各种不同类型的角色，亦生亦旦，人物把握准确、细腻。

她对越剧竺派的唱腔和表演刻苦钻研，锲而不舍，使她成为竺派第三代传承人中的佼佼者，得到了广大观众和戏迷的高度认可。

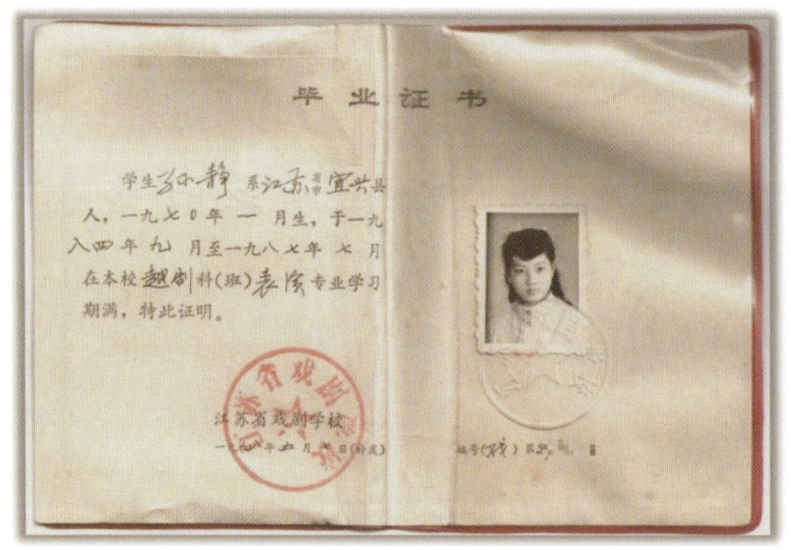

毕业证书

在《文化新世纪》上发表的文章

在《剧影月报》上发表的文章

《八女投江》饰演连长胡秀芝

现代越剧《丁香》饰演阿乐

《上邻下舍》饰演王阿姨　　　　　　　　《孔雀胆》饰演段功

239

# 孙静艺术生涯所获艺术和政治荣誉

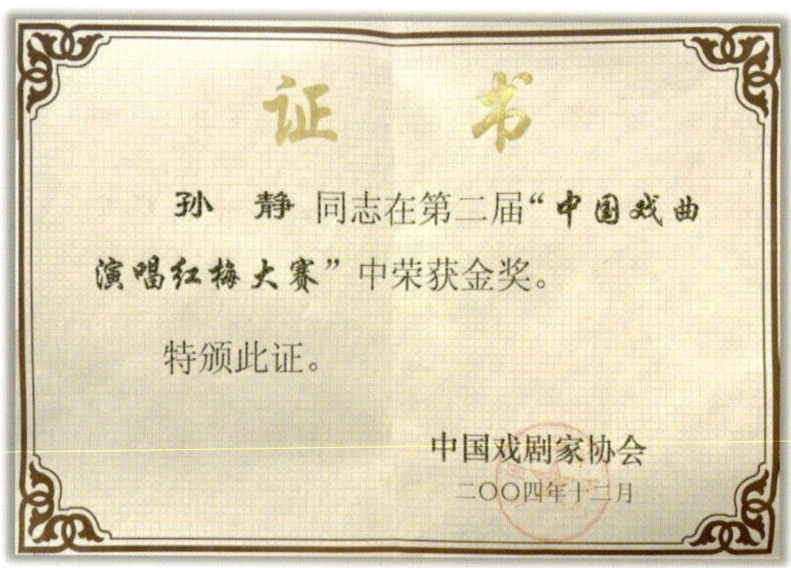

2004年第二届"中国戏曲演唱红梅大赛"金奖

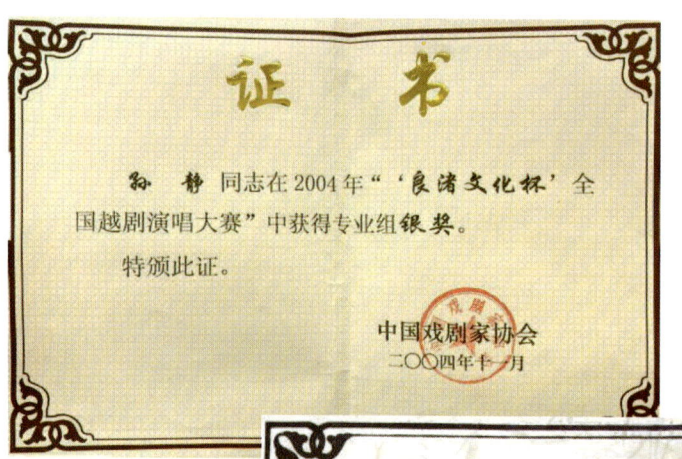

2004年"'良渚文化杯'全国越剧演唱大赛"银奖

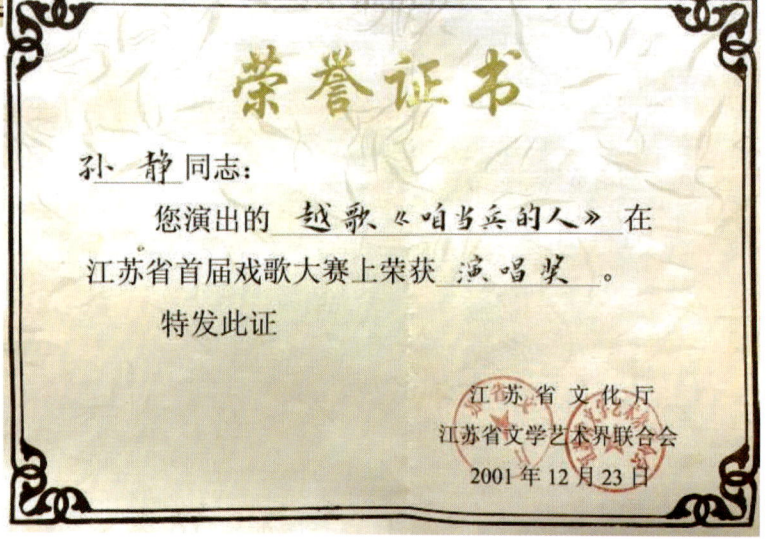

2001年江苏省首届戏歌大赛演唱奖

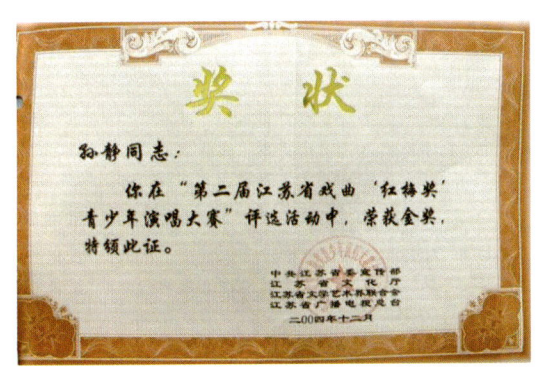
第二届江苏省戏曲"红梅奖"青少年演唱大赛金奖

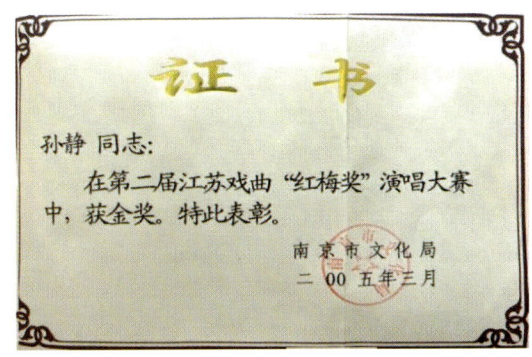
第二届江苏省戏曲"红梅奖"演唱大赛金奖

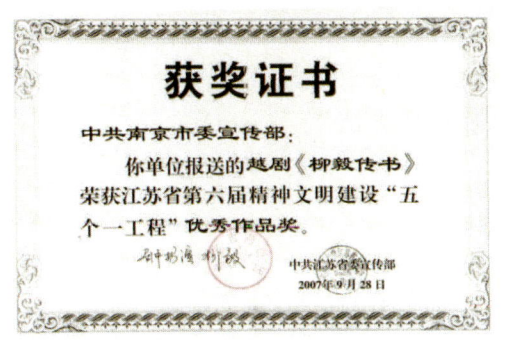
越剧《柳毅传书》获江苏省第六届精神文明建设"五个一工程"优秀作品奖（孙静饰演柳毅）

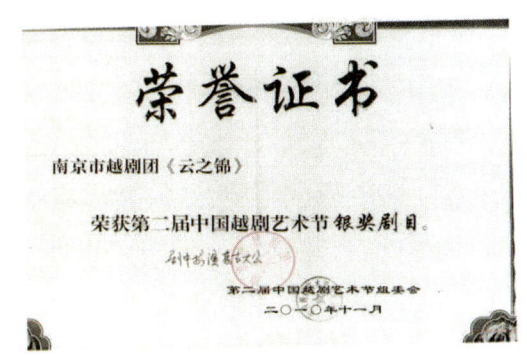
《云之锦》获第二届中国越剧艺术节银奖剧目（孙静饰演蒙古大公）

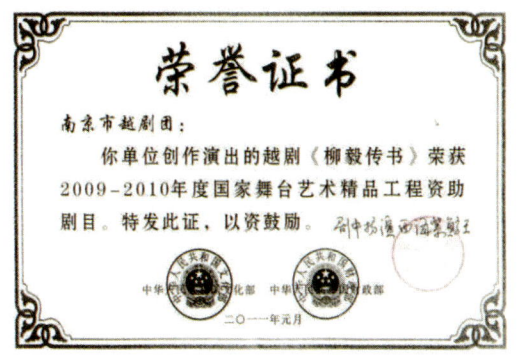
《柳毅传书》入选2009—2010年度国家舞台艺术精品工程资助剧目（孙静饰演西海紫鲸王）

《柳毅传书》获全国地方戏优秀剧目评比展演剧目二等奖（孙静饰演西海紫鲸王）

越剧《丁香》获第六届江苏省戏剧节优秀剧目奖（孙静饰演阿乐）

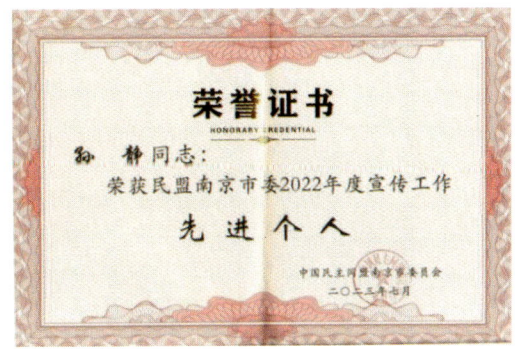
2022年度民盟南京市委先进个人

越剧《八女投江》荣获第三届江苏省文化奖文化优秀剧目奖（孙静饰演连长胡秀芝）

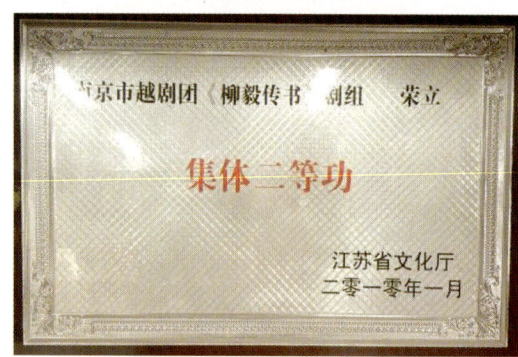

越剧《柳毅传书》获奖牌匾（孙静饰演柳毅、西海紫鲸王）

# 孙静艺术生涯花絮

2015年12月美国文化交流专场

2014年加拿大多伦多文化交流

2013年出国文化交流——德国慕尼黑之行

南京大学留学生在南京越剧博物馆欣赏和体验中国戏曲之美——《柳毅传书》饰演柳毅

2013年中央电视台戏曲频道录制《柳毅传书》选段

2021年中央电视台戏曲频道录制《角儿来了》

2024年浙江广播电视集团新媒体视频平台Z视介拍摄《桃花扇》选段饰演侯朝宗

2024年浙江广播电视集团新媒体视频平台Z视介拍摄《柳毅传书》选段饰演柳毅

江苏文艺广播现场采访

2006年中国曲阜国际孔子文化节暨两岸孔子文化交流周大型文艺晚会表演《柳毅传书·湖滨惜别》饰演柳毅

2006年雅歌春韵——越剧"戚毕"流派演唱会和著名越剧表演艺术家毕春芳老师合影

245

2012年"竺韵流芳"越剧竺派艺术演唱会演唱《涛声依旧》　　2017年"一脉相承"江苏戏曲名家师徒同台专场演出

2016年南京市越剧团60周年，与竺小招老师和师姐妹合影
在传承版《莫愁女》中饰演徐澄

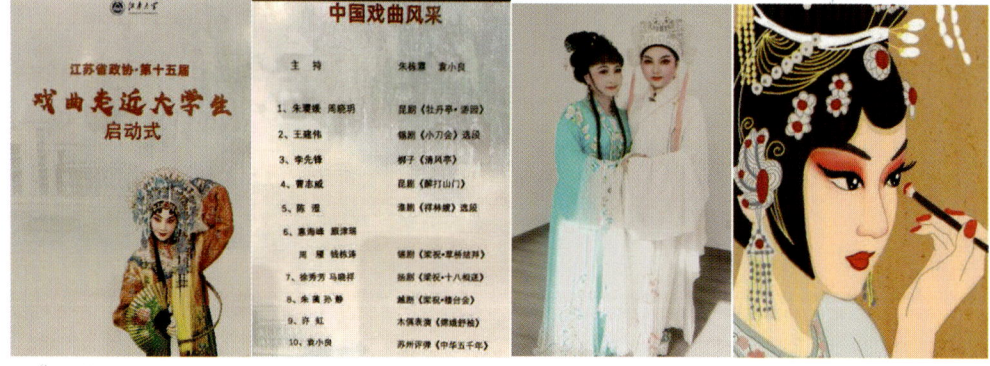

2021年江苏省政协·第十五届戏曲走近大学生启动式中演出《梁祝》（饰演梁山伯）

2018年山东第二届越剧戏迷联谊会合影

《李清照》演出剧组与袁雪芬合影

2019年苏州吴江越剧名家演唱会名家合影

与陶琪合影

与李敏合影

与赵志刚合影

与张琳合影

与著名表演艺术家周宝奎老师合影

与著名锡剧表演艺术家沈佩华老师合影

与著名锡剧表演艺术家姚澄、王根兴老师合影

与著名越剧表演艺术家金采风合影

与著名越剧表演艺术家王文娟老师合影

与著名越剧表演艺术家毕春芳老师合影

与著名京剧表演艺术家尚长荣老师合影

与著名演员濮存昕合影

与著名演员吴京安合影

与著名演员涂松岩合影

《望岳情》饰演岳飞

《侠医缪希雍》饰演驸马

《显应桥》饰演梁士杰

《玉蜻蜓》饰演申贵升

《玲珑女》饰演海瑞

《刘胡兰》饰演陈照方

《双珠凤》饰演文必正

《苏东坡》饰演赵顼

《大先生》饰演张謇

《东坡买田》饰演苏东坡

《董存瑞》饰演指导员

《离歌》饰演葛二爷

《白罗衫》饰演徐继祖

# 汤达艺术生涯重点作品选辑

锡剧《八珍汤》饰演常天宝

《草命天子》饰演刘文俊

《大风歌》饰演萧何

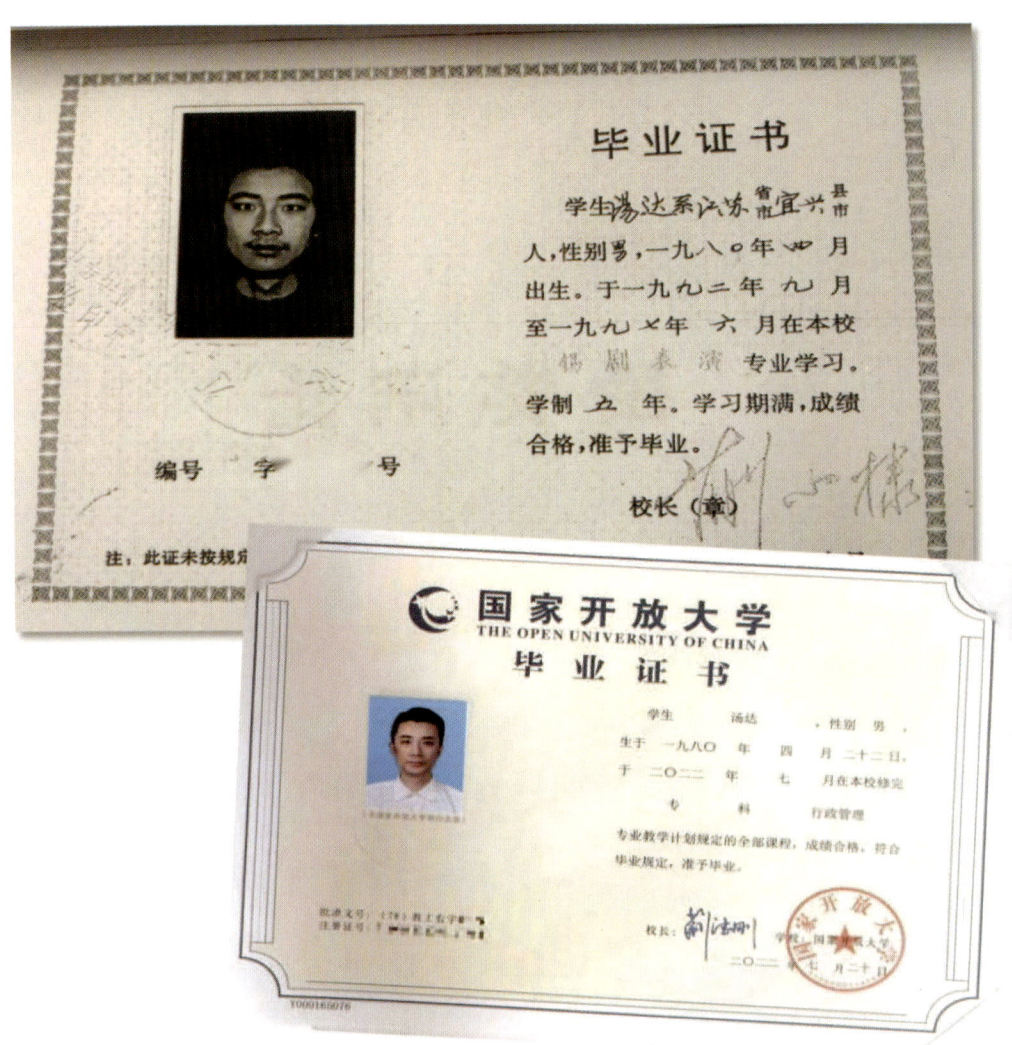

毕业证书

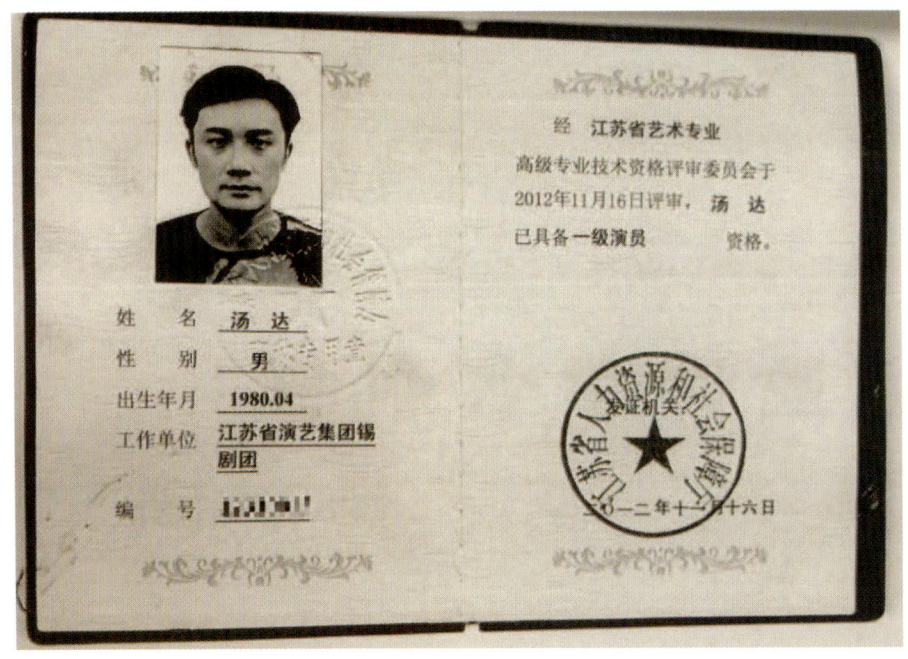

一级演员证书

为江苏省戏剧学校锡剧班学员排练教戏《玉蜻蜓》；2020年参与青春版《八珍汤》的教学工作，指导缪宇哲学习该剧中常天保一角；2021年参与青春版《玲珑女》的教学工作，指导缪宇哲学习该剧中海瑞一角。

所获奖项及荣誉：首届"中国戏曲演唱大赛——红梅奖"金奖；第四届中国戏曲红梅荟萃"中国戏曲红梅金花"称号；2009江苏省优秀新剧目评比展演"优秀表演奖"；江苏省首届戏曲艺术演唱大赛"十佳舞台艺术新人奖"；第五届江苏省戏剧节"表演奖"；第四届江苏省小戏小品大赛"优秀表演奖"；第六届江苏省戏剧节"优秀表演奖"；2013年入选江苏省全省宣传文化系统首批青年文化人才；2017年荣获江苏省演艺集团首届"黄孝慈戏剧奖"；荣获2020紫金文化艺术节"优秀表演奖"；入选2019年"紫金文化艺术优秀青年"、2019年文化名家暨"四个一批"人才。

## 汤达艺术生涯简介

汤达，1980年出生于江苏宜兴，一级演员，中国戏剧家协会会员。师承当代锡剧表演艺术家周东亮。现任江苏省演艺集团锡剧团副团长。

汤达是中生代锡剧演员中的杰出代表，他扮相英俊潇洒，嗓音高亢清透，基本功扎实，行腔自如流畅，善于刻画各类角色，把握人物准确细腻，厚重凝练。他的舞台形象风格百变，不论是朗月清风的翩翩公子，还是包藏祸心的反派角色，抑或是老成持重的老生形象，他都拿捏得当、驾驭自如。汤达用过人的天分与不懈的努力将对锡剧艺术的满腔热忱化作一个个生动的舞台形象，镌刻进时光的年轮和观众的记忆里。

十几年来，汤达用非同一般的勤奋努力证明自己，不仅演过师父周东亮所有的大戏，还被立为周派大弟子。

代表作品：《玉蜻蜓》《珍珠塔》《双珠凤》《八珍汤》《玲珑女》《沙家浜》《白罗衫》《白蛇传》《风流状元》《状元情殇》《紫砂梦》《大风歌》《董存瑞》《显应桥》《刘胡兰》《望岳情》《装台》《苏东坡》等。

作为承上启下的中坚力量，汤达会毫无保留地将从老一辈身上学到的精髓传承给下一代，用自己的力量践行着传承的使命。他积极发挥传帮带作用，关心和帮助、辅导下一代青年演员的成长。2017年

在《青年文学家》上发表的文章

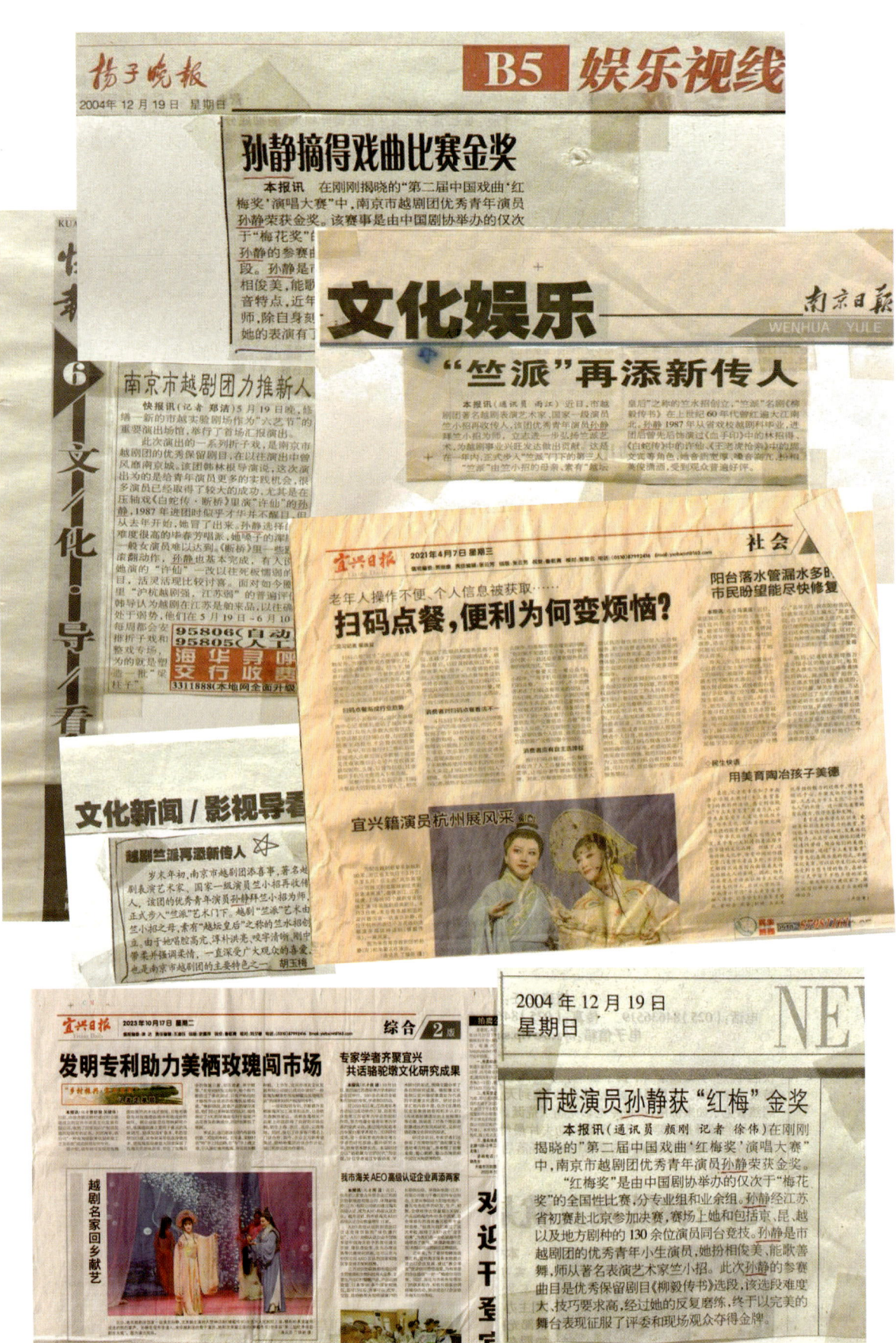

新闻媒体报道

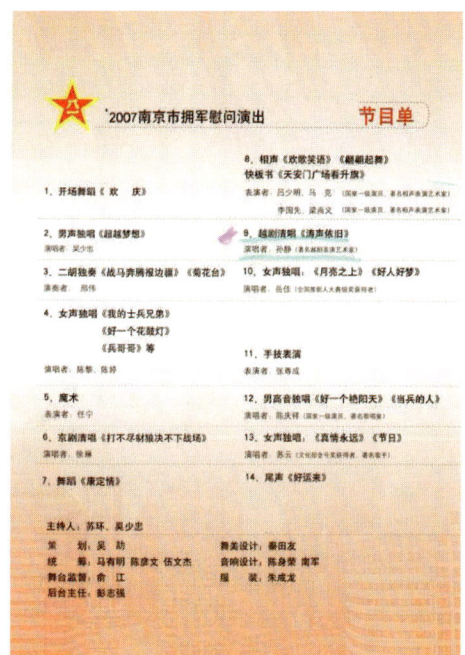

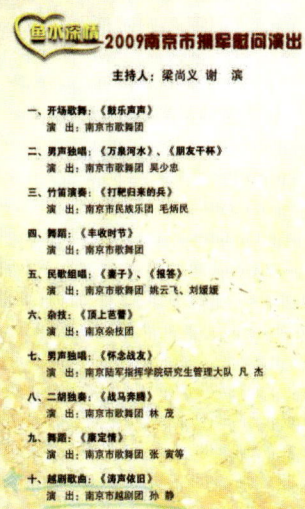

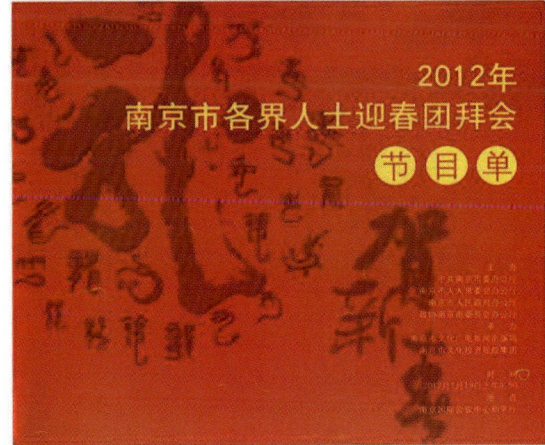
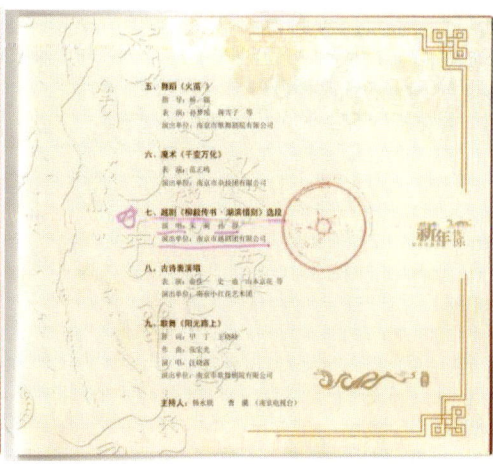

参加过的慰问演出

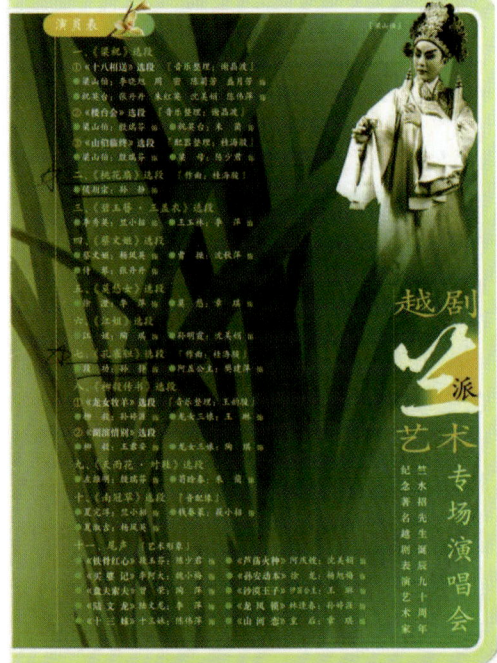
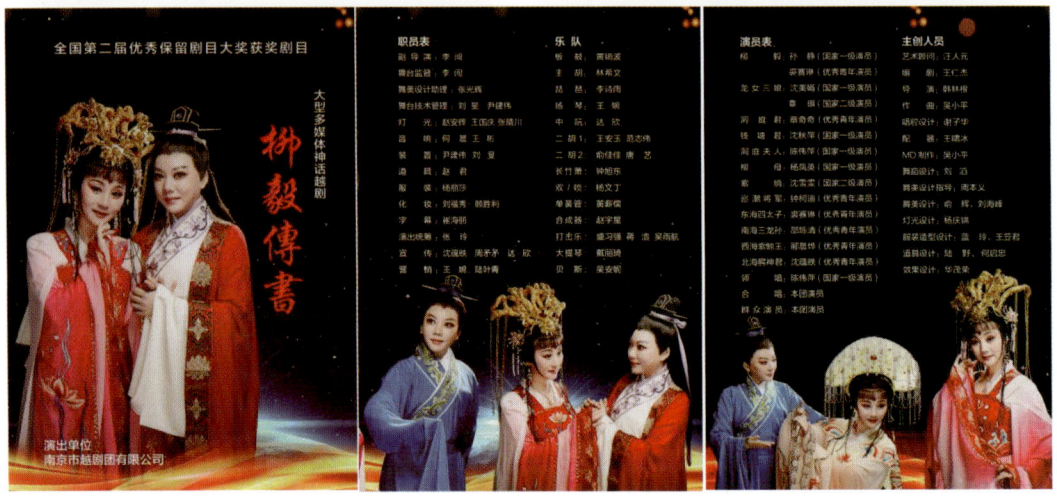

参演剧目宣传海报

2019年教戏迷《越韵古诗》大合照

2021年江苏淮剧博物馆建馆10周年演出合照

同唱一台戏2022年越剧春晚表演《柳毅传书》选段

2024年越剧春晚名家大合照

与竺小招老师合影

宜兴市首届越剧票友大奖赛担当评委并点评

2017年嵊州市越剧艺术学校教学

2019年南京市越剧团学员班暑期培训班教唱

2019年小学生越韵古诗结业汇报演出

与淮剧表演艺术家陈澄合影　　与淮海戏表演艺术家许亚玲合影　　与扬剧表演艺术家李政成合影

2021年纪念竺水招百年诞辰演出，与竺小招老师和师姐妹大合影

2021年庆祝中国共产党成立100周年"情系南越·发扬竺派艺术"浙江温岭戏迷群联欢活动

2020年六朝越音·夜讲座活动

2021年百年风华戏韵百花·竺韵流芳越剧竺派艺术演唱会

2020年著名越剧表演艺术家商芳臣百年诞辰商派艺术演唱会孙静演唱主题曲越歌《芳泽永在》

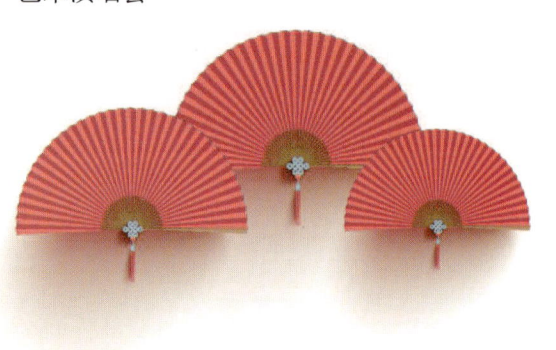

《珍珠塔》饰演方卿

《装台》饰演刁大军

《追香记》饰演宁王

《紫砂梦》饰演陈明

锡剧《卿卿如晤》饰演林觉民

锡剧《清风亭》饰演张继宝

锡剧《生死牌》饰演王志坚

锡剧《天涯歌女》饰演严华

锡剧《状元情殇》饰演施俏生

锡剧电影《紫砂梦》饰演柳瑞明

越剧《丁香》饰演吴卫国

在琼剧电影《喜团圆》中担任副导演

在锡剧电影《珍珠塔》中担任现场执行导演

## 2019年文化名家暨"四个一批"人才拟入选人选名单

2019-12-31 来源:中国文明网 作者:无

**关于对2019年文化名家暨"四个一批"人才、宣传思想文化青年英才拟入选人选名单进行公示的公告**

按照有关工作部署安排,在各地区各有关部门推荐的基础上,经过资格审核、组织专家通讯评审、会议评审等程序,中央宣传部研究产生了2019年文化名家暨"四个一批"人才320名拟入选人选、宣传思想文化青年英才475名拟入选人选。根据有关规定,现予公示,公示期7天,从2019年12月31日至2020年1月6日。公示期间如对人选有情况反映的,请将署名意见发至邮箱zxbzjc@wenming.cn。

附件:2019年文化名家暨"四个一批"人才、宣传思想文化青年英才拟入选人选名单

中央宣传部干部局

2019年12月31日

### 2019年文化名家暨"四个一批"人才拟入选人选名单

| 29 | 施夏明 | 江苏省演艺集团有限公司 |
| 30 | 周冬雨 | 泰洋川禾文化传媒徐州有限公司 |
| 31 | 龚莉莉 | 镇江市艺术创作研究中心 |
| 32 | 俞玖林 | 江苏省苏州昆剧院 |
| 33 | 葛志文 | 南京石陶居文化艺术有限公司 |
| 34 | 孙频 | 江苏省作家协会 |
| 35 | 汤达 | 江苏省演艺集团有限公司 |
| 36 | 杨霞云 | 浙江艺术研究院 |
| 37 | 韩熙 | 中国美术学院 |

### 江苏省首批紫金文化艺术人才评选结果公示

2019-12-27 10:03 中国江苏网

按照江苏省委办公厅、省政府办公厅《江苏文化人才高质量发展三年行动计划》部署要求,近期,省委宣传部组织开展了首批紫金文化艺术人才评选工作。经申报推荐、资格审核、专家评审等程序,评选出万新华等50名同志作为"紫金文化艺术英才"人选,丁勇等150名同志作为"紫金文化艺术优秀青年"人选,现予公示。

公示时间:2019年12月26日至2020年1月1日。如对公示名单有异议,请于公示期内向省委宣传部文艺处反映,联系电话:025-88802669。

中共江苏省委宣传部

2019年12月26日

**二、紫金文化艺术优秀青年(150人)**

汤 达 男 江苏省演艺集团

汤天明 男 南京师范大学

汤成难 女 自由撰稿人

2019年文化名家暨"四个一批"人才、江苏省首批紫金文化艺术优秀青年

江苏省演艺集团第一届"江苏演艺标兵"

优秀共产党员

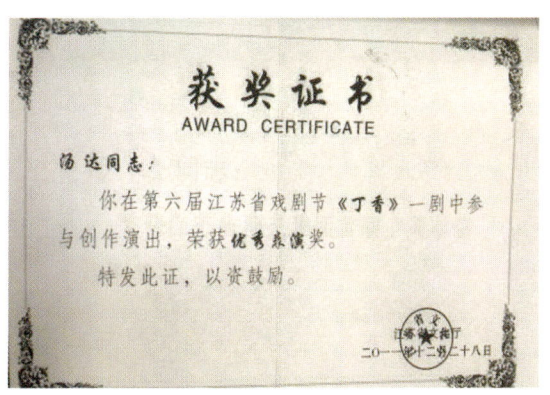
第六届江苏省戏剧节优秀表演奖

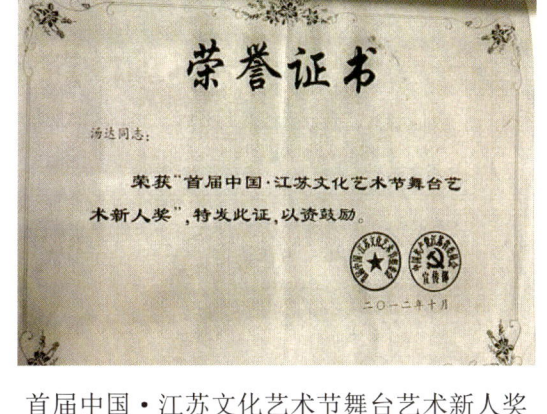
首届中国·江苏文化艺术节舞台艺术新人奖

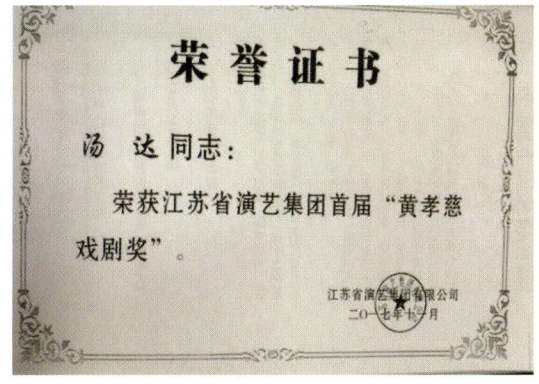
江苏省演艺集团首届"黄孝慈戏剧奖"

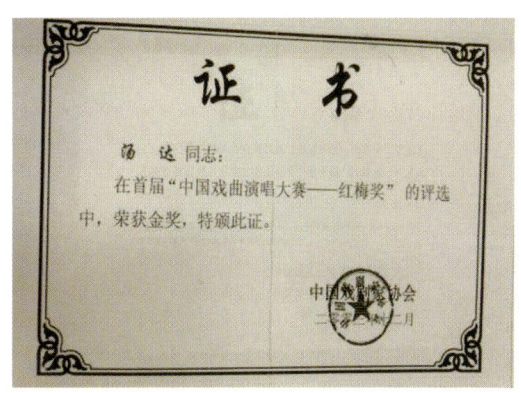
首届"中国戏曲演唱大赛——红梅奖"金奖

2020紫金文化艺术节优秀表演奖

江苏省第六期"333高层次人才培养工程"第三层次培养对象

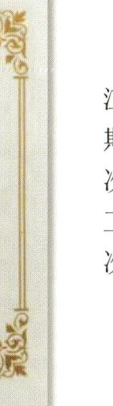

## 汤达艺术生涯所获艺术和政治荣誉

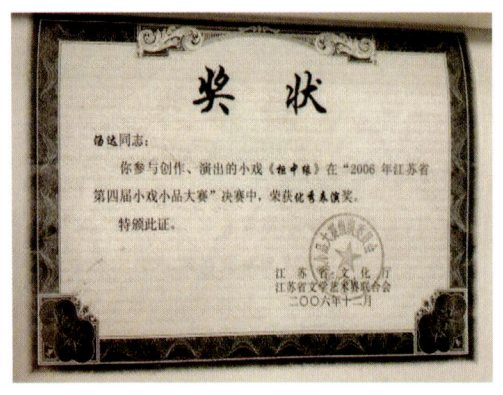
2006年江苏省第四届小戏小品大赛优秀表演奖

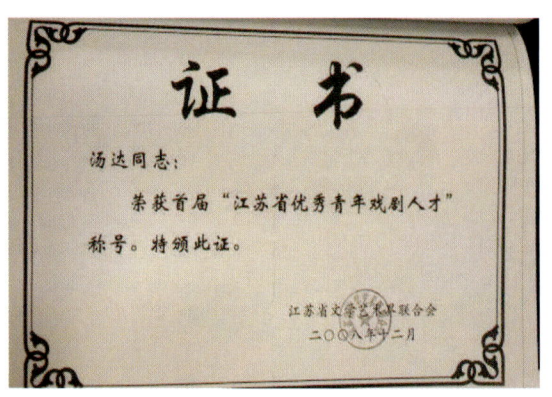
首届"江苏省优秀青年戏剧人才"称号

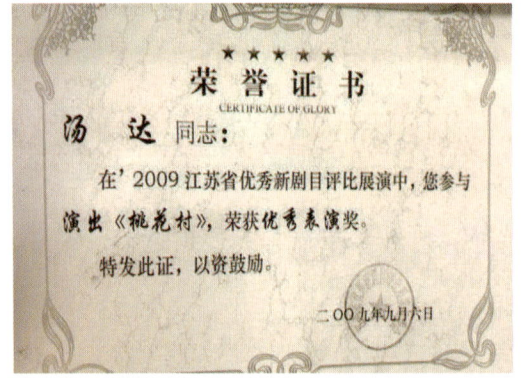
2009年江苏省优秀新剧目评比展演优秀表演奖

2009年第四届"江苏戏剧奖·红梅奖"金奖

第四届"中国戏曲红梅荟萃"
"中国戏曲红梅金花"称号

第六届江苏省戏剧节优秀表演奖

# 汤达艺术生涯花絮

拜师

与师父周东亮合影

与姜昆合影

与影视演员温玉娟合影

与著名相声演员赵炎合影

与李诚儒（左）、李金斗（右）合影

与季春燕、倪同芳、赵志刚、张金华合影

与"越剧王子"赵志刚合影　　　　与锡剧名家董云华、张金华合影

与著名导演韩剑英合影

# 王凤华艺术生涯简介

王凤华，一级演员，中共党员，中国戏剧家协会会员，江苏省级非物质文化遗产锡剧代表性传承人，无锡市戏剧家协会越剧分会副会长。1965年出生于江苏宜兴丁蜀镇蜀山村，她酷爱戏曲且具有丰富的表演才华，尤其对锡剧、越剧、沪剧情有独钟，17岁考入宜兴锡剧团并师从著名花旦演员汤建蓉。王凤华为人朴实真诚，性格温雅善良，对文化艺术的追求更是执着刻苦，因成绩突出曾多次被破格晋级。她嗓音清纯恬静，委婉细腻，她善于博采众长而又独树一帜，尤其对锡剧前辈沈佩华老师的沈派艺术和梅兰珍老师的梅派艺术倾心拜学，并汲取越剧、沪剧、黄梅戏等名角流派的精华来丰富自己，深受百姓的青睐及专家同行们的认可。从艺40多年来，她凭着对艺术的执着和对工作的勤奋，曾多次被评为优秀共青团员、优秀共产党员、先进文化工作者，并荣获市文明职工、巾帼建功先进个人、青年岗位能手、新长征突击手、三八红旗手等荣誉称号，多次受到文化部门嘉奖。

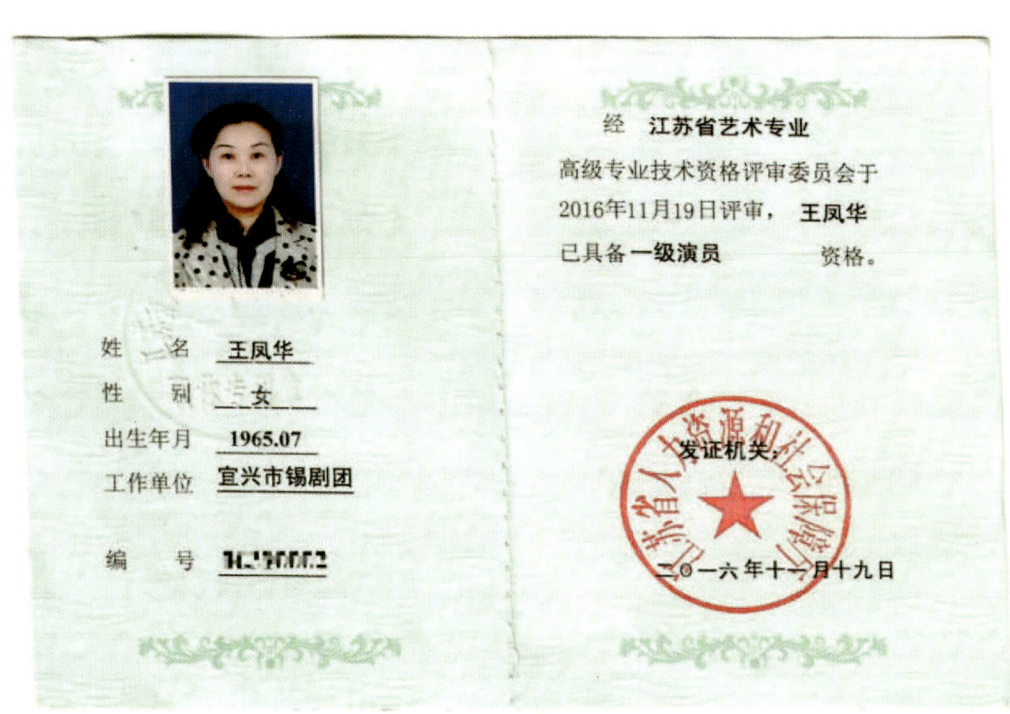

一级演员证书

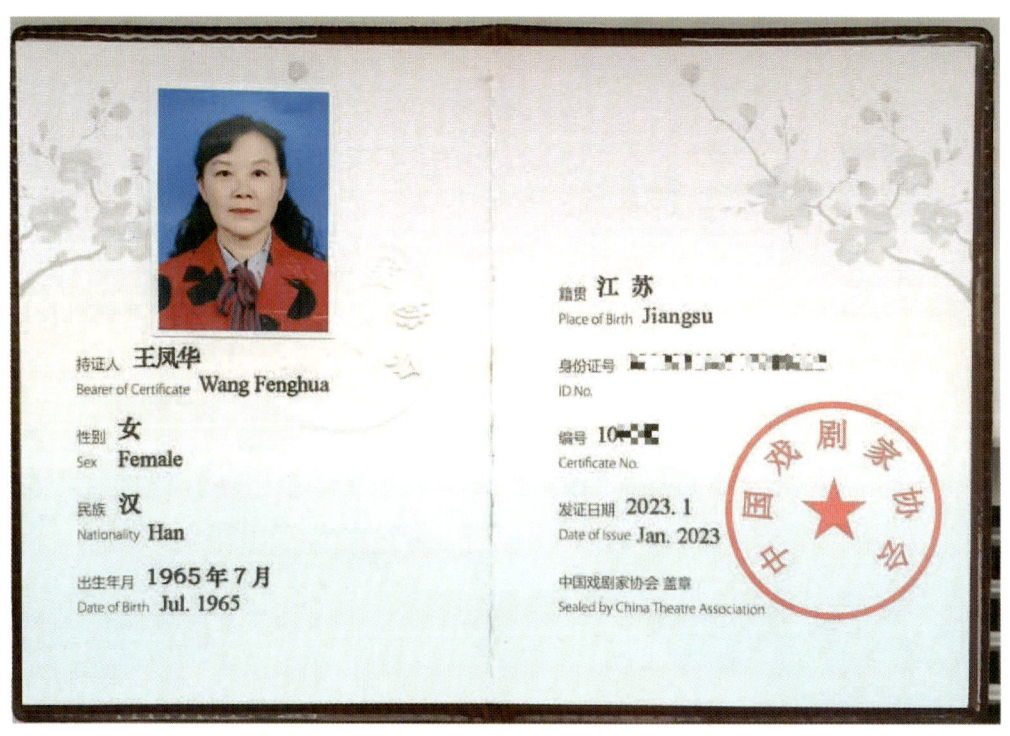

中国戏剧家协会会员证

## 王凤华个人演唱会集锦

## 2013 风华正茂——王凤华锡剧演唱会

著名主持人椰风和郑挺主持演唱会

演出掠影

当时90多岁高龄的沈佩华老师和周东亮老师亲临演唱会

与"锡剧王子"周东亮联袂演出《玉蜻蜓·庵堂认母》

与著名越剧表演艺术家吴凤花老师联袂演出《梁祝·十八相送》

与锡剧表演艺术家唐振华老师联袂演出《狸猫换太子·寒窑》

与锡剧表演艺术家韩志良联袂演出《珍珠塔·前园会》

与原宜兴市文广新局文化艺术科科长、群文研究馆馆员蒋俊臣演出黄梅戏名段《夫妻双双把家还》

演出掠影

宜兴市各界领导与演员合影留念

演唱会剧场内热情的观众场面（座无虚席）

# 王凤华艺术生涯重点作品选辑

小戏《亲生娘 阿婆娘》饰演亲生娘

新编历史剧《周处》饰演凤芝

传统戏《玲珑女》饰演白赛花

传统戏《荆钗记》饰演王母

现代戏《星光灿烂》饰演村书记何海燕

现代戏《百合花开》饰演村书记何海燕

现代戏《爱河滔滔》饰演小保姆宋小华

传统戏《状元与乞丐》饰演柳氏

传统戏《狸猫换太子》饰演李娘娘

传统戏《女驸马》饰演冯素珍

传统戏《半把剪刀》饰演陈金娥

传统戏《五女拜寿》饰演母亲

传统戏《夜明珠》饰演赵氏

传统戏《珍珠塔》饰演方母

传统戏《中秋月》饰演卢夫人

传统戏《春江月》饰演刘夫人

传统戏《碧玉簪》饰演李夫人

传统戏《双珠凤》饰演霍夫人

大型现代戏《花季谣》饰演苏老师

现代戏《亲娘》饰演母亲

锡剧电视剧《陶朱公传奇》饰演王娘

传统戏《三看御妹》饰演巧莲

传统戏《红丝错》饰演章柳月

传统戏《后珍珠塔》饰演燕姑

传统戏《孟丽君》饰演孟丽君

传统戏《三试浪荡子》饰演白玉霞

传统戏《三试浪荡子》饰演白玉霞

现代戏《回家》饰演杨镇长

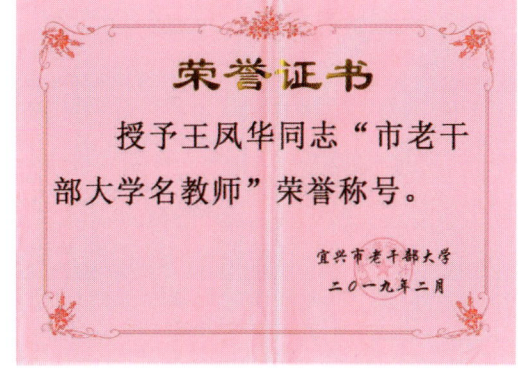

多次荣获先进工作者等荣誉称号

2019年荣获宜兴市老干部大学
名教师荣誉称号

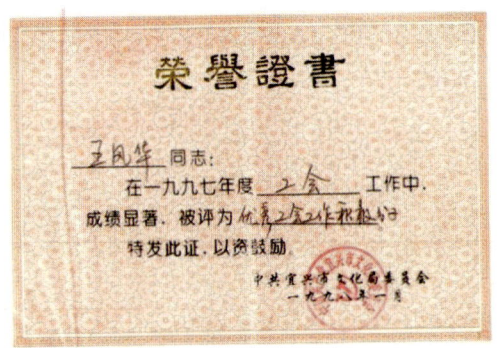
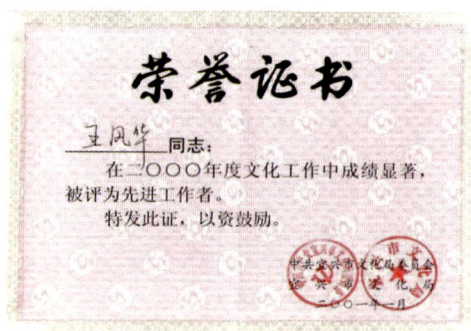

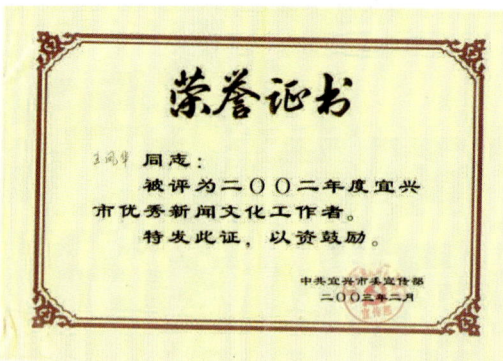

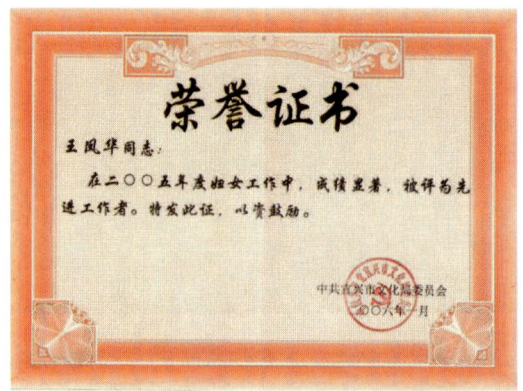

多次荣获先进工作者等荣誉称号

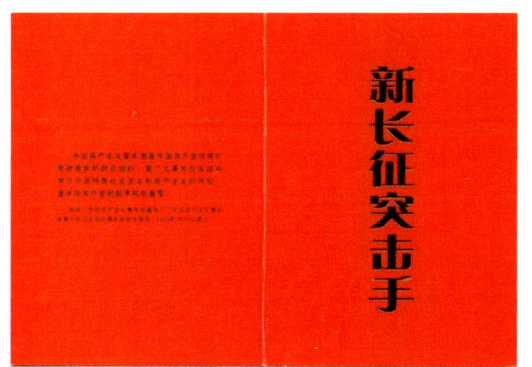

2003年度宜兴市新长征突击手

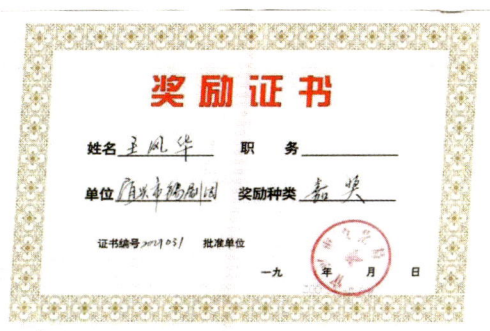 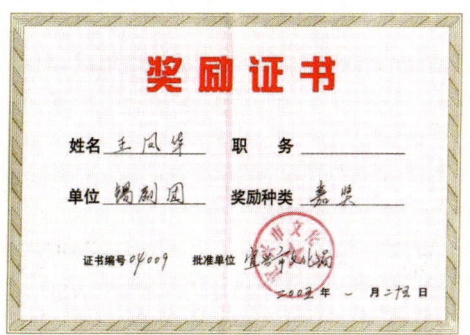

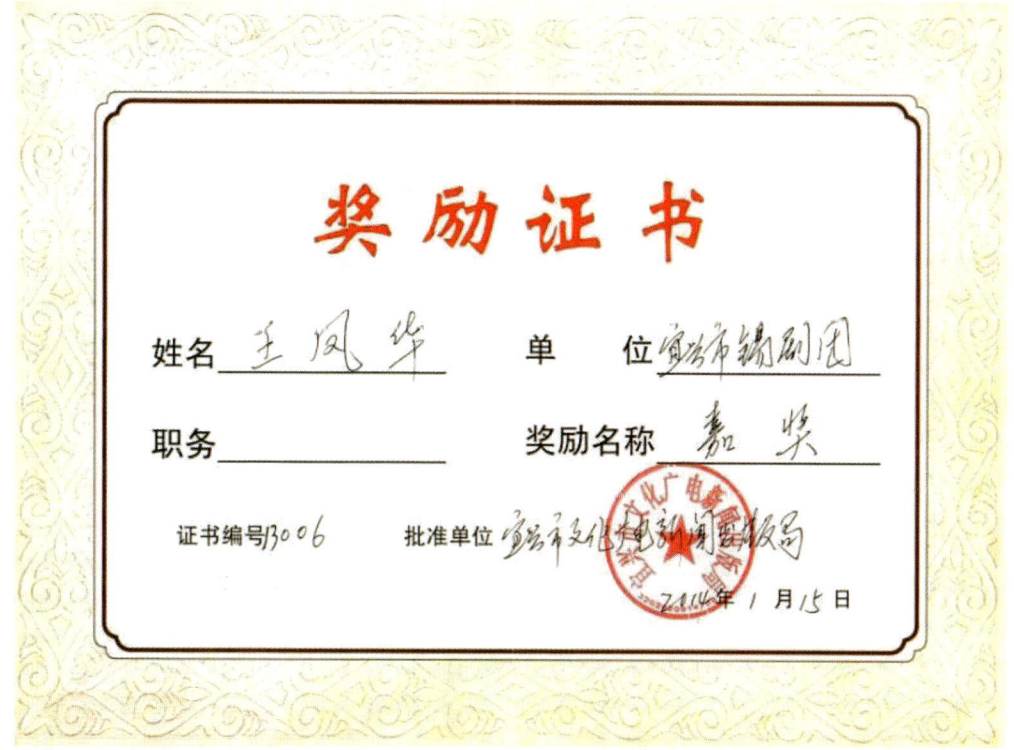

2001年、2005年、2014年荣获宜兴市文化局（宜兴市文化广电新闻出版局）嘉奖

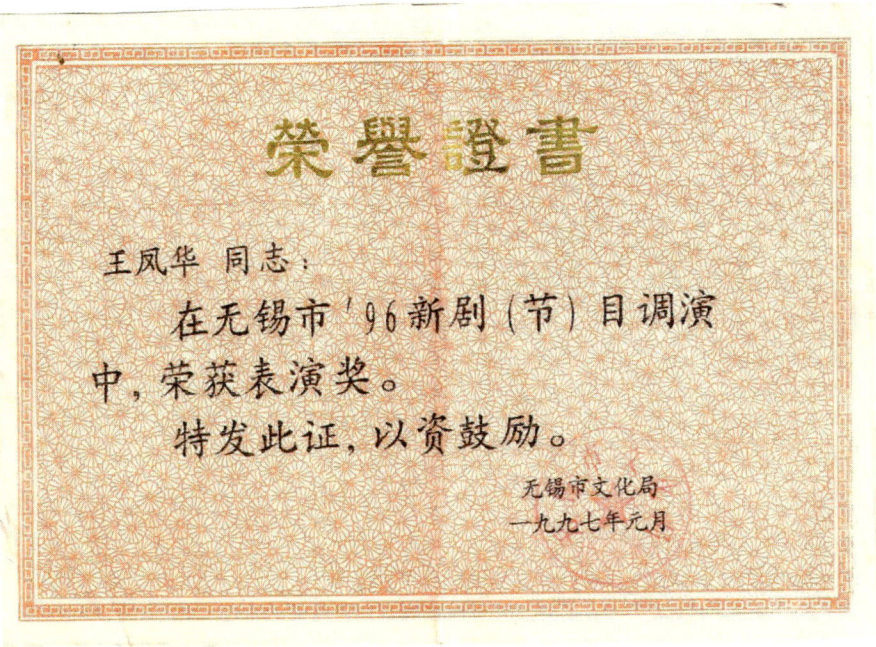

1996年度无锡市新剧（节）目调演表演奖

1996—1997宜兴市巾帼建功先进个人　　　　2000年"优秀共产党员"称号

2001年荣获宜兴市文明职工称号　　　　2001年度宜兴市级"青年岗位能手"

# 王凤华艺术生涯所获艺术和政治荣誉

2022年被认定为无锡市非物质文化遗产锡剧代表性传承人

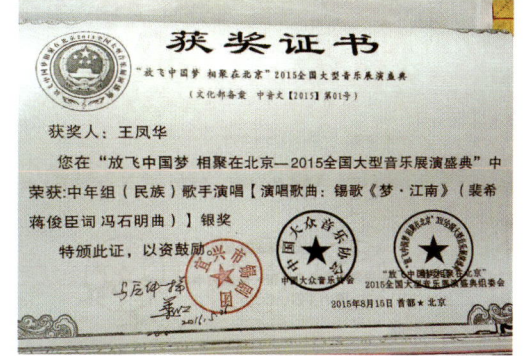

2015全国大型音乐展演盛典中年组（民族）歌手演唱银奖

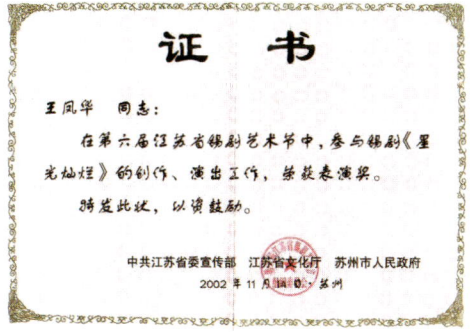

第六届江苏省锡剧艺术节表演奖

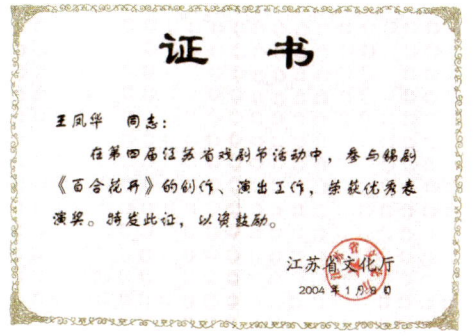

第四届江苏省戏剧节优秀表演奖

2014年由南京音像出版社出版个人演唱会专辑《凤华正茂——王凤华锡剧演唱会》

2013年由江苏文化音像出版社出版个人演唱专辑《锡韵沁馨——王凤华专辑锡剧唱段精选》

2011年由扬子江音像有限公司出版个人演唱专辑《梅韵芬芳——王凤华戏曲唱段精选》

# 王凤华艺术生涯花絮

与央视主持人白燕升（中）合影

与锡剧沈派创始人沈佩华先生合影

与锡剧表演艺术家过之红（右）合影

与锡剧表演艺术家小王彬彬（右）合影

与锡剧表演艺术家许美霞（左）合影

与著名评书表演艺术家刘兰芳（左）合影

与歌唱家祖海（左）合影

与军旅歌唱家全芳（中）合影

与军旅歌唱家全芳（左）、雅芬（中）合影

与沪剧表演艺术家茅善玉（中）、
汤建蓉（左）合影

上海锡剧总会成立大会上
与季春燕（左）、唐振华（右）合影

与锡剧表演艺术家卞雁敏合影

与越剧表演艺术家方亚芬合影

与"扬剧王子"李政成(中)合影

担任评委风采

担任教师风采

相关新闻媒体报道

## 舞台"金凤凰"
——记省优秀表演奖获得者王凤华

在去年举行的全省第四届戏剧节上,我市选送的大型现代锡剧《百合花开》荣获九项大奖。其中,担任女主角何海燕的王凤华因演艺出色荣获省优秀表演奖。团里的人都说,女演员班班长王凤华是戏台上飞出的一只"金凤凰"。

出生在丁蜀农家的王凤华,从小酷爱戏剧。因为她在业余剧团里就虚心好学、表现出色,再加上唱腔优美动听、扮相俊丽大方,很快就脱颖而出,被专业剧团录用。

走进专业剧团,实现了她梦寐以求的愿望。然而没有经过专业学校深造的她深知,只有以十倍的努力、百倍的刻苦,才能赶超他人。于是,当别人休息时,她继续苦练"四功五法",掌握"唱念做打"基本功,并仔细揣摩各类名角的成功之处。每接一角色,她都将所有的台词、唱段、肢体动作反复练习,直到烂熟于胸。

台上一分钟,台下十年功。出演《狸猫换太子》中的李娘娘,因角色年龄跨度大,她日夜揣摩反复推敲,最后淋漓尽致地把那双目失明、饱经沧桑的老旦李娘娘给演活了。在《百合花开》中,她又把一个新时代的女性——百合村村主任何海燕,灿烂地奉献给了观众。从艺二十多年来,王凤华先后在古装戏《周处》、《半夜夫妻》、《孟丽君》、《状元与乞丐》、《姐妹恨》、《三看御妹》及现代戏《爱河滔滔》、《百合花开》等多部戏里,成功地塑造了一个又一个性格各异、形象生动的角色,并多次在省及无锡市获奖。

(邵湘君)

相关新闻媒体报道

## 韩志良艺术生涯简介

韩志良，1969年5月出生于江苏宜兴市杨巷镇，中共党员，一级演员。1990年7月毕业于无锡市戏剧学校（今无锡文化艺术学校）表演专业，同年8月分配到宜兴市锡剧团工作，成为一名专业的锡剧演员，开启了投身艺术的梦想之路。2005年12月—2024年2月任宜兴市锡剧艺术传承发展中心副主任。

在人生历程中，他脚踏实地，一步一个脚印，先后拜锡剧名家唐振华、锡剧表演艺术家周东亮为师，虚心好学，认真磨炼自己的演艺技能。

韩志良是宜兴市锡剧艺术传承发展中心的当家小生，扮相洒脱俊逸，唱腔清晰圆润，表演细腻动人。不管是儒雅小生，还是稳重老生，他都刻画得入木三分，是一位深受广大观众喜爱的锡剧演员。

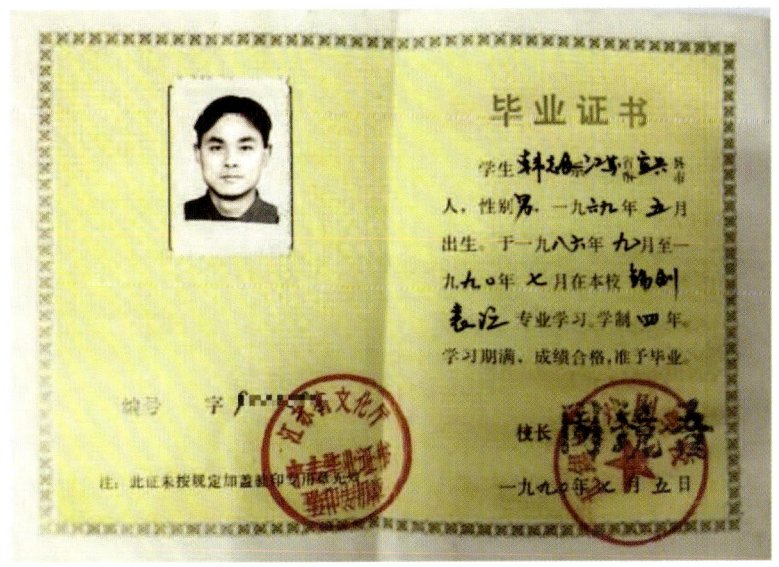

毕业证书

毕业证书

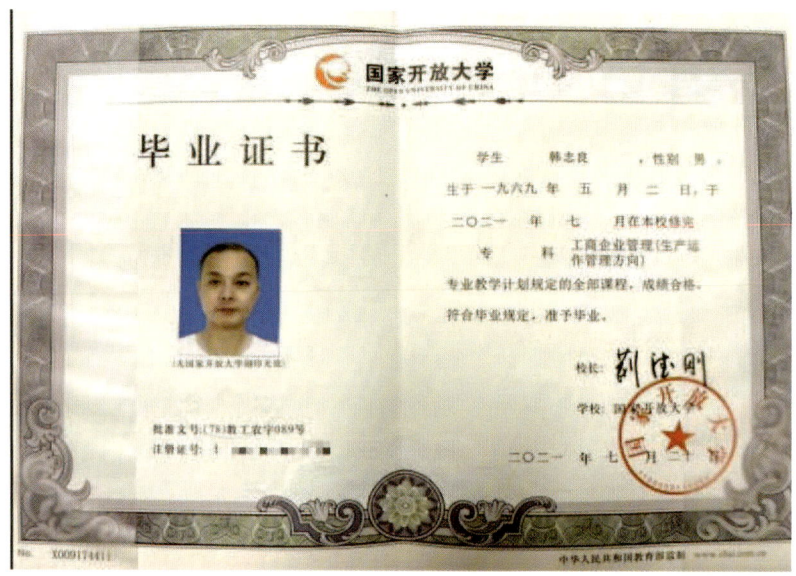

一级演员证书

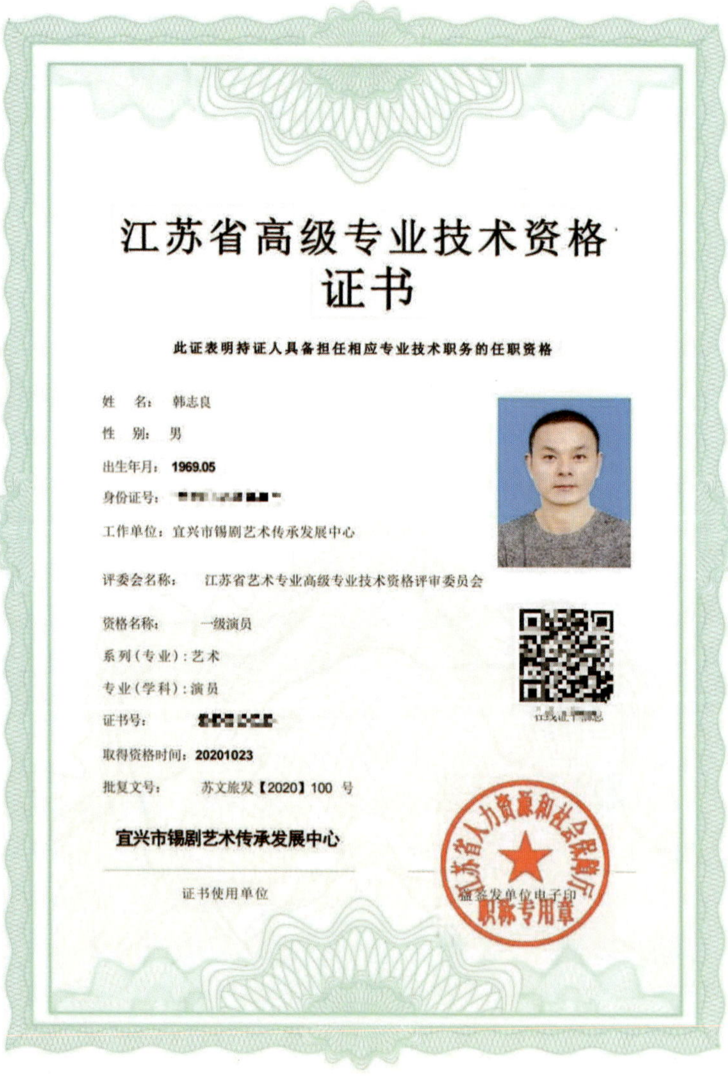

# 韩志良南京个人演唱会集锦

2018年10月4日，2018锡剧传承人·星光灿烂——周派小生系列专场之韩志良在南京博物院小剧场隆重献演，两个多小时的专场演出精彩纷呈，韩志良为观众带来了四折拿手好戏。

95岁高龄的著名锡剧表演艺术家沈佩华先生、著名锡剧表演艺术家倪同芳先生、时任宜兴市文化广电新闻出版局局长许夕华以及锡剧界的前辈们、各兄弟院团的名家大师皆到场见证了这场演出的圆满成功。

个人专场演出海报

**10月4日晚·韩志良专场**

**（1）《梁祝》选段"草桥结拜"**

东晋永和年间，在善卷山南，有一户祝家庄。庄里有一户人家将女儿英台女扮男装。到了读书年龄，祝员外便把英台送到……一个书生装扮的梁山伯，两人一见如故，意气相投，引为知……共勉，相互提携，结伴同行。

梁山伯——韩志良（饰）
祝英台——杨丽芳（饰）
四　九——蒋欣妍（饰）
银　心——张姝雯（饰）

**（2）《玉蜻蜓》选段"庵堂认母"**

姑苏书生申贵升，因口角贵升负气出走，在法华庵偶遇尼姑志贞，由怜生爱，暗留庵中不归。申大娘法华庵寻夫，贵升受惊过度，又遭当家凌辱，呕血而死。不久，志贞产下一子，并将贵升定情遗物"玉蜻蜓"及血书附于襁褓，遣老尼送往申府，却被弃婴道旁，被徐朱氏拾回抚养，取名元宰。元宰十六岁得中解元，详破血诗，寻母至法华庵，几层周折，母子终于相认。

徐元宰——韩志良（饰）
志　贞——孙小香（饰）

**（3）《荆钗记》选段"见娘"**

穷书生王十朋得中状元，因拒绝万俟丞相招婿要求而被贬潮阳金判……老母到任所。然窦笺一去无音信，在焦急等待中等来的却是母亲带……向老母索问妻子的下落，老母怕儿伤心刻意隐瞒儿媳凶信……真是……

王十朋——韩志良（饰）
王　母——王凤华（饰）
冬　梅——余萍（饰）

**（4）《狸猫换太子》选段"寒宫"**

北宋真宗年间，宫廷内部围绕着皇位和权利的争夺十分激烈。李娘娘被刘娘娘诬陷逃出宫外，隐名埋姓，在寒空深园落户。陈琳受牵连被逐，逃难途中在寒空巧遇李娘娘，主仆相认，互诉衷肠，苦找开封府包拯申清冤情。

陈　琳——韩志良（饰）
李　妃——王凤华（饰）

个人专场演出节目单

《梁祝·草桥结拜》　　　　　　　《玉蜻蜓·庵堂认母》

《荆钗记·见娘》　　　　　　　《狸猫换太子·寒窑》

谢幕时，时任宜兴市文化广电新闻出版局局长许夕华、时任江苏省演艺集团锡剧团团长周东亮和著名表演艺术家倪同芳与全体参演人员合影

305

与师父"锡剧王子"周东亮合影

与锡剧名家张志强先生、唐振华老师合影

与著名表演艺术家沈佩华(右一)、锡剧名家王凤华(左一)、戏曲名票蒯琴芳(左二)合影

与锡剧名家汤达(左)、许君峰(右)合影

专场演唱会观演观众

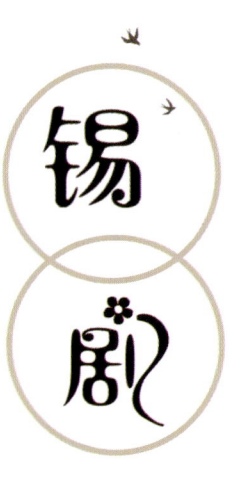

## 韩志良艺术生涯重点作品选辑

韩志良酷爱文艺事业，执着追求艺术进步，技艺精湛，才思敏捷，戏路宽广，表演生动细腻，尤其擅长人物性格塑造，创造了众多性格、身份、命运、风貌迥然不同的人物形象，逐步形成了自己的演唱和表演风格。他先后在《珍珠塔》《金玉奴》《荆钗记》《醉县令》《陈阿尖》《五女拜寿》《花烛泪》《哑女告状》《花季谣》《回家》等数十部优秀剧目中担纲，还主演了锡剧电视连续剧《陶朱公传奇》《牛六宝哭田》，并且多次受邀参与各类重大文艺演出活动。

《五女拜寿》饰演邹应龙　　　　《荆钗记》饰演王十朋

《花烛泪》饰演江郎　　　　　　　　《拜月记》饰演蒋世隆

《玉蜻蜓》饰演徐元宰

《狸猫换太子》饰演陈琳

《还我清白》饰演梁山伯

《玲珑女》饰演赵云卿

《何文秀》饰演何文秀

《醉县令》饰演县令

《三试浪荡子》饰演贾金龙

《金玉奴》饰演莫稽

《春江月》饰演阿牛

《陈阿尖》饰演陈阿尖

《珍珠塔》饰演方卿

锡剧电视连续剧《陶朱公传奇》饰演陶朱公

锡剧电视连续剧《牛六宝哭田》饰演息牛

# 韩志良艺术生涯所获艺术和政治荣誉

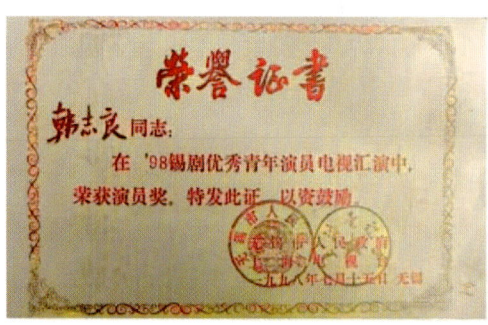

1998年锡剧优秀青年演员电视汇演演员奖

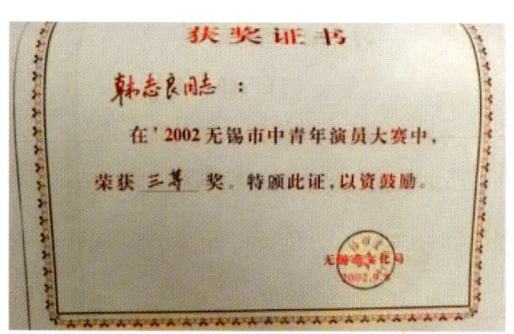

2002年无锡市中青年演员大赛三等奖

2007年江苏省第三届戏曲红梅奖大赛
铜奖

2009年第四届江苏戏剧奖·红梅奖大赛
优秀表演奖

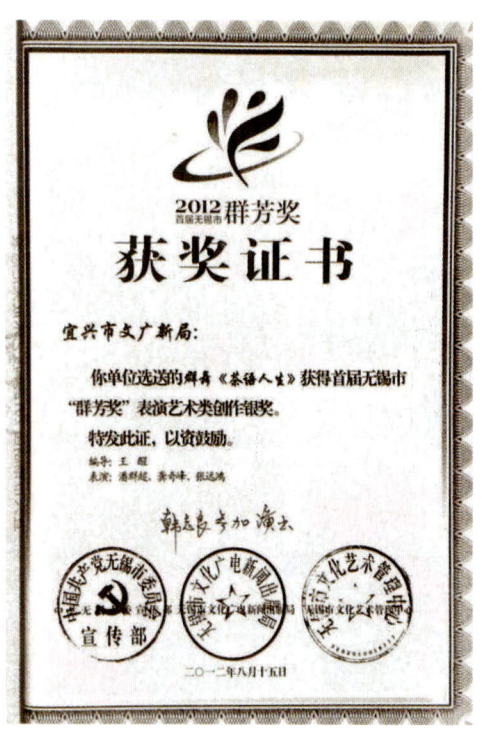

2012年参演的《茶语人生》获首届无锡市
"群芳奖"表演艺术类创作银奖

2012年参演的《茶语人生》获第十届江苏省
"五星工程奖"铜奖

2013年参演的《印章》获第五届全国小戏
小品大赛小戏类剧目奖

2017年11月1日晚7点,韩志良受邀参加在江苏昆山文化艺术中心大剧场举行的2017戏相逢文艺晚会,演唱《珍珠塔》选段"荣归"(左一)

2020年戏曲百戏(昆山)盛典闭幕式全体大合照(韩志良第二排左四),韩志良与董红联袂演出锡剧《珍珠塔》选段"后园会"

# 韩志良艺术生涯花絮

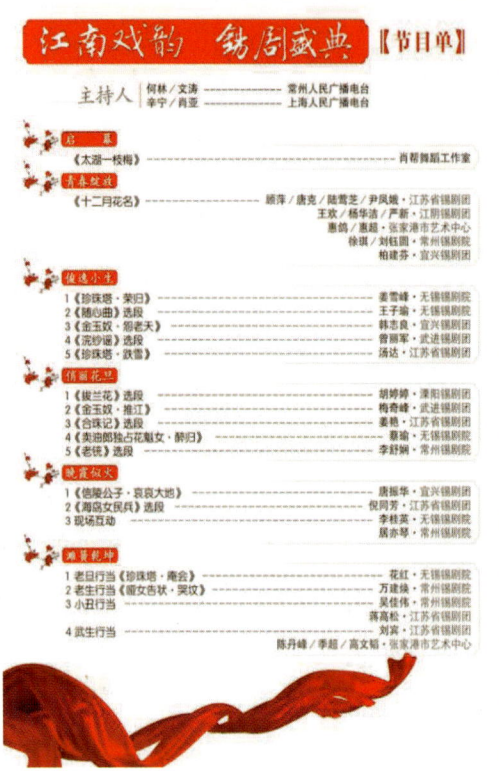

2013年7月26日下午，常州工人文化宫黄金海岸剧场成功举行了"江南戏韵 锡剧盛典"大型演唱活动。韩志良在节目《锡剧·俊逸小生》中演绎《金玉奴·怨老天》

2016年3月13日，韩志良与杨丽芳合作演绎的锡剧《梁祝》选段在中央电视台戏曲频道《快乐戏园》栏目中播出

317

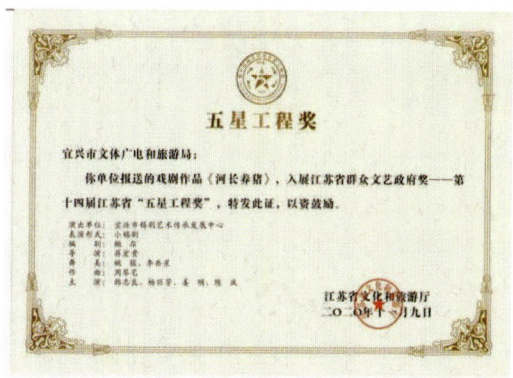

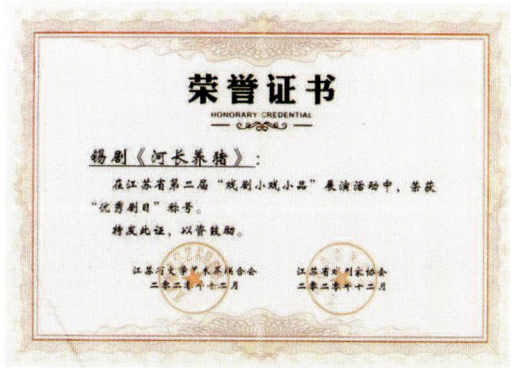

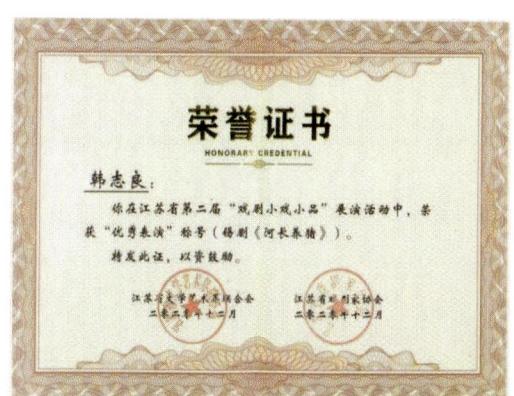

2020年11月9日原创小锡剧《河长养猪》入展第十四届江苏省"五星工程奖",荣获江苏省第二届"戏剧小戏小品"展演优秀剧目称号、第五届无锡市"群芳奖"表演艺术类金奖。韩志良饰演阿龙,荣获江苏省第二届"戏剧小戏小品"展演优秀表演称号。

第三届紫金文化艺术节小剧场单元最佳表演奖

2022年大型原创锡剧《回家》入选江苏省基层文艺院团优秀剧目展演、
获2022紫金文化艺术节剧目奖，韩志良饰演江上元

315

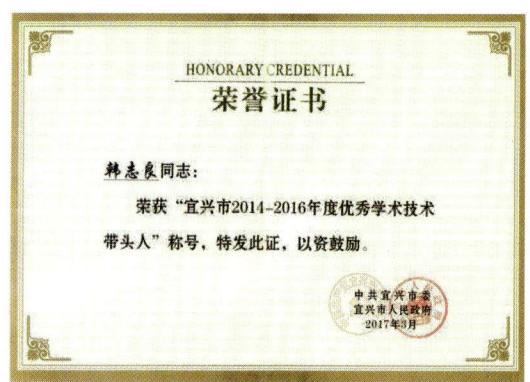
2014—2016年度宜兴市优秀学术技术带头人

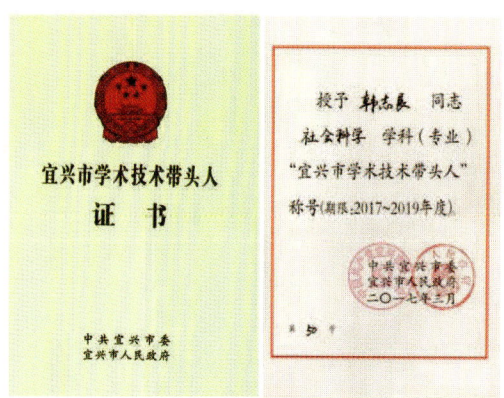
2017—2019年度宜兴市学术技术带头人

2020—2022年度宜兴市学术技术带头人

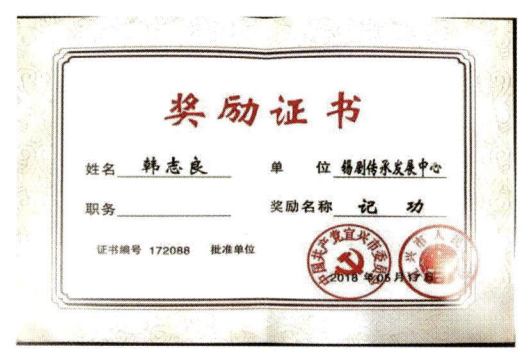
2018年被中共宜兴市委、宜兴市政府记功

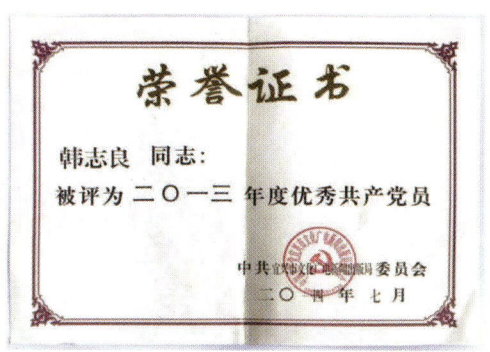
2013年度优秀共产党员

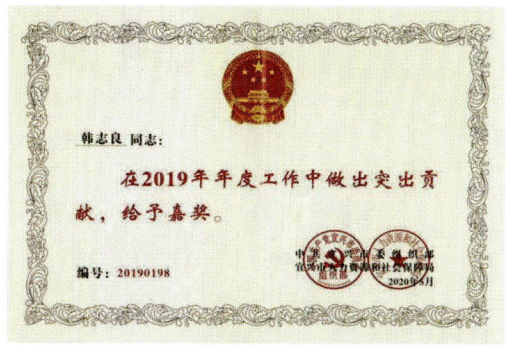
2019年度获中共宜兴市委组织部嘉奖

2017年12月锡剧《醉县令》荣获首届无锡市文华奖优秀剧目奖，韩志良饰演县令

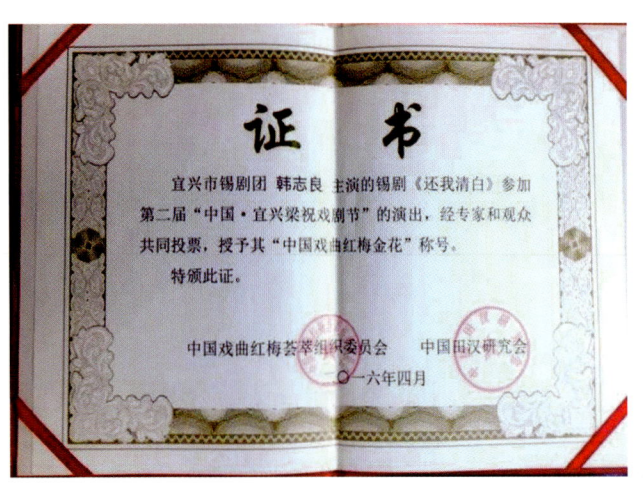
2016年第二届"中国·宜兴梁祝戏剧节"获"中国戏曲红梅金花"称号

2016年参演的《八月八》获第三届无锡市"群芳奖"表演艺术类金奖

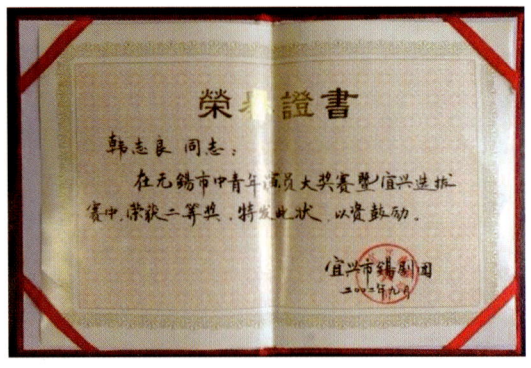
2002年无锡市中青年演员大奖赛暨宜兴选拔赛二等奖

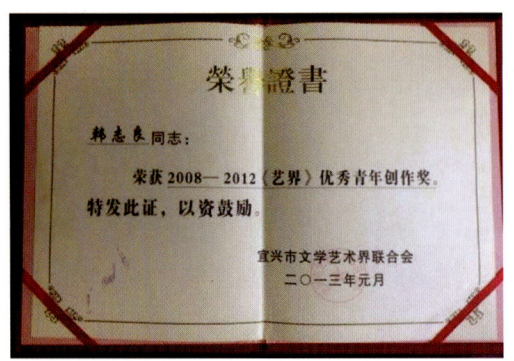
2008—2012年《艺界》优秀青年创作奖

2019年被认定为宜兴市级非物质文化遗产代表性项目锡剧表性传承人

2020年创办韩志良工作室

与锡剧表演艺术家董红（右二）、花鼓戏表演艺术家李左（左一）合影

与豫剧表演艺术家李树建合影

与浙江小百花越剧院院长王滨梅合影

与晋剧表演艺术家谢涛合影

与 2020 年戏曲百戏（昆山）盛典闭幕式导演　　与当代淮剧领军人物陈澄（右）、陈明矿（中）
王永庆合影　　　　　　　　　　　　　　　　　　合影

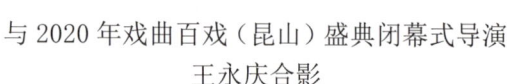

2021 年 11 月 13 日下午，第七届长三角慢生活旅游峰会暨第五届长三角慢生活旅游目的地联盟峰会在江苏省宜兴市开幕。活动现场韩志良与杨丽芳合作演绎《梁祝·草桥结拜》

2022 年 3 月 18 日，韩志良参加中央电视台综艺频道《欢乐城市派·宝藏宜兴》节目，与杨丽芳联袂演出锡剧《梁祝》选段

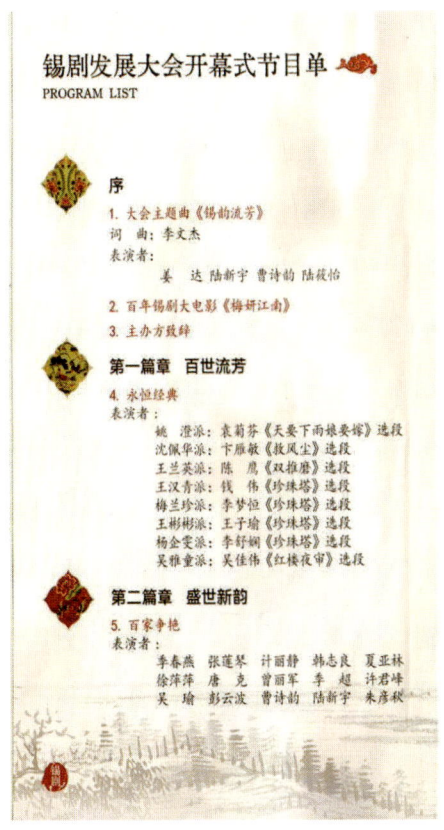

应邀参加于2023年10月12日晚在常州现代传媒中心金色大厅举行的"吴音雅聚 梅妍江南"锡剧发展大会开幕式,在节目《百家争艳》中饰演《双珠凤》中的文必正。

2018年9月13日下午,韩志良走进常州交通广播电台"何林戏迷俱乐部",直播平台点击量达到22000多人次。

韩志良拜"锡剧王子"周东亮为师

与著名影视演员王馥荔合影

与锡剧表演艺术家小王彬彬合影

2009年4月16日韩志良应邀参加第四届"江苏戏剧奖·红梅奖"大赛颁奖晚会，与锡剧名家程雪梅合作演绎《双推磨》

戏迷上台赠匾祝贺《花烛泪》演出成功

与著名京剧表演艺术家梅葆玖合影

与著名黄梅戏领军人物杨俊合影

与著名"越剧王子"赵志刚合影

与著名锡剧表演艺术家倪同芳合影

与锡剧名家汤达合影

与扬剧表演艺术家李政成合影

与上海京剧院著名京剧演员
傅希如合影

与著名歌唱家杨洪基合影

与原宜兴市委书记沈建合影

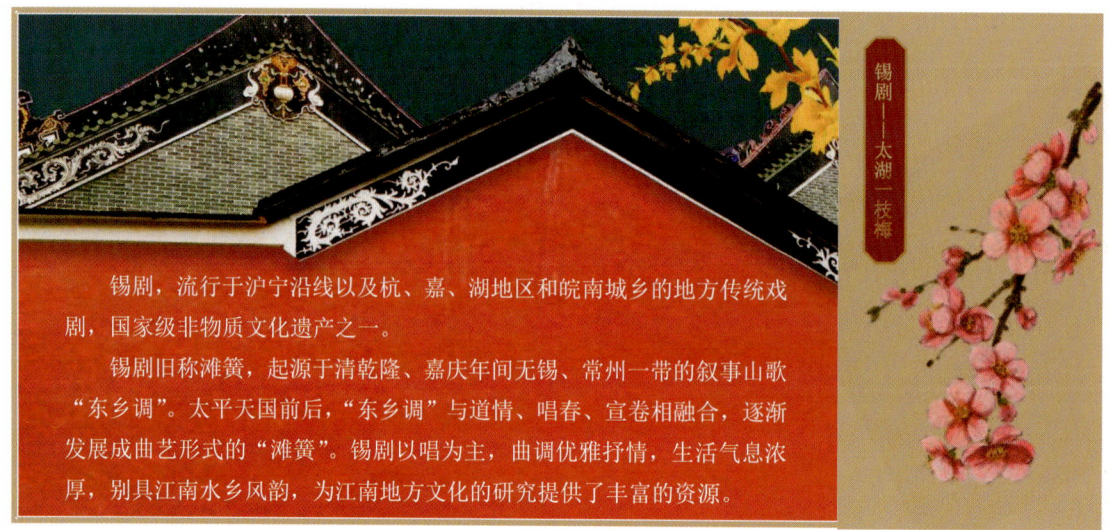

锡剧——太湖一枝梅

锡剧，流行于沪宁沿线以及杭、嘉、湖地区和皖南城乡的地方传统戏剧，国家级非物质文化遗产之一。

锡剧旧称滩簧，起源于清乾隆、嘉庆年间无锡、常州一带的叙事山歌"东乡调"。太平天国前后，"东乡调"与道情、唱春、宣卷相融合，逐渐发展成曲艺形式的"滩簧"。锡剧以唱为主，曲调优雅抒情，生活气息浓厚，别具江南水乡风韵，为江南地方文化的研究提供了丰富的资源。

## 姜雪峰艺术生涯简介

姜雪峰，江苏宜兴新建人，毕业于无锡市戏剧学校。一级演员，江苏省优秀青年戏剧人才，工小生，师承著名锡剧表演艺术家小王彬彬。他扮相英俊，嗓音宽亮，韵味悠扬，表演洒脱，人物刻画到位，深受同行们的认可和观众的喜爱。

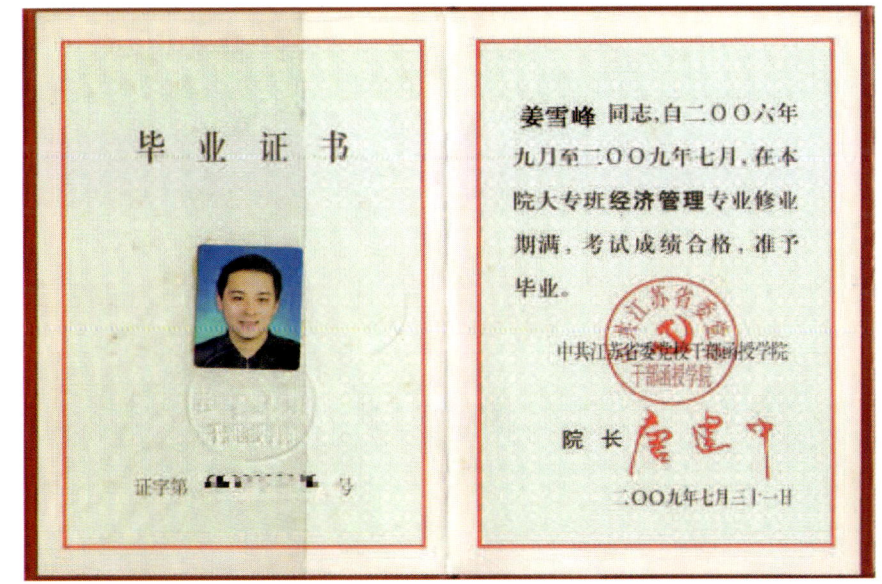

毕业证书

# 江苏省高级专业技术资格证书

此证表明持证人具备担任相应专业技术职务的任职资格

姓　名：姜雪峰
性　别：男
出生年月：1975.07
身份证号：
工作单位：无锡市锡剧院有限责任公司

委会名称：江苏省艺术专业高级专业技术资格评审委员会
资格名称：一级演员
系列（专业）：艺术
专业（学科）：演员
证书号：
取得资格时间：20210928
批复文号：苏文旅发【2021】111号

一级演员证书

# 姜雪峰个人演唱会集锦

2010年10月无锡市锡剧博物馆举行"彬腔新枝"姜雪峰专场演唱会

"彬腔新枝"姜雪峰专场演唱会说明书、节目单

327

## 姜雪峰艺术生涯重点作品选辑

姜雪峰曾主演《城市的星空》《工会主席》《江南雨》《珍珠塔》《宝莲灯》《梅花谣》《寻儿记》《玉蜻蜓》《白马传》《长青苑趣事》《希望的田野》《青丝泪》《孟丽君》《金玉奴》《生命之光》《杨乃武与小白菜》等剧目。

《珍珠塔·赠塔》中饰演方卿，获1998年锡剧优秀青年演员电视汇演优秀演员奖；演唱《我为禁毒唱新歌》，获中国曲唱雅集大奖赛三等奖；小品《落选》中饰演儿子，获2003年江苏省小戏小品大赛表演奖；《江南雨》中饰演阿明，获2005年无锡市新剧目调演表演奖、2006年第七届江苏省锡剧艺术节优秀表演奖、2009年江苏省优秀新剧目评比展演表演奖；2008年获首届江苏省优秀青年戏剧人才称号；《三请樊梨花》中饰演薛丁山，获2009年第四届江苏戏剧奖·红梅奖大赛铜奖。

发表过《胸中有"戏"何惧难》《扮演锡剧〈江南雨〉中阿明的体会》等学术论文。

《杨乃武与小白菜》饰演臬台（右一）

《沈婉》饰演薛元燕　　　　《杀狗》饰演曹庄

《工会主席》饰演徐志铭　　　　　　《城市的星空》饰演苏亮

《吴书记与村民们》饰演阿兴（右）

《情系高原》饰演扎西（左一）

《寻儿记》饰演常天保　　　　　　《梅花谣》饰演钱世雄

《生命之光》饰演大李（左二）

《陈三两》饰演陈奎

《惠山泥人》饰演王天成

《金玉奴》饰演莫稽

《江南雨》饰演阿明

《宝莲灯》饰演刘彦昌

《珍珠塔》饰演方卿

《玉蜻蜓》饰演申贵生

《泰伯》饰演季历

《青丝泪》饰演庞乔

《白马传》饰演李秋业(左)

《窦娥冤》饰演张驴儿

《二泉映月》饰演穆琴师（右一）

《秦香莲》饰演韩琪

《醉魂千古》饰演赵成（右）

《孟丽君》饰演刘奎壁（右）

《长青苑趣事》饰演阿强（右）

《五女拜寿》饰演邹应龙

《锡商》饰演薛尧旻

# 姜雪峰艺术生涯所获艺术和政治荣誉

锡剧电影《江南雨》荣获 2022 年度第五届中国戏曲电影展优秀戏曲电影
姜雪峰在该剧中担任主角阿明

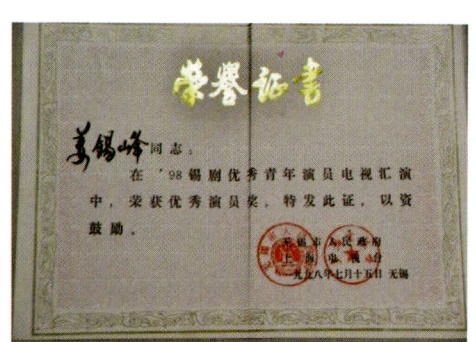
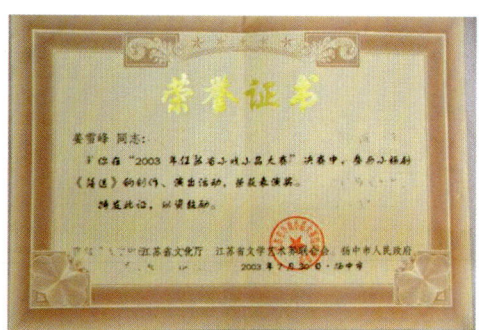

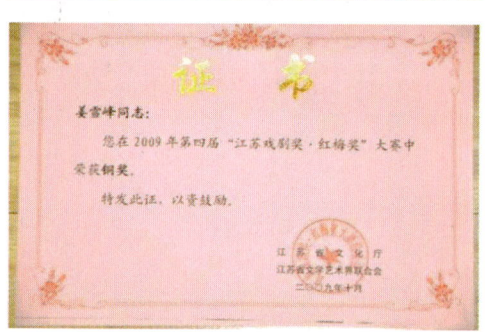
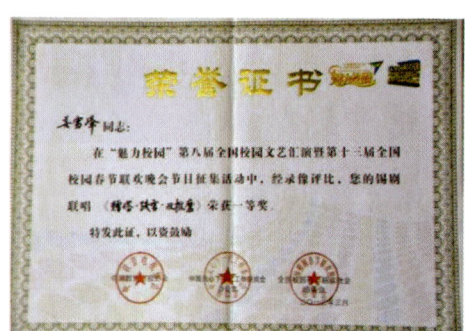
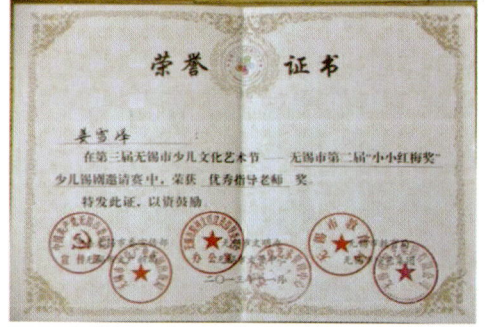
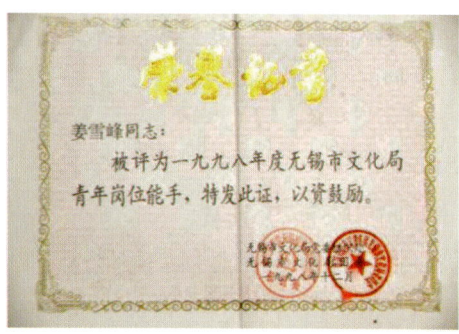
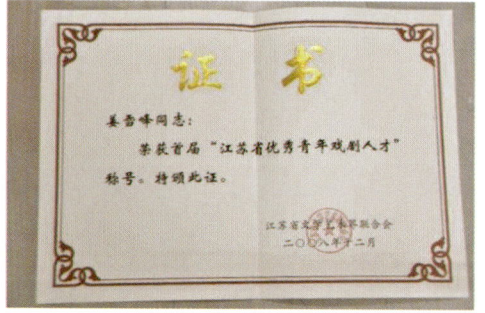

所获各类奖项证书

与中国曲艺家协会原副秘书长常祥霖合影

与香港著名演员、粤剧表演艺术家罗家英合影

与京剧表演艺术家冯蕴合影　　　与锡剧表演艺术家董云华合影

拜师仪式留影

与著名主持人王小丫合影

与著名京剧表演艺术家关栋天同台演出并合影

与著名越剧表演艺术家钱惠丽合影

与著名演员濮存昕合影

与无锡市时任领导韩军合影（姜雪峰左二）

与无锡市时任领导王嘉俊、缪根宝合影（姜雪峰右后三）

2006年招待演出

与著名企业家荣智健及家人合影（姜雪峰右三）

# 姜雪峰艺术生涯花絮

2004年在无锡太湖饭店为贵宾演出

演出结束后与贵宾合影

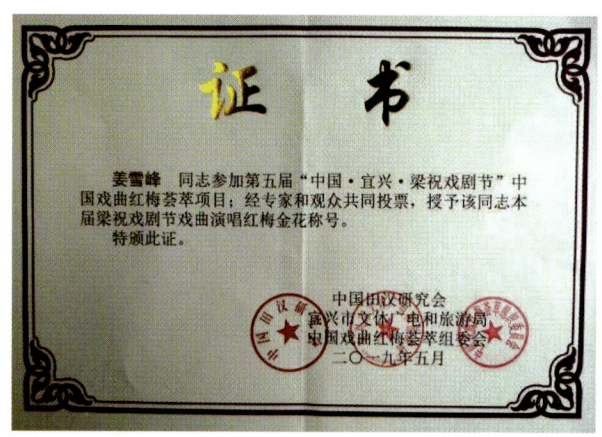

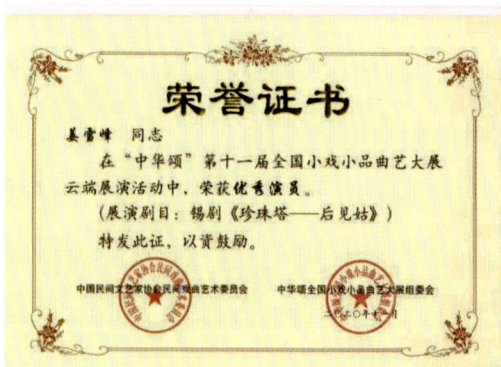

所获各类奖项证书

与江苏省政协原副主席麻建国合影　　与中国戏曲表演学会会长黎继德合影

与著名相声表演艺术家侯耀文合影

与著名黄梅戏表演艺术家王琴合影　　与著名越剧表演艺术家赵志刚合影

与著名相声演员笑林合影

与著名锡剧表演艺术家梅兰珍合影

与著名昆剧表演艺术家李鸿良合影

与著名扬剧表演艺术家李政成（左三）等人合影

与著名京剧表演艺术家孟广禄合影　　与著名文学策划罗攴合影

与著名黄梅戏表演艺术家王丹红（中）合影

## 曹雅琴艺术生涯简介

曹雅琴，1947年出生于江苏宜兴张渚镇，中国戏剧家协会会员，二级演员，镇江（丹徒）锡剧主要传承人。13岁学艺，科班出身，1959—1964年在镇江戏剧学校学习，1964年毕业后分配到江苏省镇江市丹徒县（今丹徒区）锡剧团工作，18岁登台，现已从艺近60年，专工青衣、花旦和刀马旦，在长期的演艺工作中广泛从京剧、越剧、汉剧、楚剧等多剧种中汲取艺术精华。1978年拜著名的锡剧表演艺术家、一级演员、国家级非物质文化遗产项目锡剧代表性传承人、锡剧"王派"艺术创始人王兰英先生为师。她虚心好学，博采锡剧姚派、沈派、梅派、倪派众家之长，艺术日臻成熟，形成了自己独特的艺术风格。演唱嗓音甜美清丽，唱腔典雅，吐字清晰，韵味悠长；表演文武兼备，声情并茂，细腻动人，在传统程式基础上更注意人物形象的塑造，尤以眼神的运用达到外部形体和内心情感的和谐统一，使人物形象丰满真实、角色塑造富有感染力，起到画龙点睛的作用。

曹雅琴在近60年的艺术生涯中，先后担任几十部戏的主角，塑造了《双推磨》中的苏小娥、《珍珠塔》中的陈翠娥、《红色的种子》中的张素贞、《冲家新娘》中的青梅等个性鲜明的舞台人物形象，多次荣获国家级、省级、市级大奖。曹雅琴在其艺术生涯中已培养了学生吴保成、肖琴、华双凤、刘菊英等一大批优秀艺术人才。

退休十多年来,曹雅琴一直从事镇江市锡剧传承和发展工作,始终不忘初心,牢记锡剧传承使命,对锡剧艺术的热爱已刻在骨子里、融于血液中,长期为锡剧艺术的传承、发展辛勤耕耘,无私奉献。组建镇江市老干部锡剧团,任艺术顾问(总监)。长期从事镇江市、辖区两级老年大学锡剧传授和教学工作,教唱和传授形体表演,手、眼、身、法、步戏曲传统表演等,传授学员万余人次。

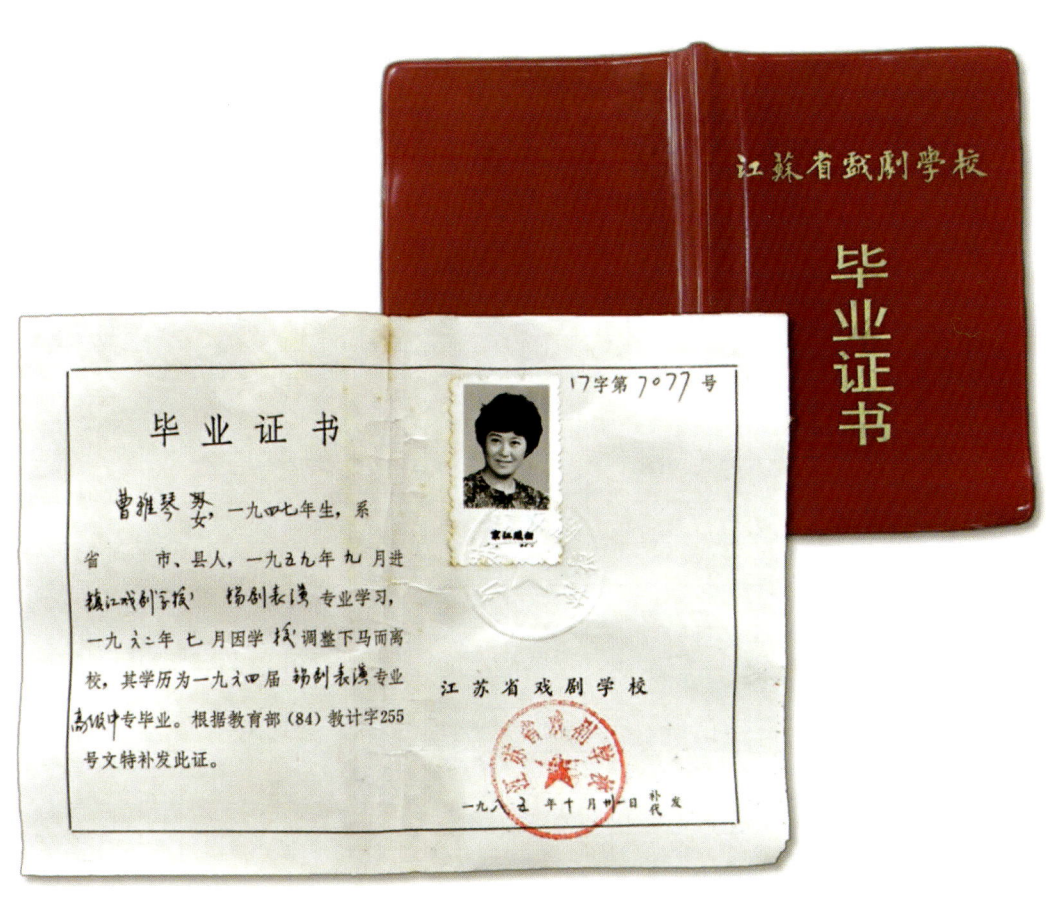

毕业证书

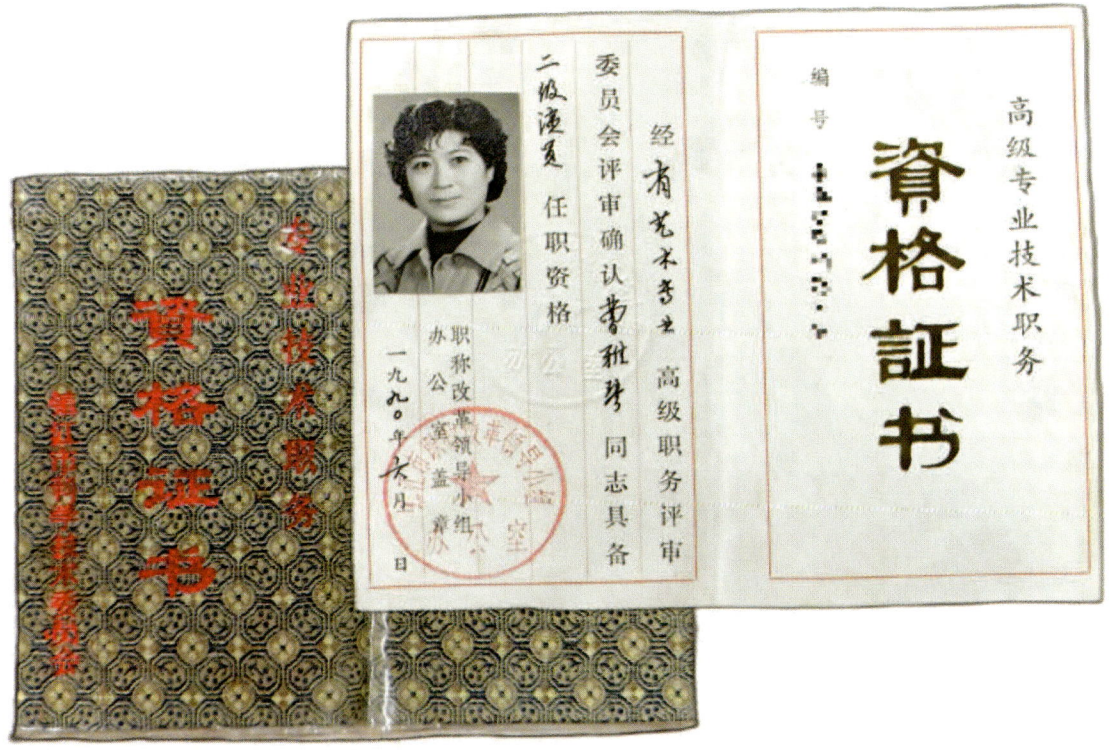

二级演员证书

## 曹雅琴艺术生涯重点作品选辑

1965年演出锡剧《江姐》饰演江姐

1969年演出京剧《海港》饰演方海珍

1972年演出锡剧《审椅子》饰演丁秀芹

1973年演出锡剧《红云岗》饰演英嫂

1996年度政协镇江市"双尽职"立新功活动嘉奖

1993年被选为丹徒县妇女代表,同年被选为江苏省妇女代表

1993年出席江苏省妇女代表大会时留影（曹雅琴右二）

镇江市第十届人民代表大会上投票

镇江市第十届人民代表大会丹徒代表团合影（曹雅琴二排右三）

镇江市女文艺家协会第二届会员大会合影（曹雅琴前排左三）

## 曹雅琴艺术生涯花絮

与师父王兰英先生合影

与王兰英先生、沈佩华先生合影

与王兰英先生、沈惠兰老师合影

与著名导演田夫合影

与著名京剧演员黄孝慈合影

与锡剧表演艺术家倪同芳、蒋昌涌合影

与锡剧表演艺术家何枫、王兰英、沈佩华、庄佰式合影

与锡剧表演艺术家倪同芳、周东亮合影

与锡剧表演艺术家周东亮、刘平鸽、徐伟芳合影

曹雅琴、孟芙蓉、徐伟芳、刘平鸽、郑燕萍、强桂珍合影

与锡剧表演艺术家倪同芳、张金华合影

左起：孟芙蓉、薛燕、强桂珍、李菊、周东亮、曹雅琴、刘平鸽、徐伟芳合影

江苏省第五期知名演员暑期读书班开学典礼
全体合影

江苏省第六期知名演员暑期读书班（扬中）
全体合影

与江苏省政协原副主席
许津荣合影

《曲雅情深》首发式相关人员合影

# 孙小香艺术生涯简介

孙小香，中共党员，二级演员，宜兴市非物质文化遗产项目锡剧代表性传承人，师承著名锡剧表演艺术家倪同芳老师。1963年12月出生于江苏武进南夏墅镇（今南夏墅街道），1981年8月结业于武进县（今武进区）业余文艺学校锡剧班 1982年考入南京市六合县（今六合区）锡剧团，1993年10月宜兴市锡剧团恢复艺术生产后调到宜兴市锡剧团，之后全家户籍转入宜兴市宜城镇（今宜城街道）。

她是一位优秀的锡剧演员，曾是锡剧团的当家花旦，表演清新自然，富有灵气，唱腔清亮含蓄、华丽温婉、情深味浓，以其出色的演技和独特的表演风格受到了广泛的关注和赞誉，是一位深受广大观众喜爱的锡剧名家

结业证书

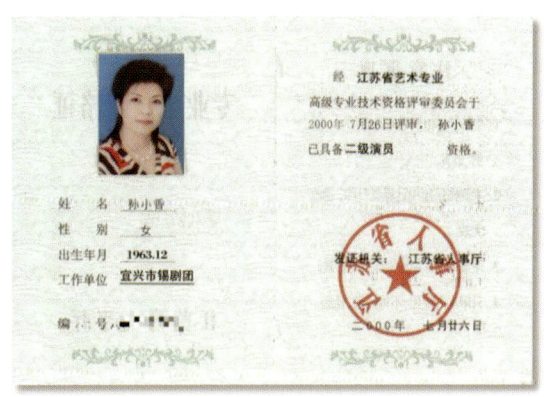

二级演员证书

1994年收入《中国专家人名辞典》

1996年收入《中国戏剧家大辞典》

收徒仪式合影
（前排左起：彭菊华、袁雪峰、张惠芳、刘菊英、杨恒凤、朱芳、季春艳；后排左起：孟芙蓉、郑燕萍、强桂珍、袁嘉兰、倪同芳、曹雅琴、刘平鸽、李菊、徐伟芳、曹雅云）

参会风采

在镇江市老年大学迎接领导视察

在镇江市老年大学锡剧研讨班
讲述王兰英先生的王派艺术特色

曹雅琴邀请锡剧王派艺术创始人王兰英到
镇江市老年大学现场教学

邀请王兰英先生到镇江市老年大学指导教学

# 孙小香个人演唱会集锦

2022年9月10日，宜兴市第十三届戏苑中秋暨孙小香锡剧专场在宜兴市文化中心广场隆重献演。

第十三届戏苑中秋暨孙小香锡剧专场节目单

《玉蜻蜓·阵阵喜讯传天外》

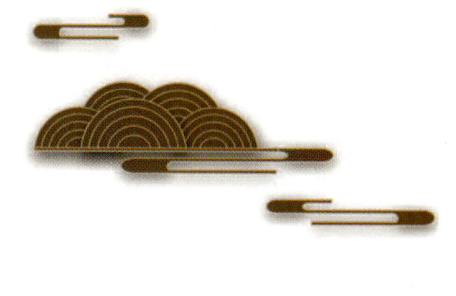

《珍珠塔·赠塔》

《珍珠塔·黄金印》

《玉蜻蜓·阵阵喜讯传天外》

《红楼梦·金玉良缘》

京歌《故乡是北京》

《孟丽君·君臣游园》

《红花曲·朵朵红花红艳艳》

全家合影　　　　　　　　　　与孙女合影

观演观众

全体参演人员合影

## 孙小香艺术生涯重点作品选辑

孙小香始终挚爱表演艺术、热爱舞台,刻苦钻研业务,不断提高表演艺术才能,她曾在多部作品中成功地塑造了各种角色,展现了出色的表演能力和艺术创造力。她先后在《爱河滔滔》《百合花开》《三看御妹》《碧玉簪》《陈阿尖》《何文秀》《金玉奴》《荆钗记》《花烛泪》《玲珑女》《三洞房》《珍珠塔》《五女拜寿》《醉县令》等剧目中担当主演,还在锡剧电视剧《谢瑶环》《牛六宝哭田》《陶朱公传奇》中担当主演。

《爱河滔滔》饰演冯秀梅

《百合花开》饰演朱阿云

《爱河滔滔》饰演冯秀梅

《百合花开》饰演朱阿云

《碧玉簪》饰演李秀英

《陈阿尖》饰演阿尖娘

《花烛泪》饰演黄善婆

《金玉奴》饰演金玉奴

《荆钗记》饰演钱玉莲

《玲珑女》饰演国太　　　《三洞房》饰演刘母

《孟丽君》饰演孟丽君

《五女拜寿》饰演杨夫人

《珍珠塔》饰演陈翠娥

《醉县令》饰演朱彩珍　　《陈三两骂堂》饰演陈三两

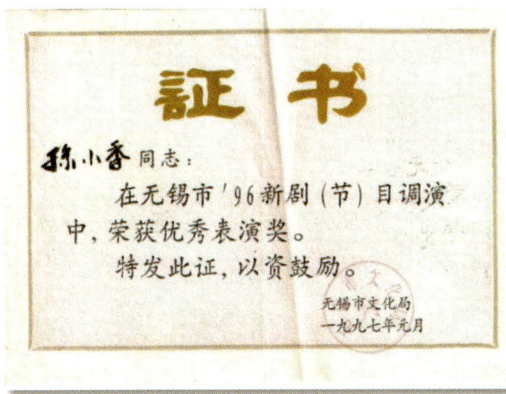
1996年无锡市新剧（节）目调演
优秀表演奖

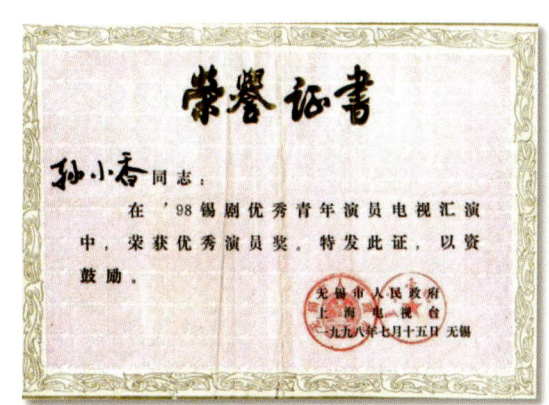
1998年锡剧优秀青年演员
电视汇演优秀演员奖

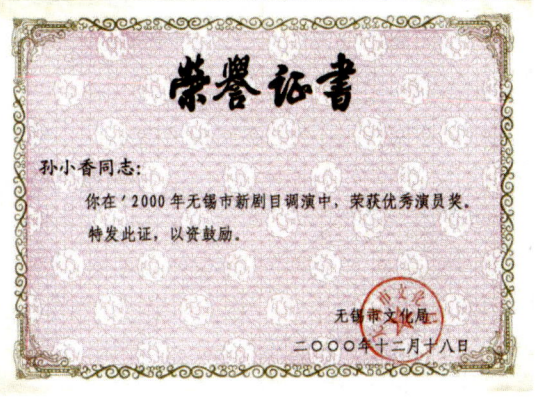
2000年无锡市新剧目调演
优秀演员奖

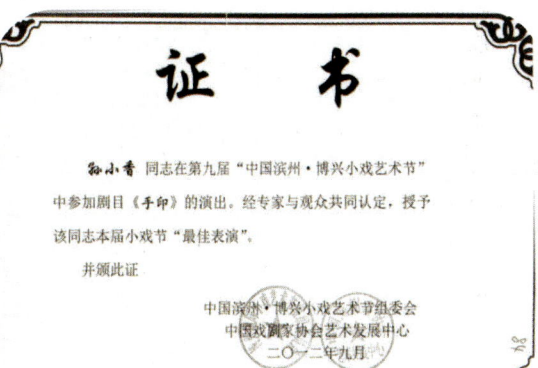
2012年第九届"中国滨州·博兴小戏
艺术节"最佳表演奖

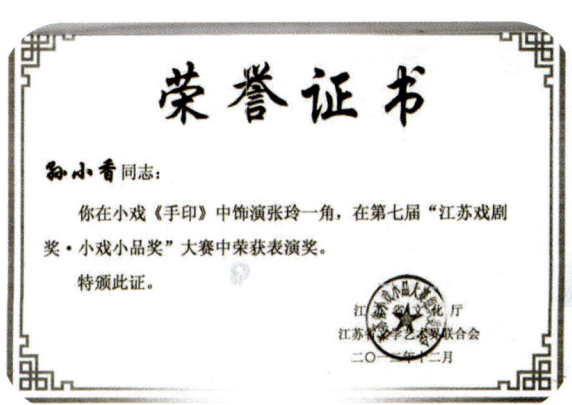
2012年第七届"江苏戏剧奖·小戏
小品奖"大赛表演奖

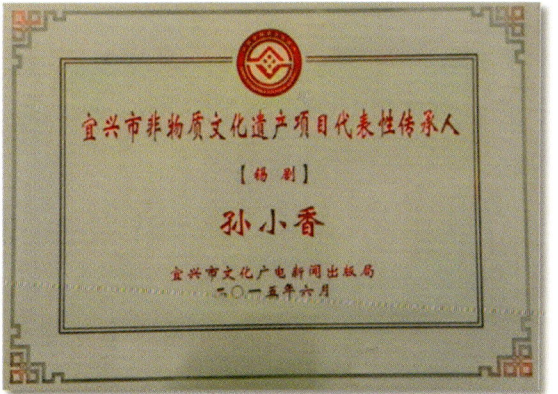
宜兴市非物质文化遗产项目锡剧代表性传承人

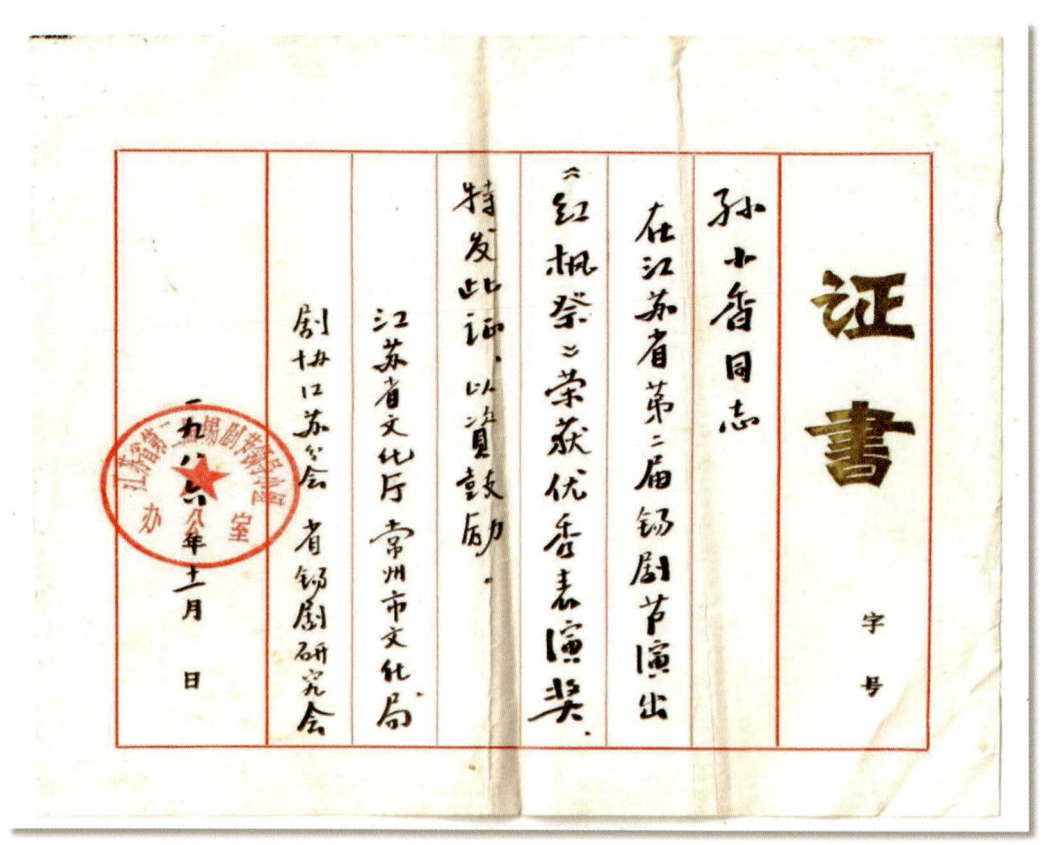

1986年江苏省第二届锡剧节优秀表演奖

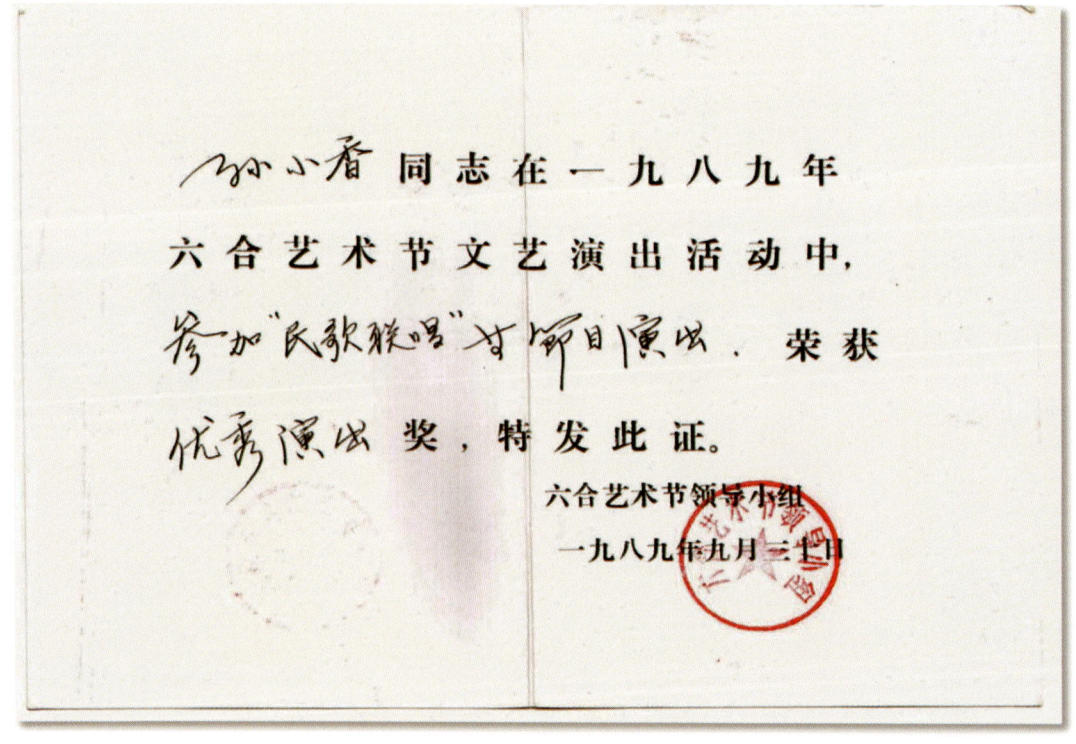

1989年六合艺术节优秀演出奖

1984年南京市（县）属剧团创作演出评奖活动优秀演员奖

1985年南京市（县）属剧团青年戏曲演员会演演员一等奖

1982年南京市青年演员会演表演二等奖

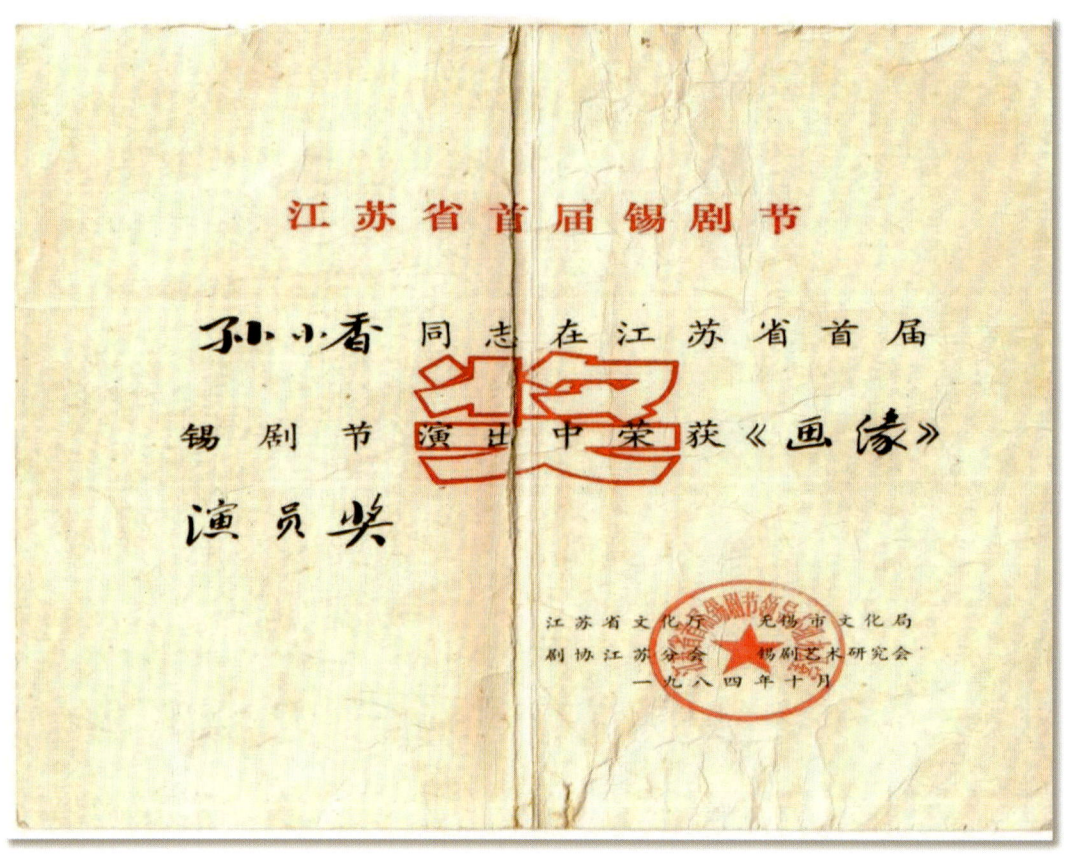

1984年江苏省首届锡剧节演员奖

2000年主演的《百合花开》获第六届中国艺术节纪念奖

2002年第六届江苏省锡剧艺术节
优秀表演奖

2004年第四届江苏省戏剧节优秀表演奖

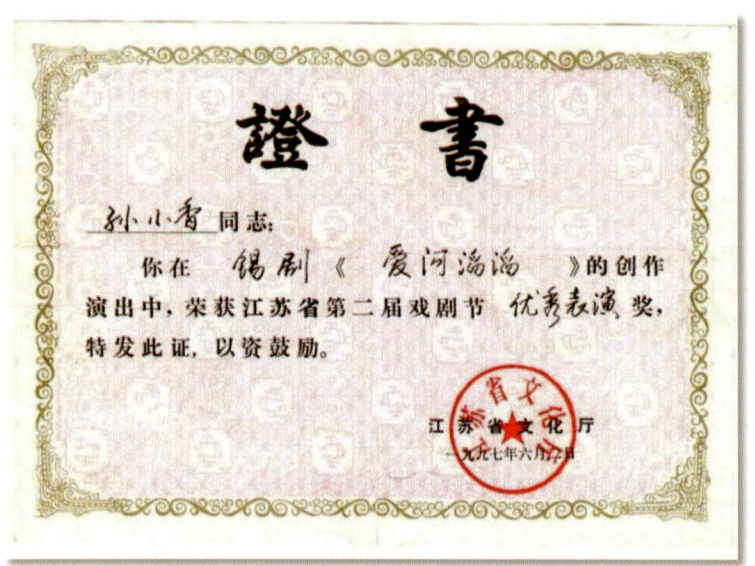

1997年江苏省第二届戏剧节优秀表演奖

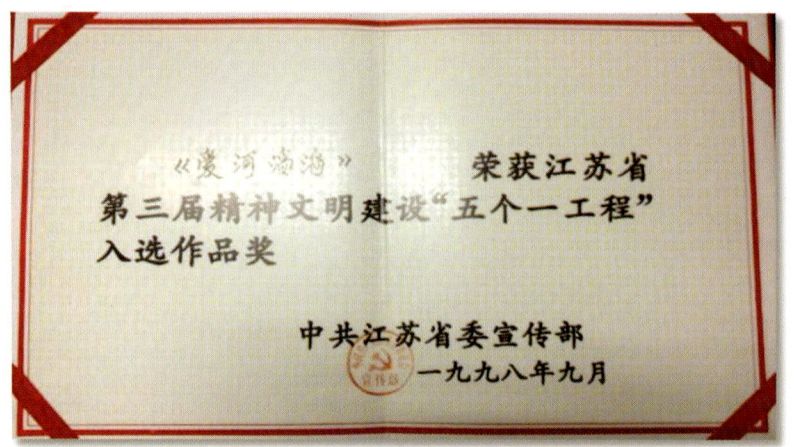

《爱河滔滔》荣获江苏省第三届精神文明建设"五个一工程"奖

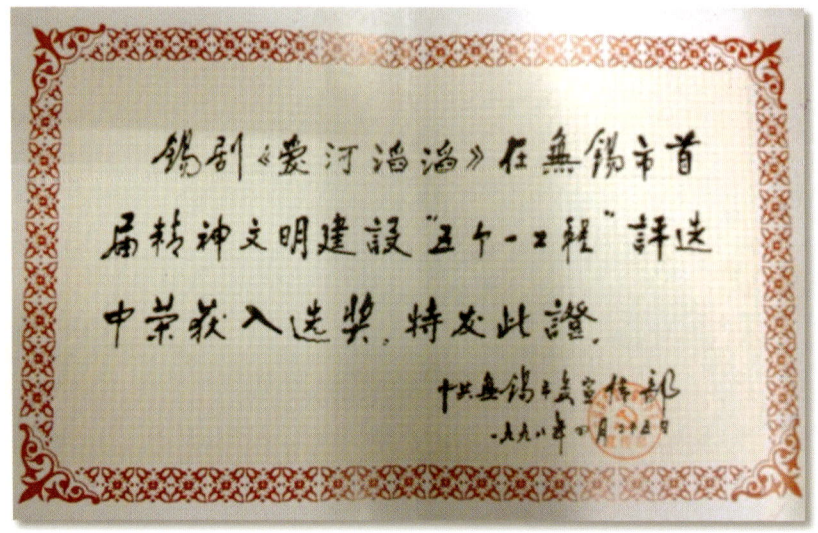

《爱河滔滔》荣获无锡市首届精神文明建设"五个一工程"奖

# 孙小香艺术生涯所获艺术和政治荣誉

孙小香所获各类奖项有：1982年荣获南京市青年演员会演表演二等奖；1984年荣获江苏省首届锡剧节演员奖，1984年荣获南京市（县）属剧团创作演出评奖活动优秀演员奖；1985年荣获南京市（县）属剧团青年戏曲演员会演演员一等奖；1986年荣获江苏省第二届锡剧节优秀表演奖；1989年荣获六合艺术节优秀演出奖；1996年荣获无锡市新剧（节）目调演优秀表演奖；1997年荣获江苏省第二届戏剧节优秀表演奖；1998年荣获锡剧优秀青年演员电视汇演优秀演员奖；2000年荣获无锡市新剧目调演优秀演员奖；2002年荣获第六届江苏省锡剧艺术节优秀表演奖；2012年荣获第九届"中国滨州·博兴小戏艺术节"最佳表演奖，2012年荣获第七届"江苏戏剧奖·小戏小品奖"大赛表演奖。

孙小香曾荣获"宜兴市青年科技英才"称号、"岗位女明星"称号，被评为宜兴市文化系统先进工作者，被宜兴市人民政府荣记三等功，被评为宜兴市文化系统优秀工会工作积极分子，还当选为无锡市第十二届人民代表大会代表。

《凤雅颂》饰演彩凤

六集锡剧电视连续剧《陶朱公传奇》
饰演青竹嫂

《奇缘》饰演秀兰

上下集锡剧电视剧《牛六宝哭田》
饰演赵阿彩

《三看御妹》饰演刘金定

《三看御妹》饰演刘金定

上下集锡剧电视剧《谢瑶环》
饰演肖慧娘

《沙家浜》饰演阿庆嫂

《辣椒阿姨》饰演丁辣椒

《狸猫换太子》饰演李娘娘

《哑女告状》饰演掌上珠

《玉蜻蜓》饰演王志贞

1996年荣获"宜兴市青年科技英才"称号

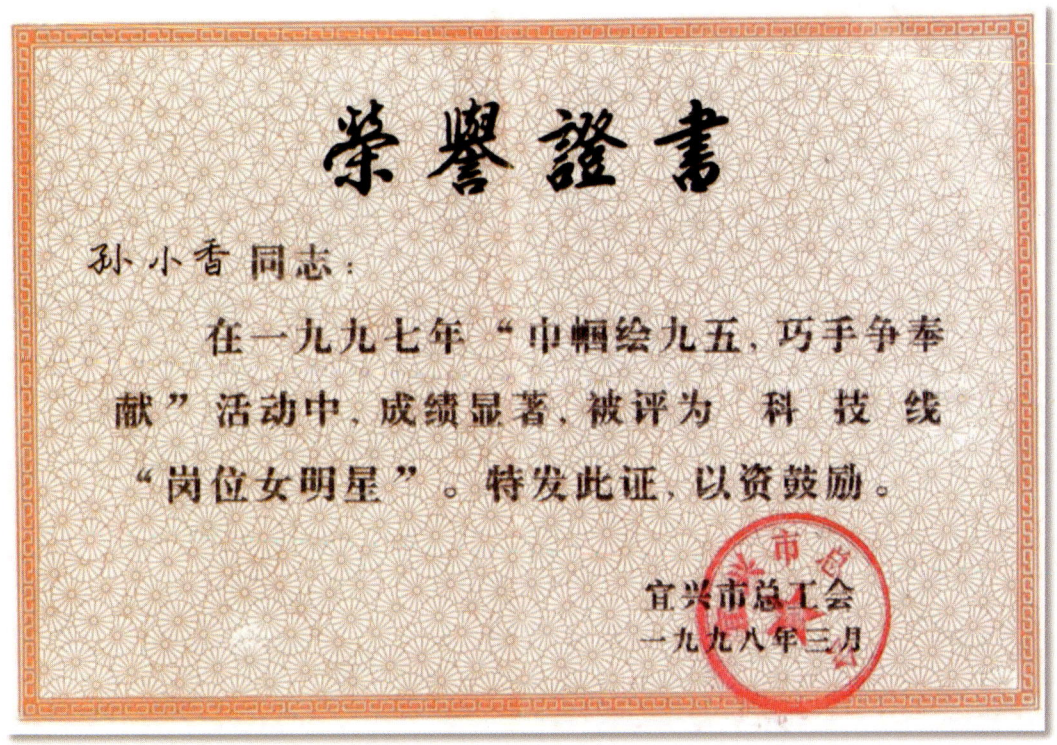

1997年荣获宜兴市科技线"岗位女明星"称号

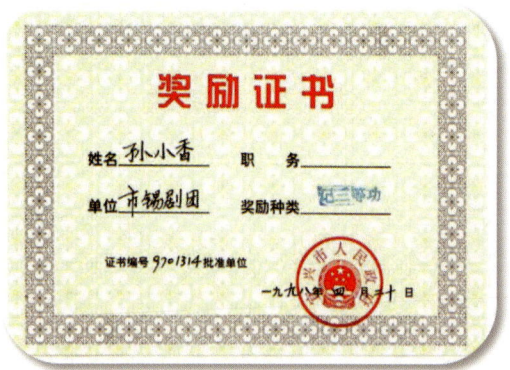 

1998年被宜兴市人民政府荣记三等功　　1997年度宜兴市文化系统先进工作者

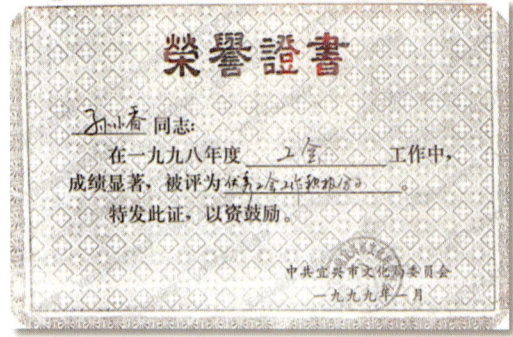 

1998年度宜兴市文化系统　　　　　　1987年当选为政协六合县
优秀工会工作积极分子　　　　　　　第五届委员会委员

1987年被聘为政协六合县第五届委员会文化工作组成员

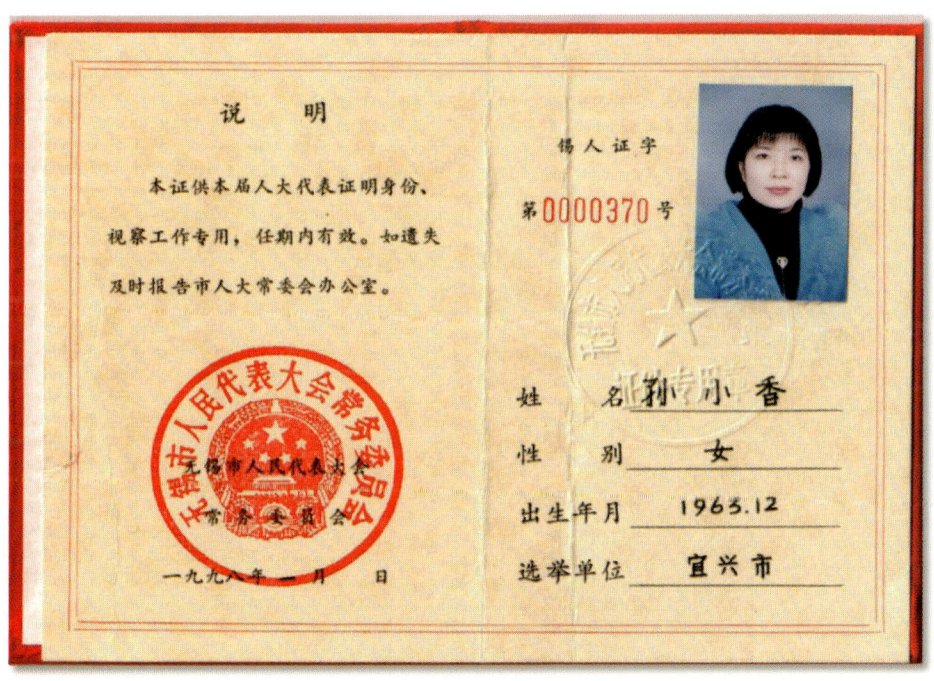

无锡市第十二届人民代表大会代表证

## 孙小香艺术生涯花絮

2007年11月拜著名锡剧表演艺术家倪同芳为师

与师父著名锡剧表演艺术家倪同芳（右二）
锡剧名家陈鹰（左二）、锡剧名家张静（右一）合影

与原江苏省文化厅副厅长刘俊鸿（左三），
师父著名锡剧表演艺术家倪同芳（右二），
师姐陈鹰（左二）、张静（右三）及师妹杨丽芳（右一）合影

与师父著名锡剧表演艺术家倪同芳（右）、京剧表演艺术家于魁智（中）合影

与著名锡剧表演艺术家小王彬彬（中）合影

与著名锡剧表演艺术家李桂英合影

2017"一脉相承——著名锡剧表演艺术家倪同芳师徒同台专场演出"在江苏省文联艺术剧场隆重举行。孙小香参加演出（左二）

与江苏省有关领导及参演人员合影（孙小香前排右一）

2021年10月30日，孙小香（后排左四）
参加著名锡剧表演艺术家倪同芳收徒、李素琴拜师仪式活动

新闻媒体报道

# 戴利东艺术生涯简介

戴利东（曾用名戴黎东），1956年10月出生于江苏宜兴宜城西珠巷，大专学历。1971年4月考入宜兴艺校（小京班）。1973年进入宜兴县文工团（后改名为宜兴市锡剧团）。中国戏剧家协会会员，中国民主促进会会员，二级演员。曾担任政协江苏省宜兴市第十一届、第十二届、第十三届委员会委员，1999年、2002年宜兴市宜城镇人民代表大会代表。

戴利东从事戏曲舞台表演艺术40多年，曾在众多剧目中担任主要角色，他嗓音甜亮，咬字清晰，韵味悠扬，特别是演绎人物到位。曾多次在国家级、省级等专业赛事中荣获奖项，深得百姓、同行及专家的首肯。曾任宜兴市锡剧团团长、无锡市戏剧家协会副主席、宜兴市戏剧曲艺家协会主席，现任宜兴市锡剧研究会会长。

宜兴艺校（小京班）全体师生合影

中共江苏省委党校毕业证书

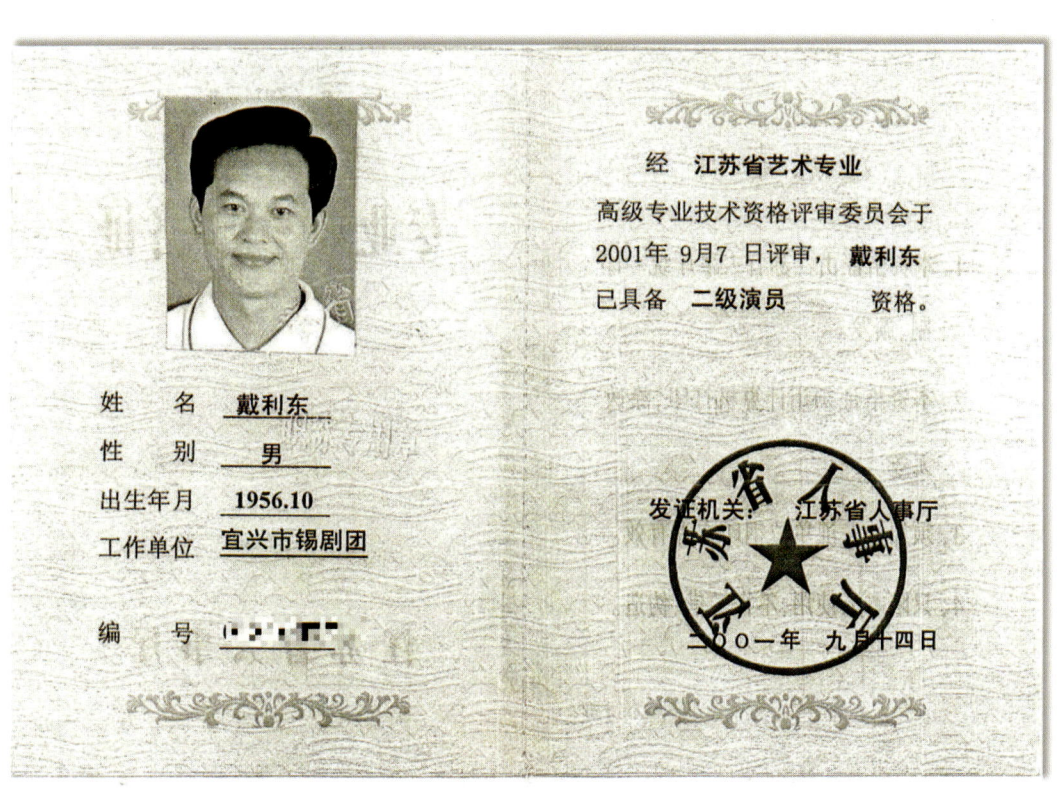

二级演员证书

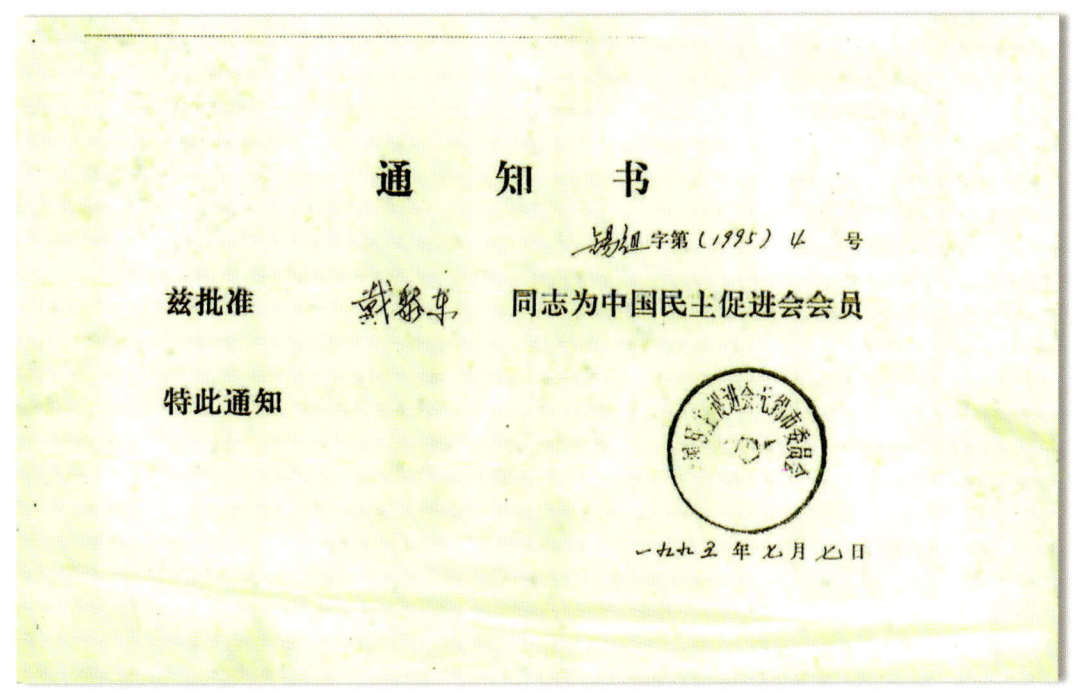

中国民主促进会会员

中国戏剧家协会会员证

# 戴利东艺术生涯重点作品选辑

## 戴利东曾经扮演过的各类角色

《智取威虎山》饰演少剑波　　　　　《姐妹恨》饰演周叶飞

《红灯记》饰演李玉和　　　　　　　《凤雅颂》饰演巡按大人

《沙家浜》饰演刁德一　　　　　　　《爱河滔滔》饰演黄总经理

《海港》饰演韩小强　　　　　　　　《星光灿烂》饰演马丰盛

《海岛女民兵》饰演尤二　　　　　　《磐山夜雨》饰演盛府台

《霓虹灯下的哨兵》饰演美国记者　　《范蠡情》饰演县令

《狸猫换太子》饰演范仲华　　　　　《红色的种子》饰演伪保长

《宝莲灯》饰演沉香　　　　　　　　《陈阿尖》饰演陈阿尖

《三请樊梨花》饰演薛丁山　　　　　《洞房换妻》饰演冯士元

《五女拜寿》饰演邹士龙　　　　　　锡剧电视剧《陶朱公传奇》饰演伯痞

《封神榜》饰演殷蛟　　　　　　　　《挑总管》饰演老族长

《嫦娥奔月》饰演后羿　　　　　　　《手印》饰演村支书

《皮九辣子》饰演皮九辣子　　　　　《辣椒阿姨》饰演戚干事

《半夜夫妻》饰演王文龙　　　　　　锡剧小品《坑》饰演老娘舅

《智取威虎山》饰演少剑波

《红灯记》饰演李玉和

《沙家浜》饰演刁德一

《霓虹灯下的哨兵》饰演美国记者

《宝莲灯》饰演沉香

《三请樊梨花》饰演薛丁山

《狸猫换太子》饰演范仲华

《封神榜》饰演殷蛟

《五女拜寿》饰演邹士龙

《嫦娥奔月》饰演后羿

《半夜夫妻》饰演王文龙

《凤雅颂》饰演巡按大人

《星光灿烂》饰演马丰盛

《辣椒阿姨》饰演戚干事

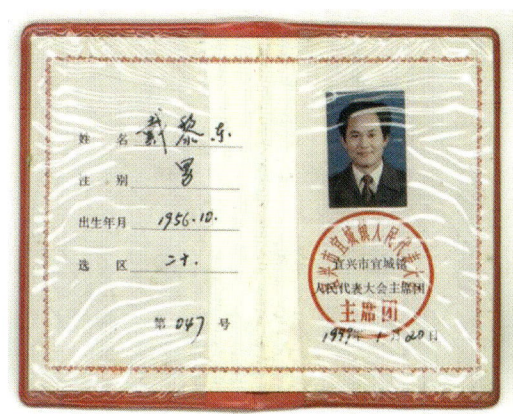 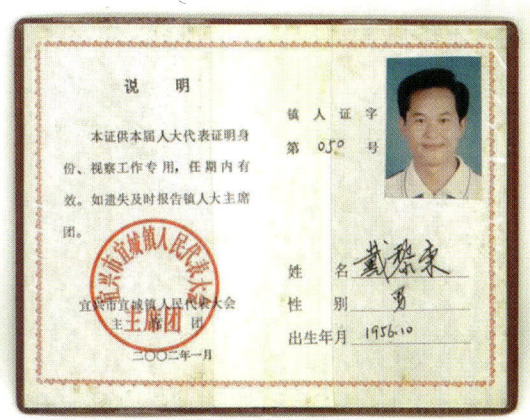

1999年、2002年宜兴市宜城镇人民代表大会代表

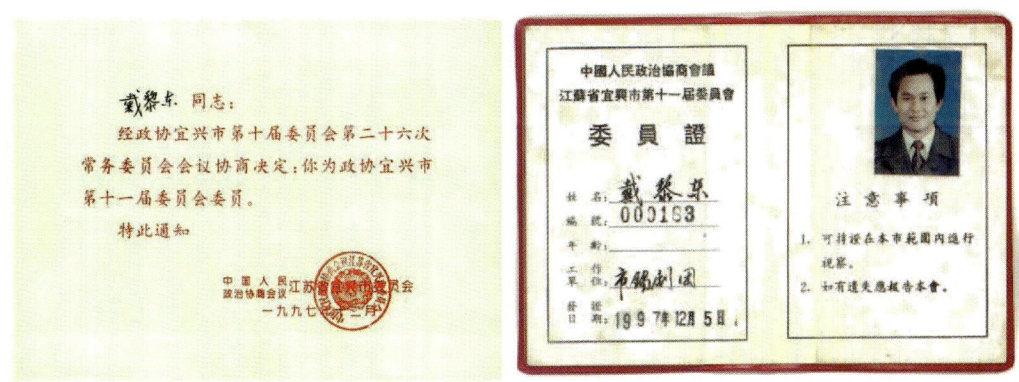

政协宜兴市第十一届委员会委员

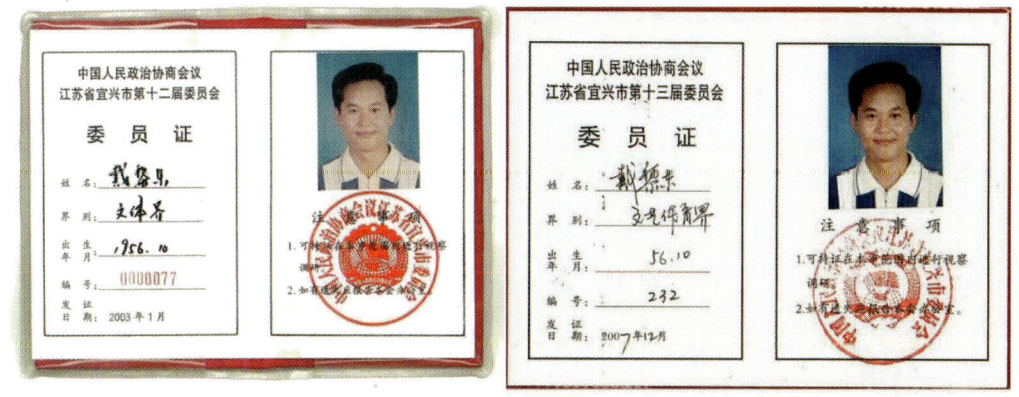

政协宜兴市第十二届、第十三届委员会委员

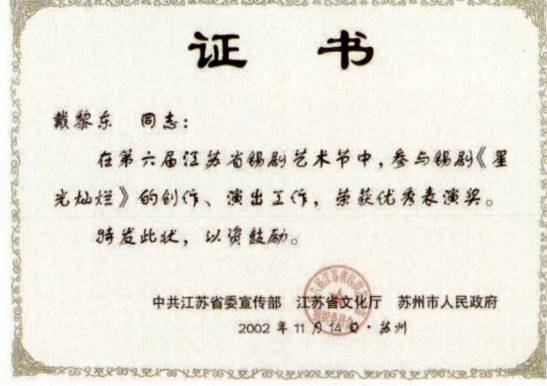
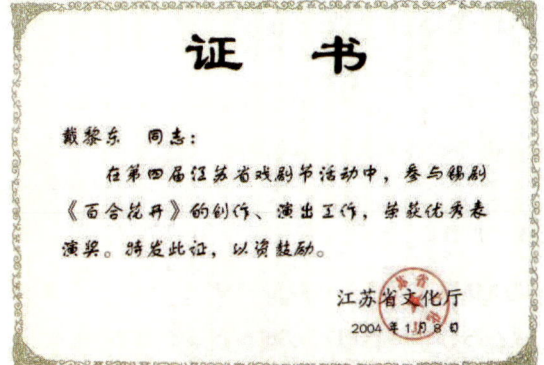

第六届江苏省锡剧艺术节　　　　　　　　　　第四届江苏省戏剧节
优秀表演奖　　　　　　　　　　　　　　　　优秀表演奖

2005年江苏省第三届小戏小品大赛　　　　　　第四届"中国滨州·博兴小戏艺术节"
表演奖　　　　　　　　　　　　　　　　　　突出贡献奖

第五届"中国滨州·博兴国际小戏艺术节"　　　第九届"中国滨州·博兴小戏艺术节"
最佳导演奖　　　　　　　　　　　　　　　　最佳表演奖

1999年江苏省第五届锡剧节（龙城杯）优秀表演奖

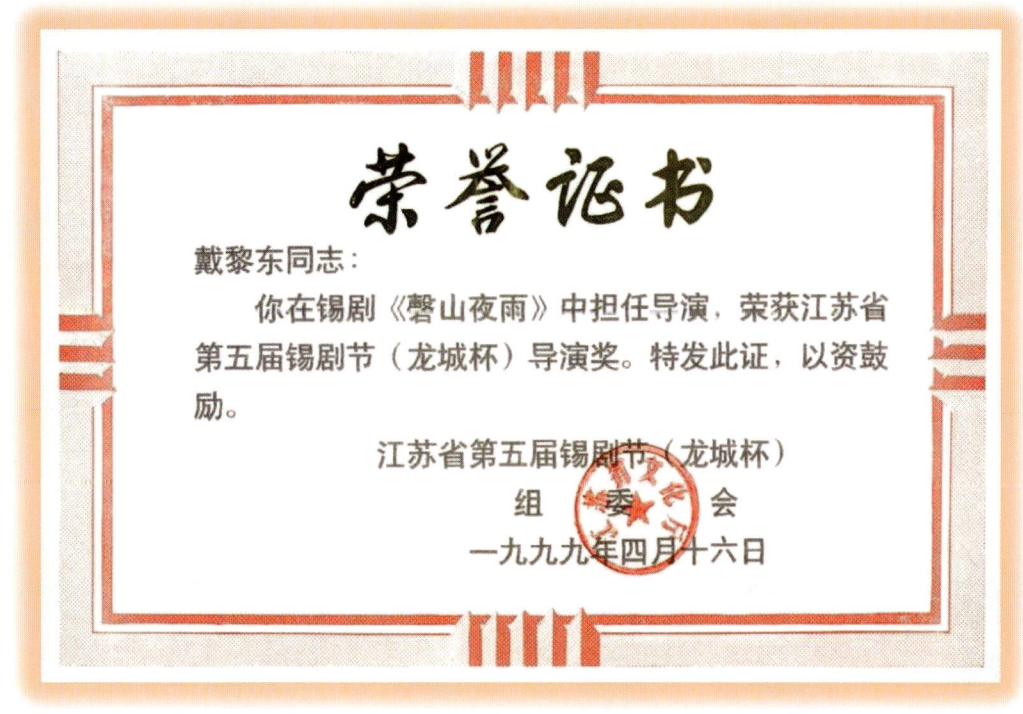

1999年江苏省第五届锡剧节（龙城杯）导演奖

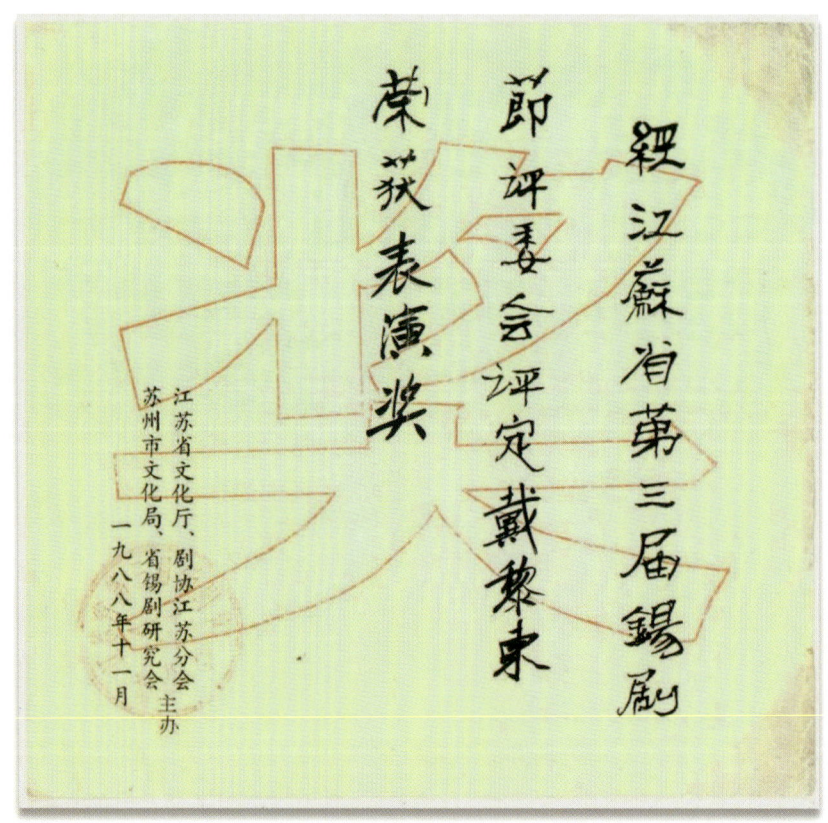

1988年江苏省第三届锡剧节表演奖

1997年江苏省第二届少儿艺术节辅导奖

1998年无锡新剧（节）目调演优秀演员奖

# 戴利东艺术生涯所获艺术和政治荣誉

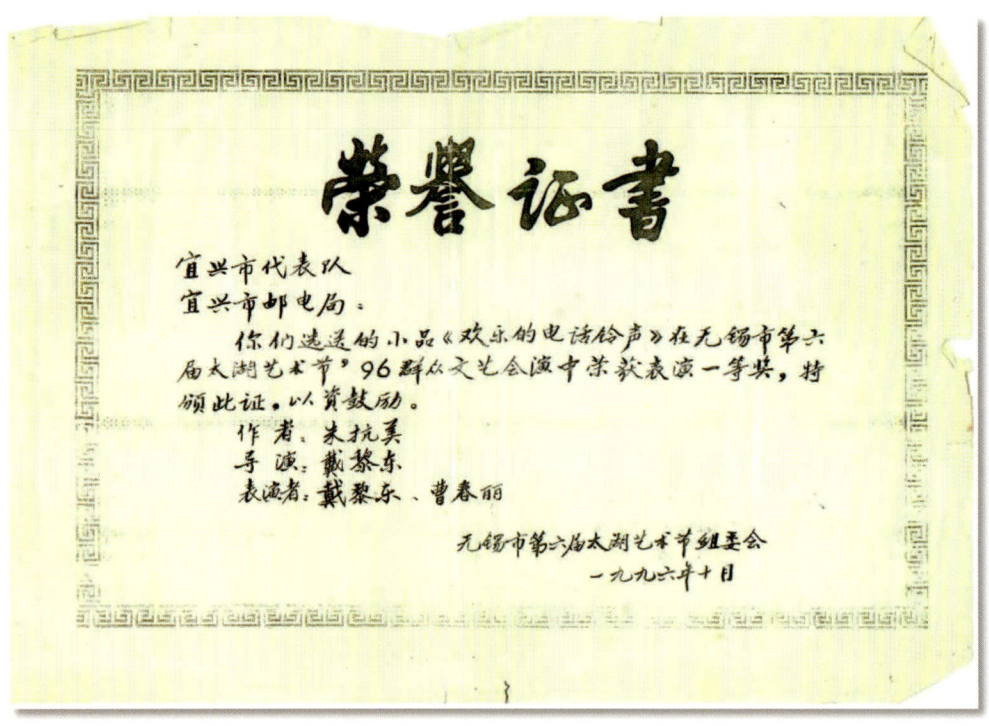

1996年无锡市第六届太湖艺术节表演一等奖

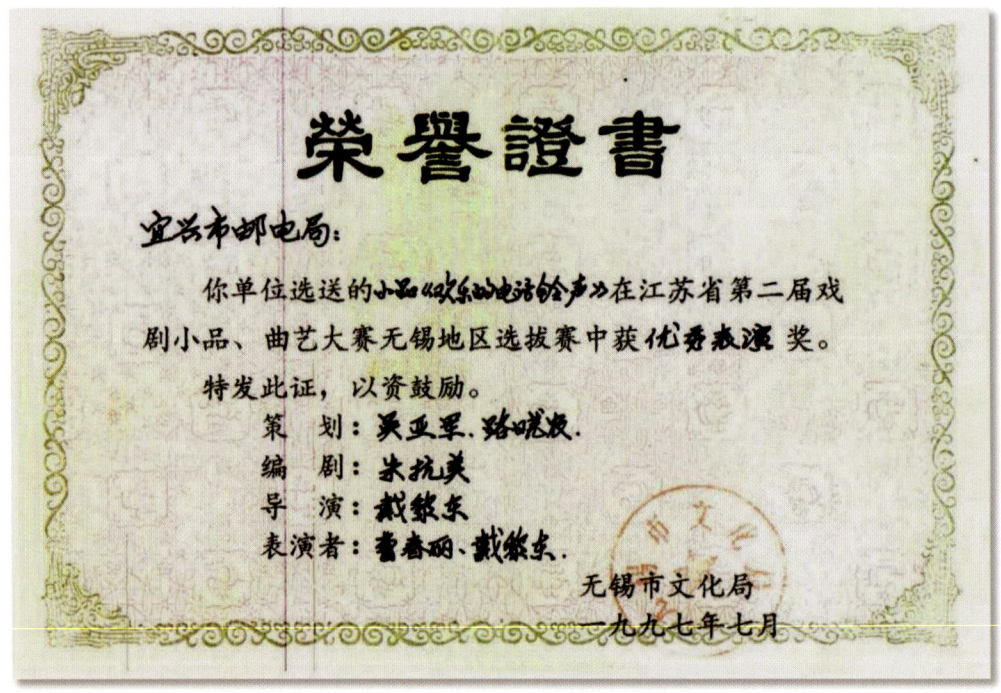

1997年江苏省第二届戏剧小品、曲艺大赛无锡地区选拔赛
优秀表演奖

锡剧电视剧《陶朱公传奇》饰演伯痞

《康熙微服私访》饰演康熙

《陈阿尖》饰演陈阿尖

政协宜兴市第十三届委员会第一次会议出席证

政协宜兴市第十三届委员会第一次会议讨论小组委员合影（戴黎东后排右五）

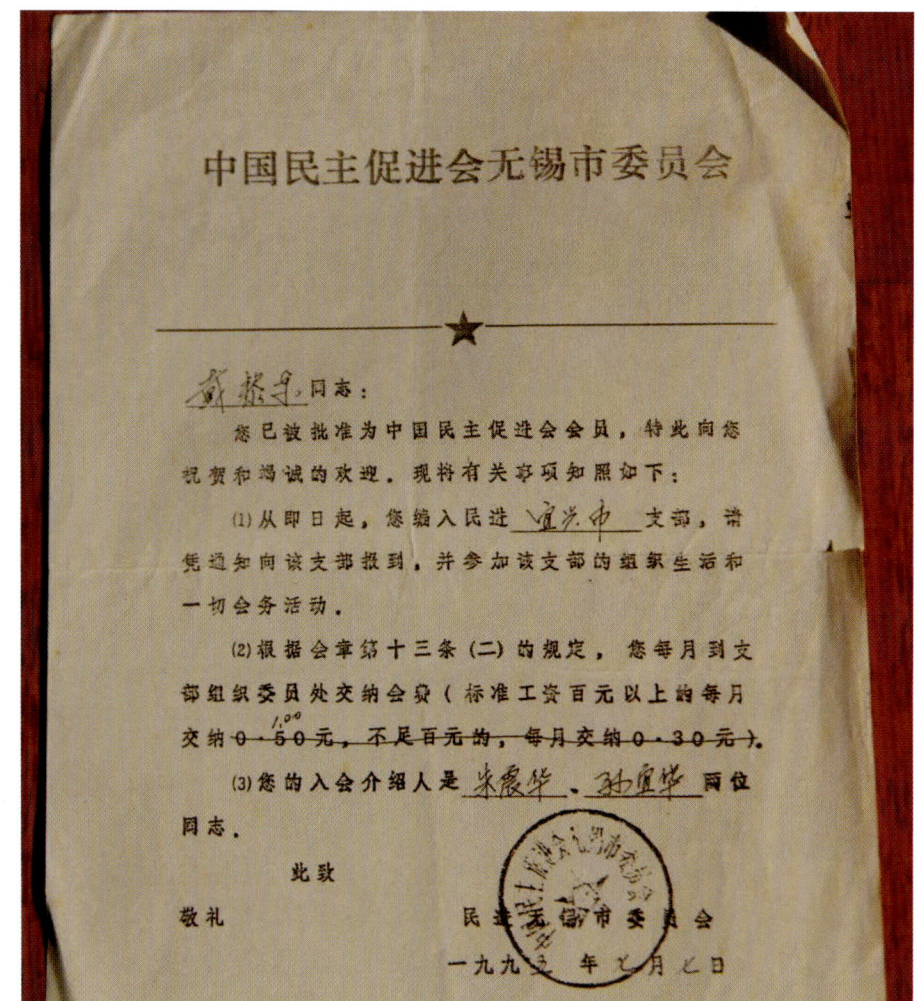

中国民主促进会会员

作为中国民主促进会会员所获荣誉

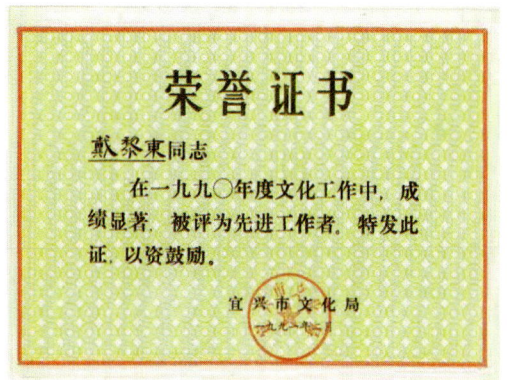

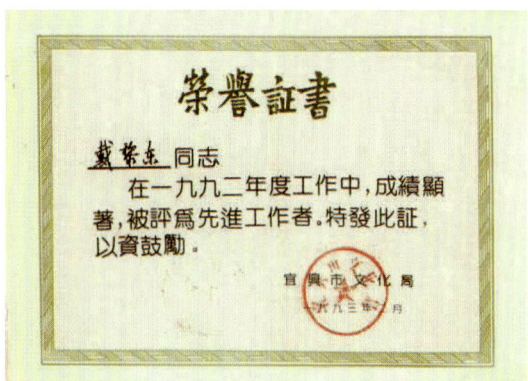

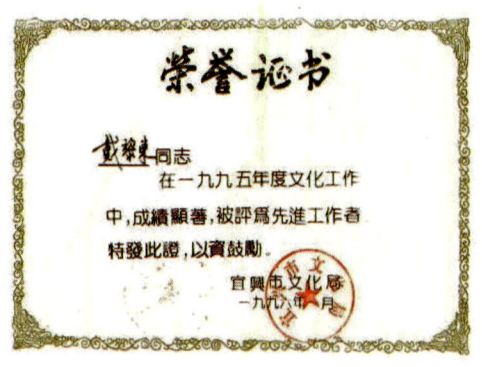

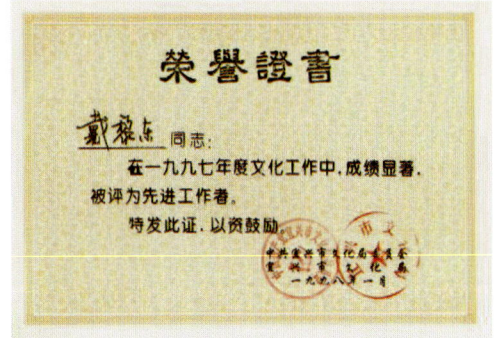
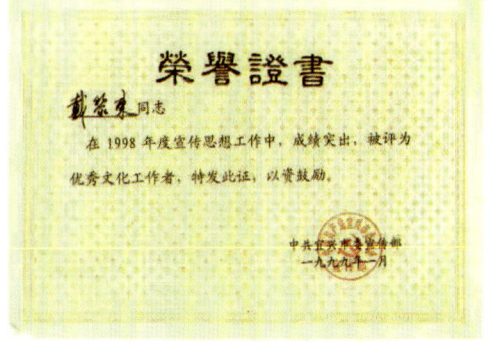

先进工作者

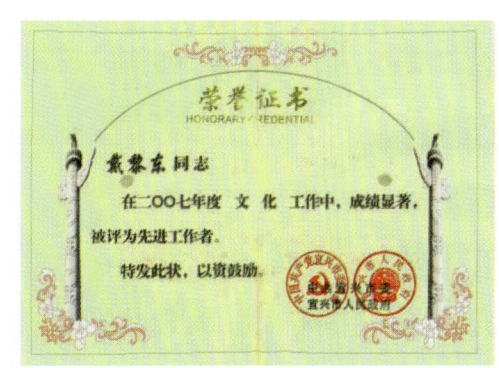

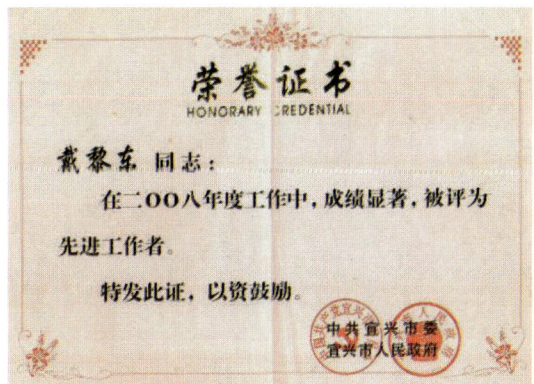

先进工作者、先进个人

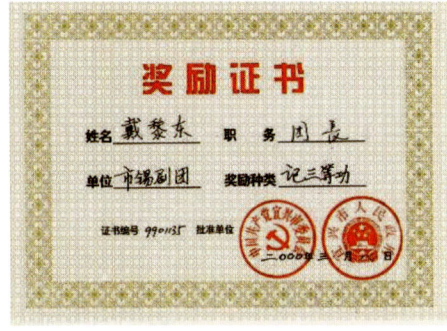
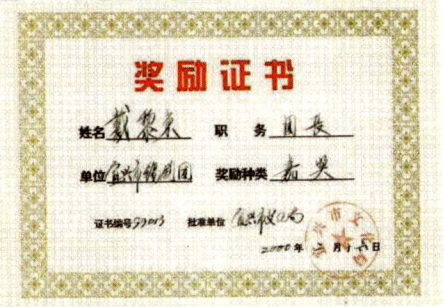

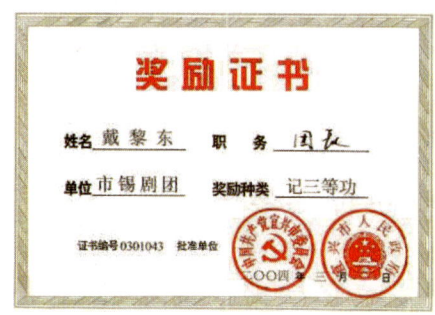
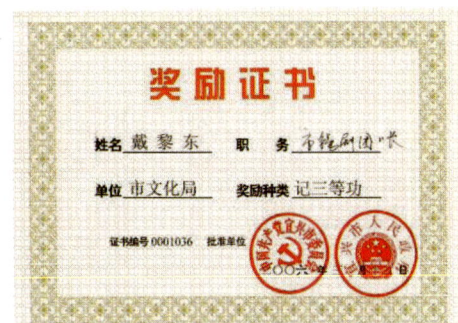
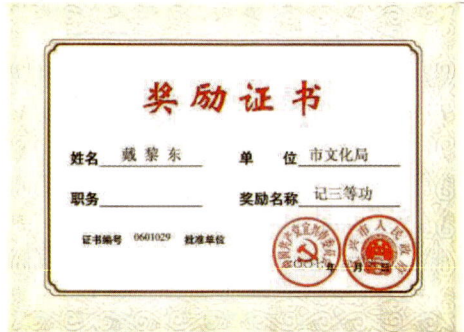

宜兴市文化局嘉奖及宜兴市人民政府记功证书

# 宜兴市学术技术带头人

## 证 书

宜兴市人民政府

授予 戴黎东 同志 艺术 学科（专业）"宜兴市学术技术带头人"称号（期限：2002~2004年度）。

宜兴市人民政府
二〇〇二年二月

第 02098 号

授予 戴黎东 同志 艺术 学科（专业）"宜兴市学术技术带头人"称号（期限：2005~2007年度）。

宜兴市人民政府
二〇〇五年二月

第 096 号

授予 戴黎东 同志 戏剧表演 学科（专业）"宜兴市学术技术带头人"称号（期限：2008~2010年度）。

宜兴市人民政府
二〇〇八年三月

第 015 号

宜兴市学术技术带头人

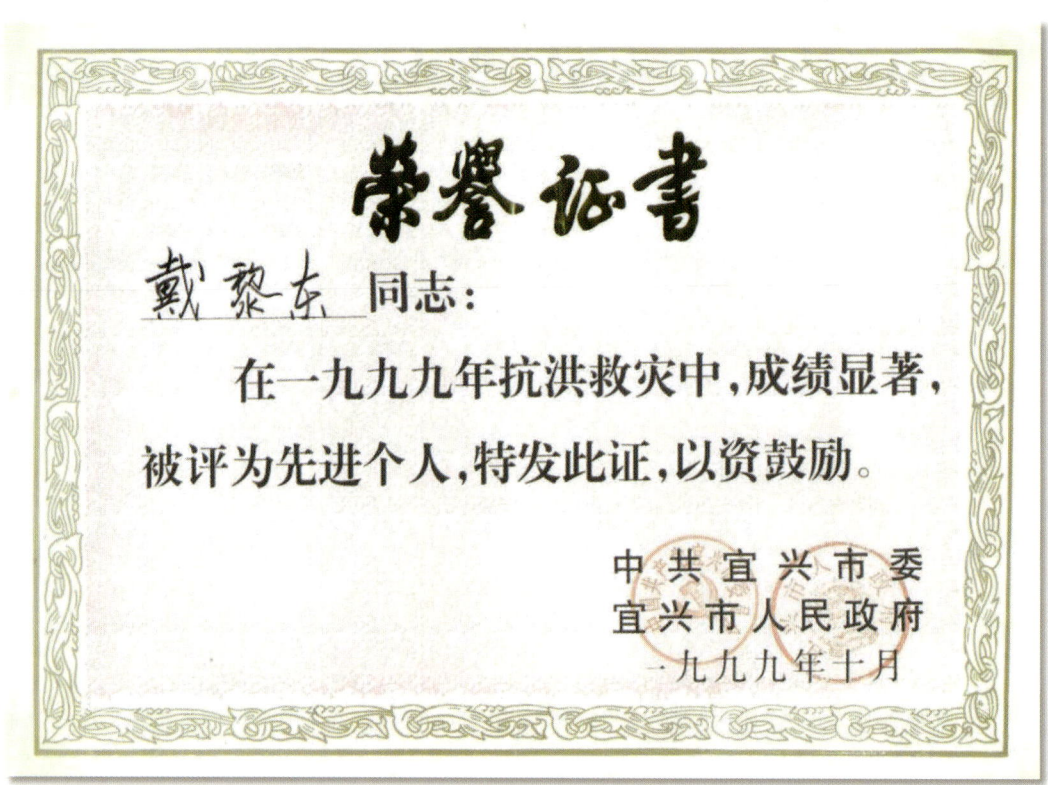

1999年抗洪救灾先进个人

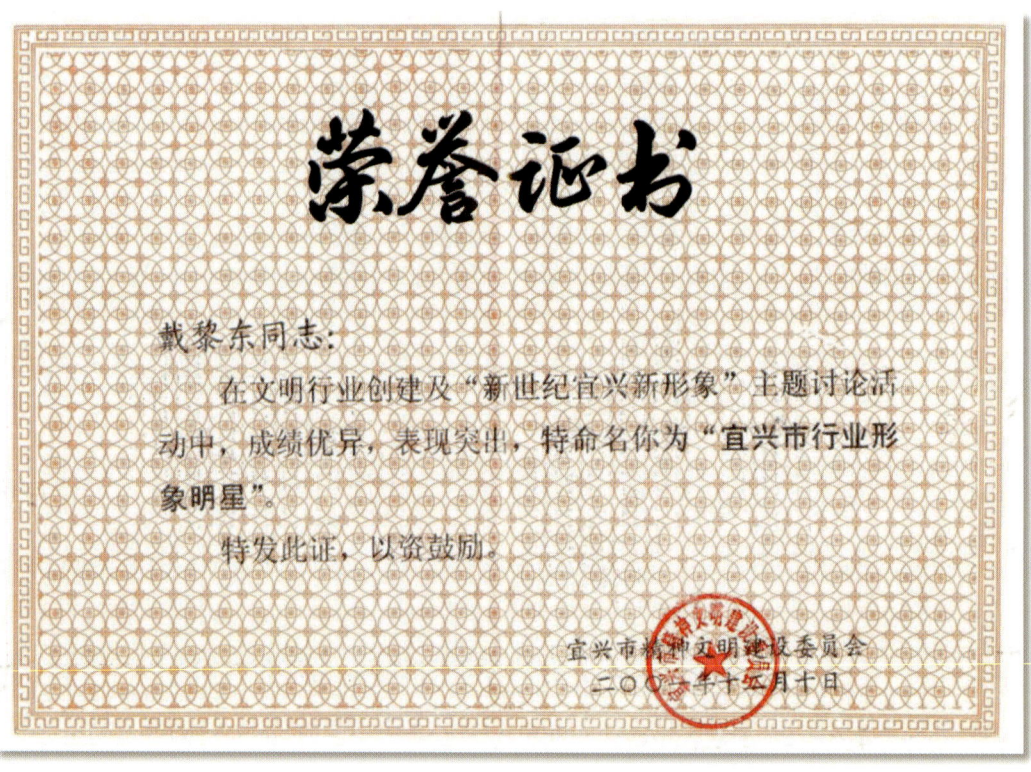

2001年荣获"宜兴市行业形象明星"称号

2011年被聘为宜兴市锡剧团顾问

2011年担任无锡市艺术专业中级资格评审委员会执行委员

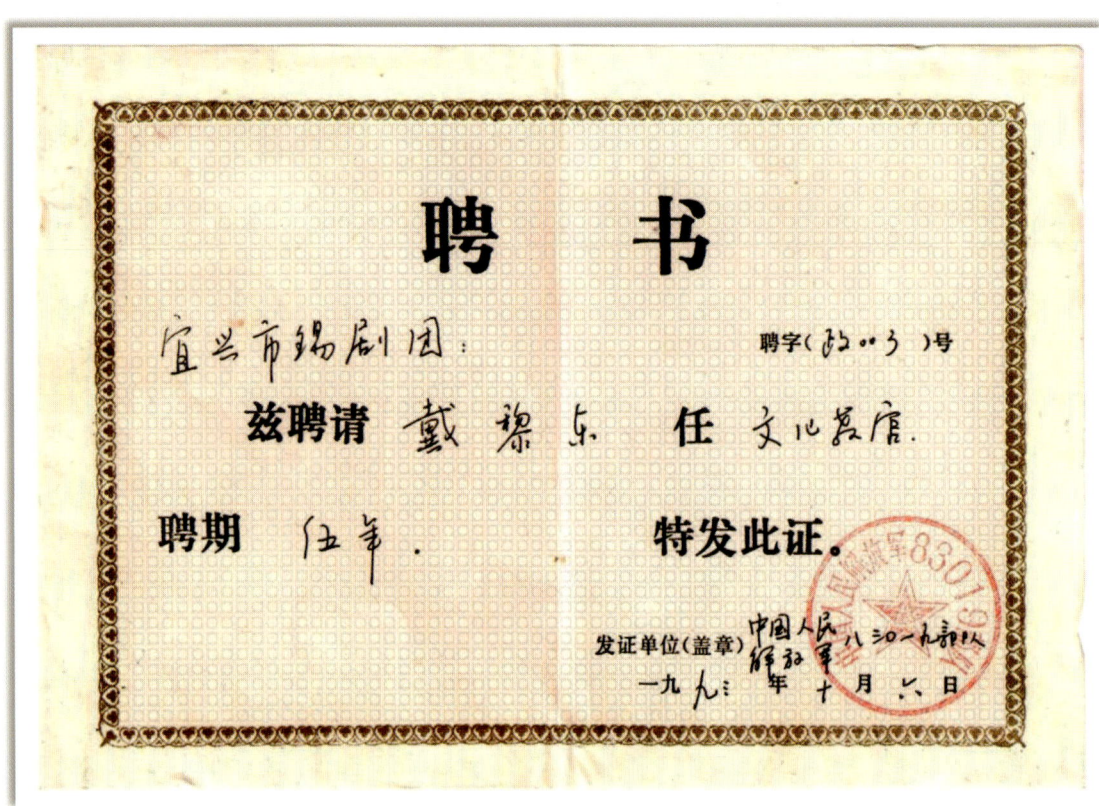

1993年被聘为中国人民解放军83019部队文化教官

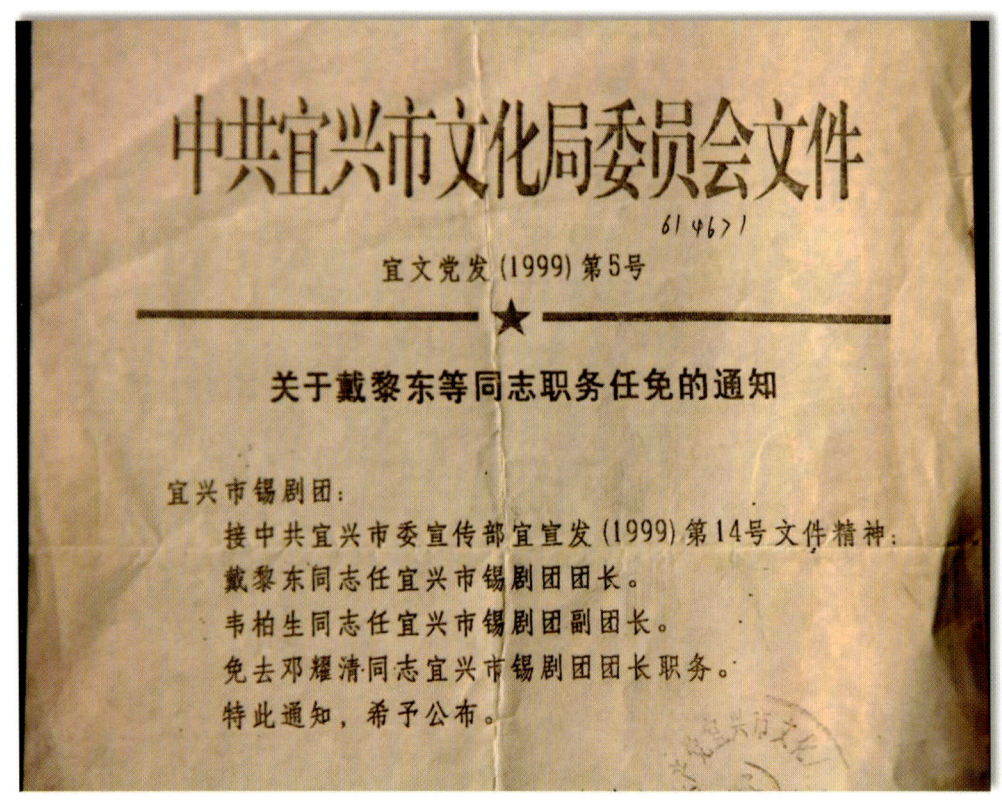

1999年任宜兴市锡剧团团长

2011年度宜兴市十佳宣传思想文化工作者

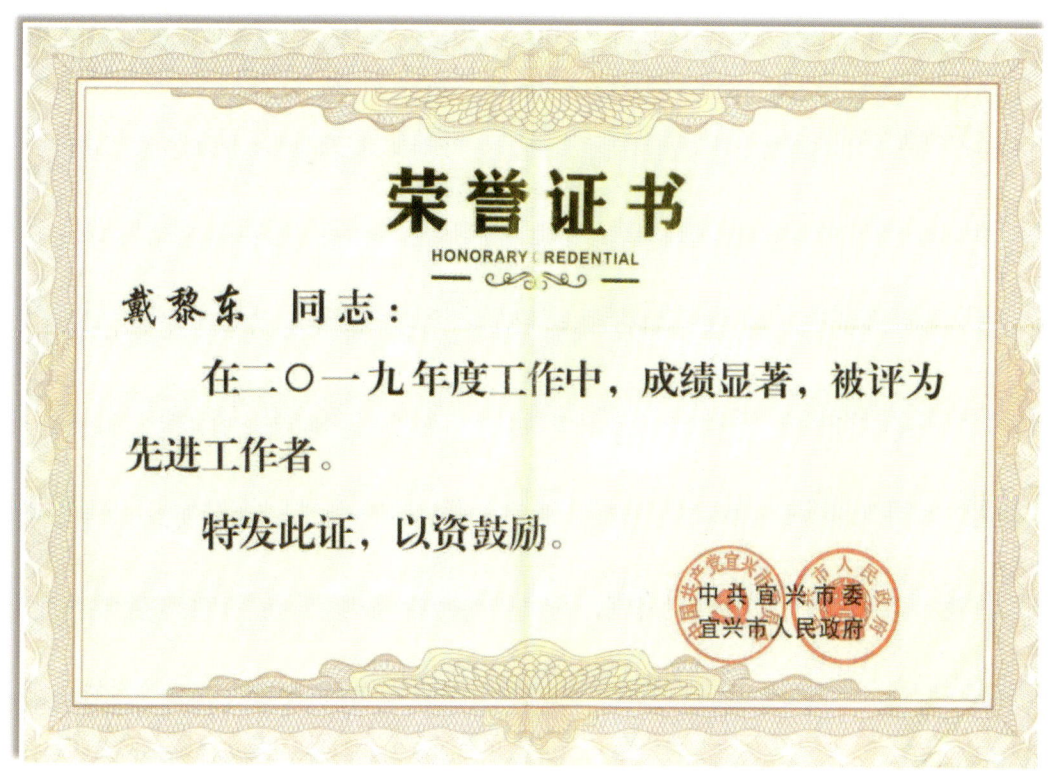

2019年度宜兴市先进工作者

2002年度宜兴市宣传新闻文化工作"十杰"称号

2008年度"文化乡村行,和谐千万家"主题活动先进个人

2019年被聘为无锡市戏剧家协会第八届名誉副主席

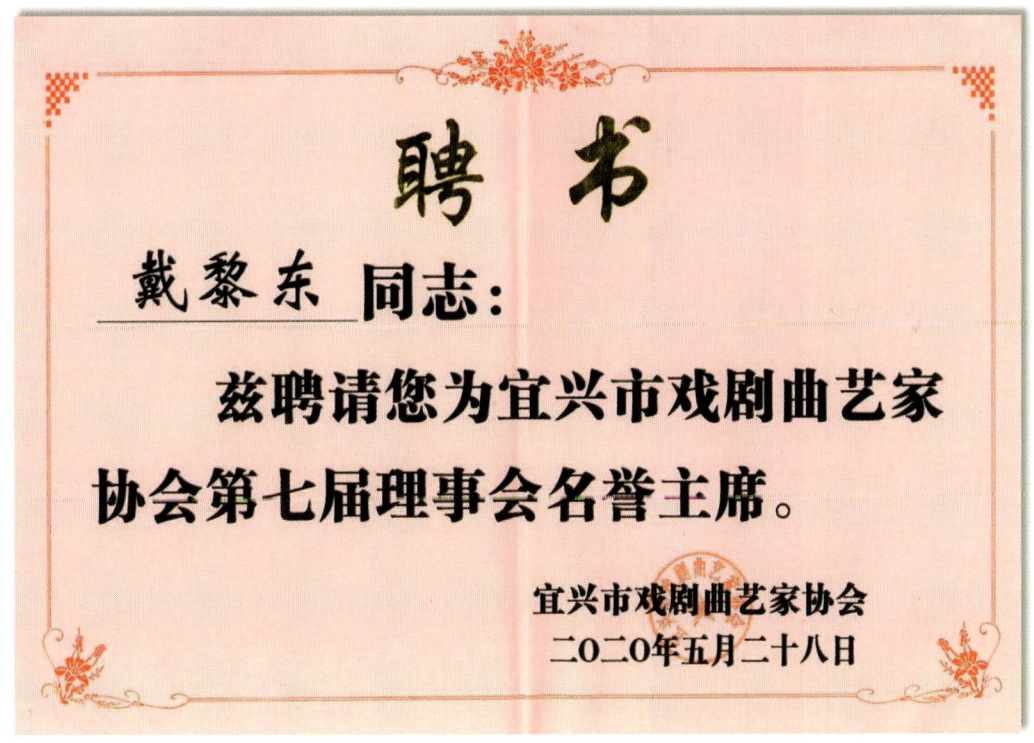

2020年被聘为宜兴市戏剧曲艺家协会第七届理事会名誉主席

# 戴利东艺术生涯花絮

与京剧名家于魁智合影

与京剧名家李胜素合影

与第 19 届中国戏剧梅花奖获得者、"锡剧王子"周东亮合影

与荀派传人、北京京剧院一级演员、第 25 届中国戏剧梅花奖获得者常秋月女士合影

与一级演员张金华先生合影

与江苏省演艺集团锡剧团团长陆建伟先生合影

## 韦伯生艺术生涯花絮

2017年受友人之邀去加拿大进行文化交流活动
被加拿大国家电视台（中文）授予"加中文化大使"称号

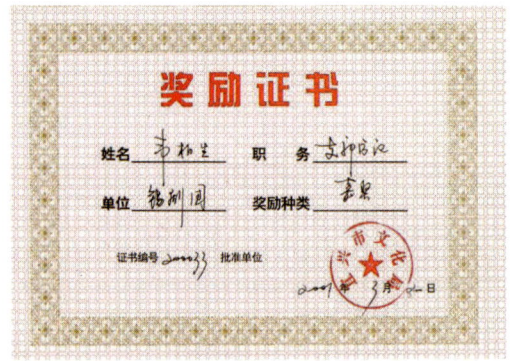

2001年被宜兴市文化局嘉奖

2001年度宜兴市优秀共产党员

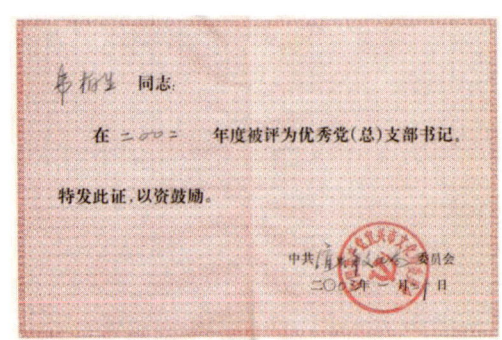

2002年度宜兴市文化系统优秀党支部书记

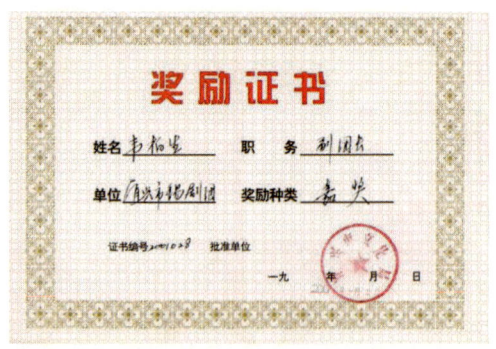

2002年被宜兴市文化局嘉奖

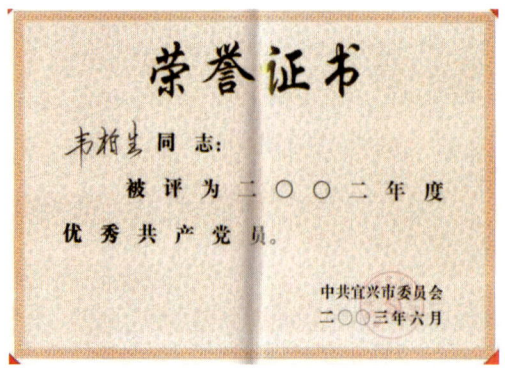

2002年度宜兴市优秀共产党员

2003年度宜兴市文化系统优秀党支部书记

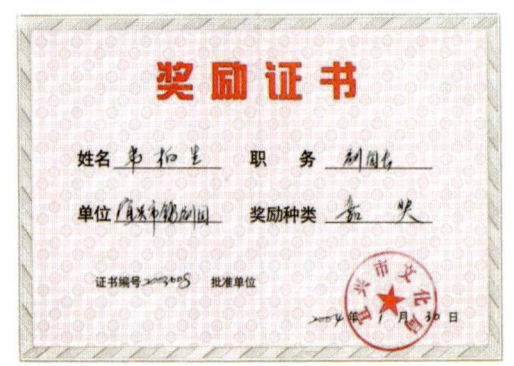

2004年被宜兴市文化局嘉奖

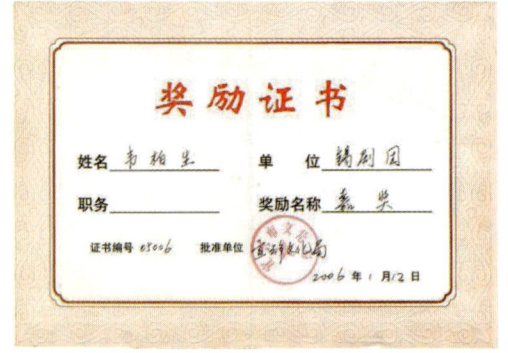

2006年被宜兴市文化局嘉奖

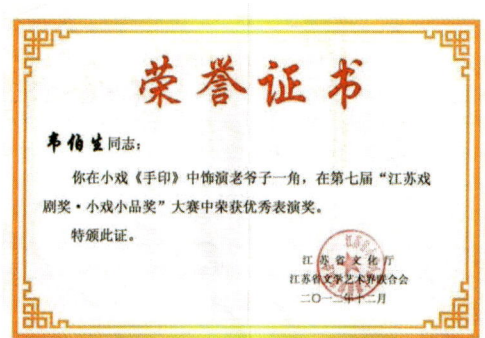
2012年第七届"江苏戏剧奖·小戏小品奖"大赛优秀表演奖

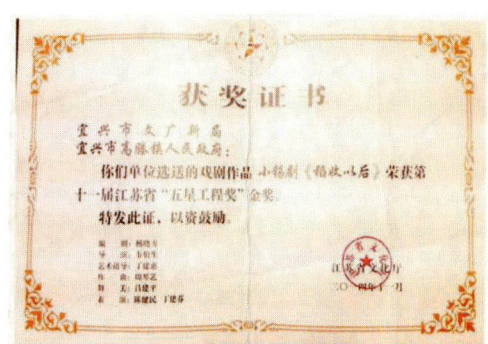
2014年导演的《稻收以后》荣获第十一届江苏省"五星工程奖"金奖

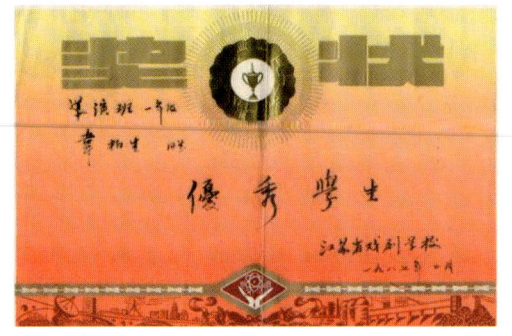
1987年被评为江苏省戏剧学校导演班优秀学生

2015年被评为宜兴市非物质文化遗产锡剧代表性传承人

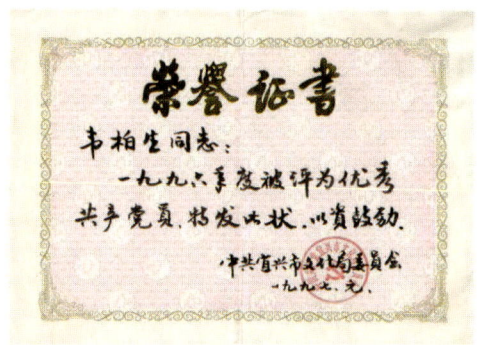
1996年度宜兴市文化系统优秀共产党员

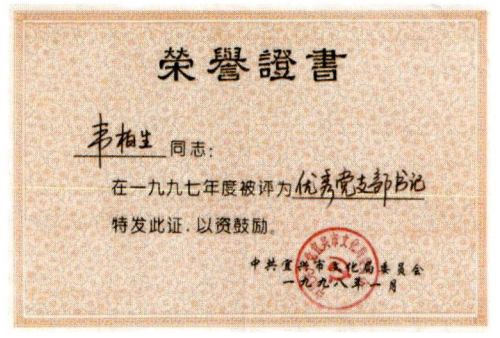
1997年度宜兴市文化系统优秀党支部书记

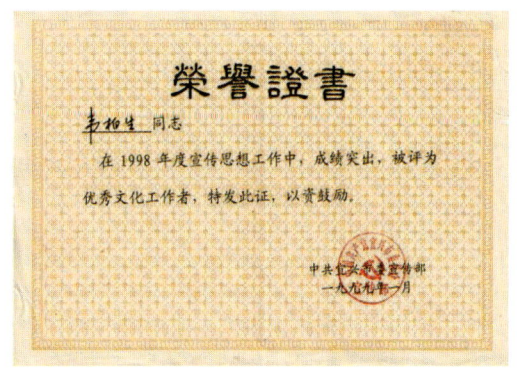
1998年度宜兴市优秀文化工作者

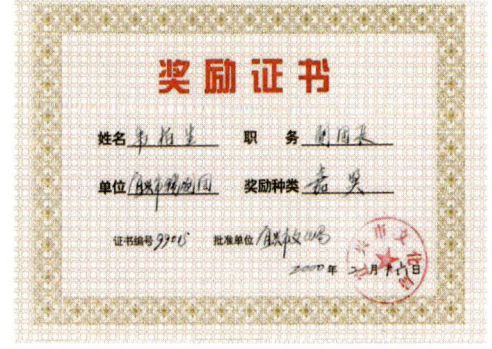
2000年被宜兴市文化局嘉奖

1981年镇江地区专业剧团青年演员会演三等演出奖

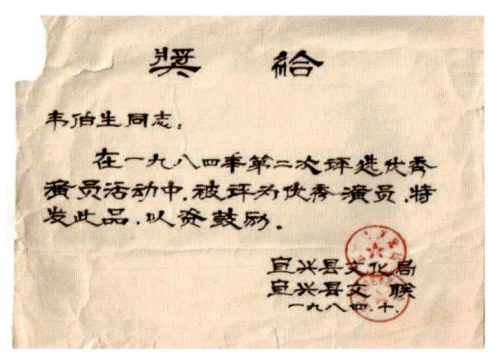
1984年被评为优秀演员

1998年无锡新剧（节）目调演演员奖

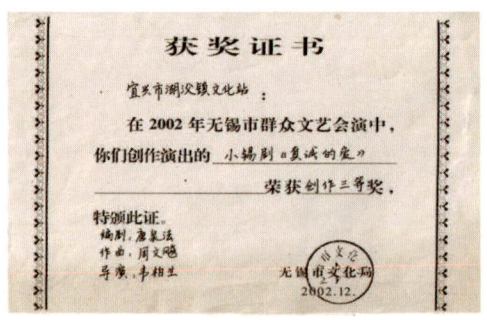
2002年导演的《真诚的爱》荣获无锡市群众文艺会演创作三等奖

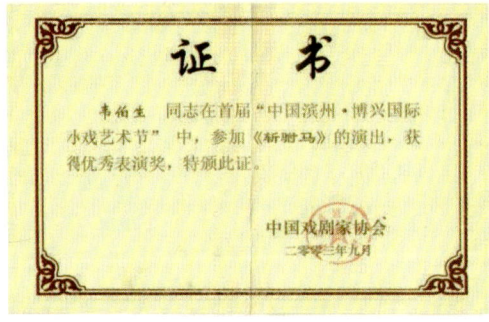
2003年首届"中国滨州·博兴国际小戏艺术节"优秀表演奖

2006年执导小戏《茉莉花开》获第四届"中国滨州·博兴小戏艺术节"表彰

2006年江苏省第四届小戏小品大赛导演奖

2012年第九届"中国滨州·博兴小戏艺术节"优秀表演奖

## 韦伯生艺术生涯所获艺术和政治荣誉

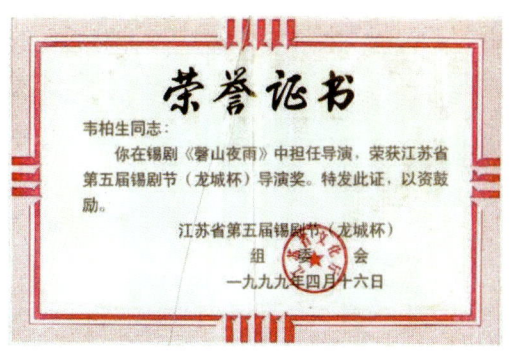

1999年江苏省第五届锡剧节（龙城杯）导演奖

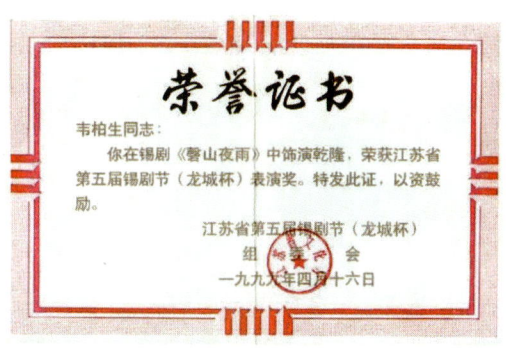

1999年江苏省第五届锡剧节（龙城杯）表演奖

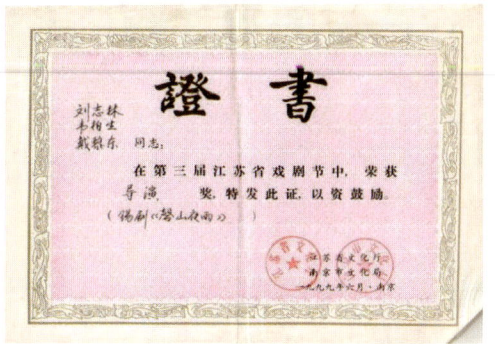

1999年第三届江苏省戏剧节导演奖

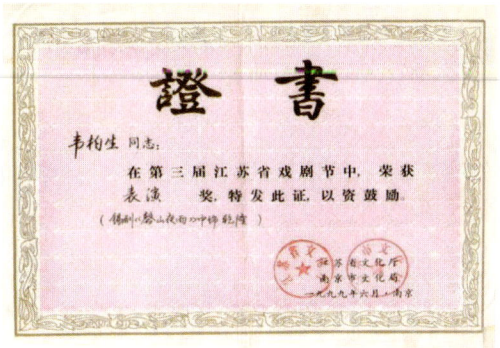

1999年第三届江苏省戏剧节表演奖

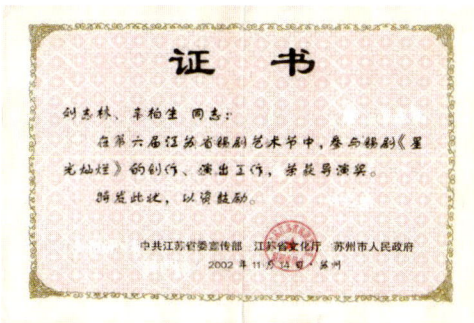

2002年第六届江苏省锡剧艺术节导演奖

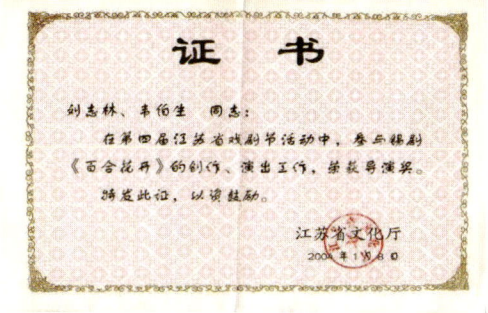

2004年第四届江苏省戏剧节导演奖

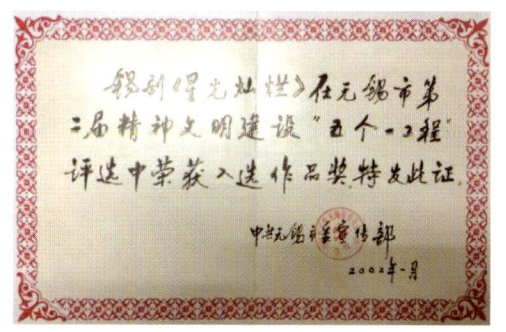

2002年参加演出的《星光灿烂》荣获无锡市第二届精神文明建设"五个一工程"奖

2000年参加演出的《百合花开》荣获第六届中国艺术节纪念奖

上下集锡剧电视剧《牛六宝哭田》饰演牛村长

六集锡剧电视剧《陶朱公传奇》饰演勾践

《星光灿烂》饰演李长发

《辣椒阿姨》饰演书记

《审母斩父》饰演杨禹（中）

《劈山救母》饰演刘彦昌

《野火春风斗古城》饰演杨晓东

《三看御妹》饰演刘天化

《磐山夜雨》饰演乾隆

《周处》饰演潘富

《狸猫换太子》饰演仁宗、真宗

《玉蜻蜓》饰演申贵升

《五女拜寿》饰演邹应龙

《双轿接亲》饰演陈继生

《霓虹灯下的哨兵》饰演罗克文

## 韦伯生艺术生涯重点作品选辑

韦伯生在锡剧传承发展的过程中，坚持纵向发展、横向借鉴的理念，特别是吸取各门类剧种的艺术特色，取人之长，补己之短，勤学苦练，精益求精，艺无止境，一生求索，尤其在锡剧唱腔上具有自成一派的独特韵味。他先后在《哑女告状》《霓虹灯下的哨兵》《狸猫换太子》《玉蜻蜓》《双轿接亲》《五女拜寿》《审母斩父》《野火春风斗古城》《三看御妹》《劈山救母》《周处》《星光灿烂》《磐山夜雨》《辣椒阿姨》等剧目中担任主演，还在锡剧电视剧《牛六宝哭田》《陶朱公传奇》中担任重要角色。

《哑女告状》饰演陈光祖

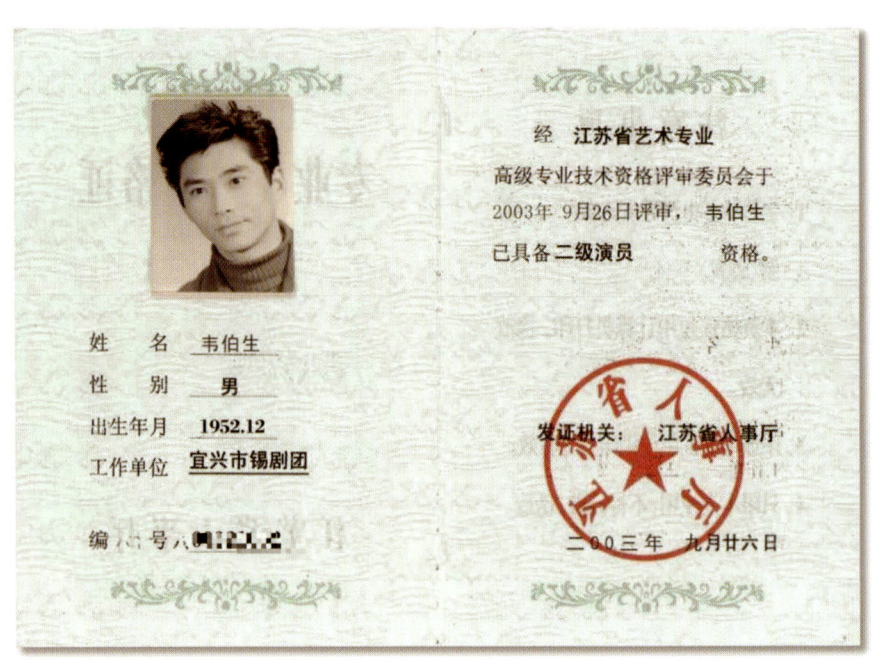

二级演员证书

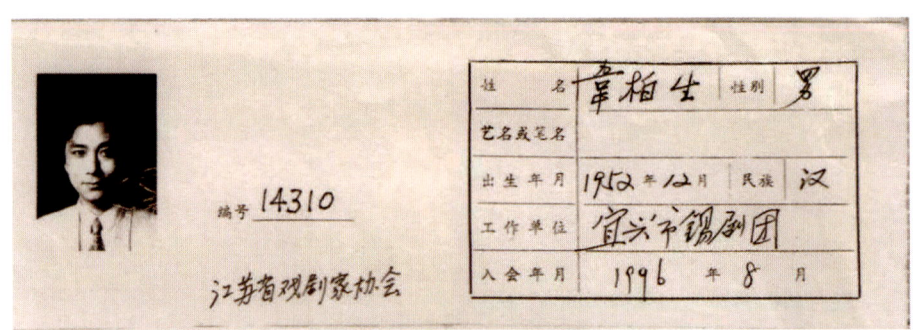

江苏省戏剧家协会会员证

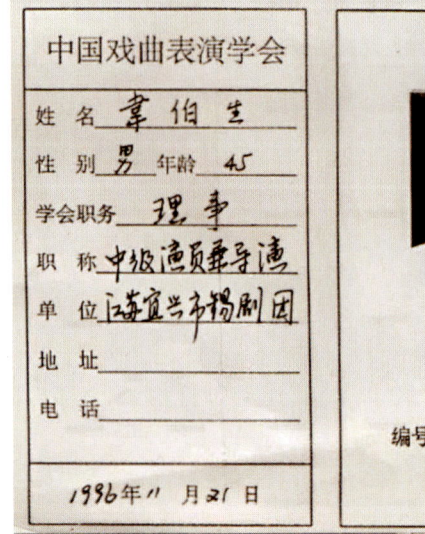

中国戏曲表演学会理事证书

# 韦伯生艺术生涯简介

韦伯生（又名韦柏生），二级演员，导演。苏省戏剧家协会会员、中国戏曲表演学会会员宜兴市非物质文化遗产锡剧代表性传承人。19 年出生于江苏宜兴和桥镇，1970年考入宜兴京团，后改为宜兴市锡剧团，专工小生。1986年1988年到江苏省戏剧学校进修导演专业。1991年加入中国共产党。曾担任过宜兴市锡剧团副团长、党支部书记。

他扮相英俊潇洒，嗓音醇厚清透，音域宽阔，行腔自然顺畅，善于在舞台上刻画各种角色，把握人物准确细腻，稳重凝练。从事戏剧事业40多年，对艺术的追求锲而不舍，对事业的奉献执着无悔，与宜兴的戏剧事业相守一生。

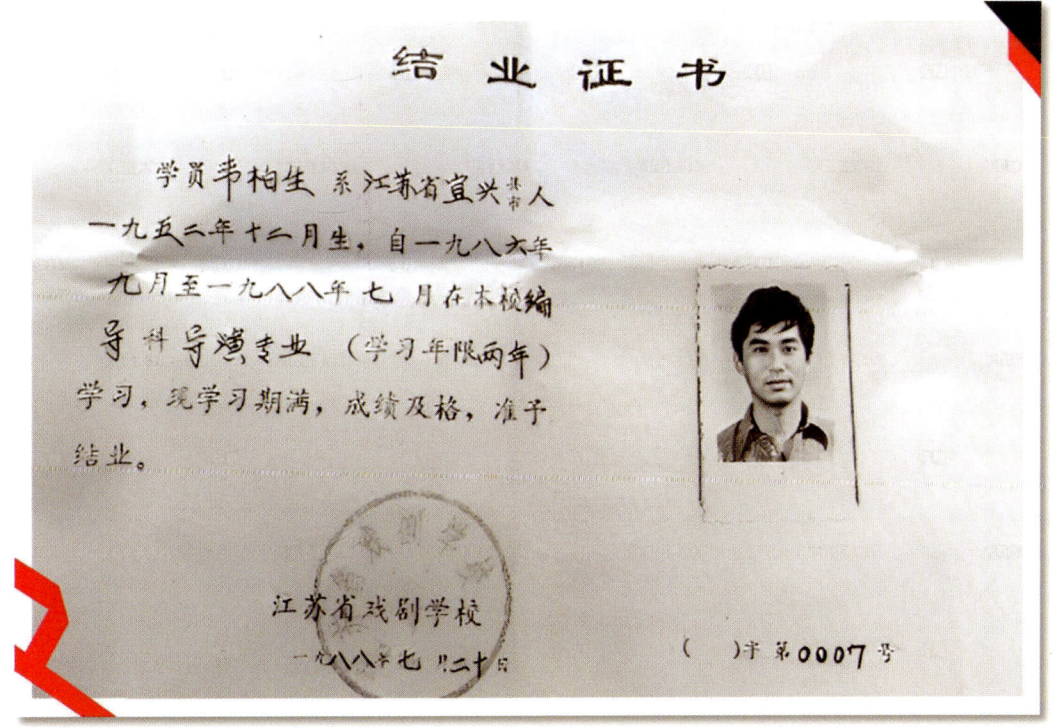

结业证书

## 屏前幕后

### 宜兴广播电视
2000年1月20日 ⑧

## 锡剧反派戴黎东

宜兴市锡剧团一位老艺人病了,作为团长的戴黎东前去医院看望,可刚进医院,就有人叫了起来:"赌棍来了!赌棍来了!"戴黎东笑着说:"麻将牌我都不识,咋叫我赌棍?""哧,你别赖!你贪赌得连老婆住院也不问,别以为我不知道!"原来是他在锡剧《星光灿烂》中逼真的演出,使观众进入了角色。

戴黎东从14岁进入小京班学艺,跌打滚爬近30年。这30年中,他成功地塑造了一个又一个不同类型的角色,尤其是近几年中,他塑造的几个鲜活的反派角色,使他的艺术道路越走越宽广。他在荣获省五个一工程奖作品的《爱河滔滔》中,扮演拉人下水的黄经理,由于他逼真的表演,遭来一片"谩骂声"。1998年,他在历史剧《磬山夜雨》中扮演阴险狡诈的常州府台,把那上欺下压的狗官形象,表演得淋漓尽致,成功的表演,使他荣获了省锡剧节优秀演员奖。新编现代剧《星光灿烂》,所到之处,场场爆满,掌声迭起,观众笑声不断,其中将剧情推向高潮的,正是他扮演的马丰盛与朱阿云的吵架戏,他将那种拉起来一条、放下去一滩的无赖相,扮演得活灵活现。

老团长退休了,领导将剧团的重任又交给了他。跑台上,排新戏,唱主角,剧团许多事他都要负责,身为团长,他也自知责任重大。不过,他信心百倍,相信有领导的关心与群众的支持,一定能把台上台下两个主角都演好! (邵湘君)

戴黎东在《星光灿烂》中扮演马丰盛一角

新闻媒体报道

新闻媒体报道

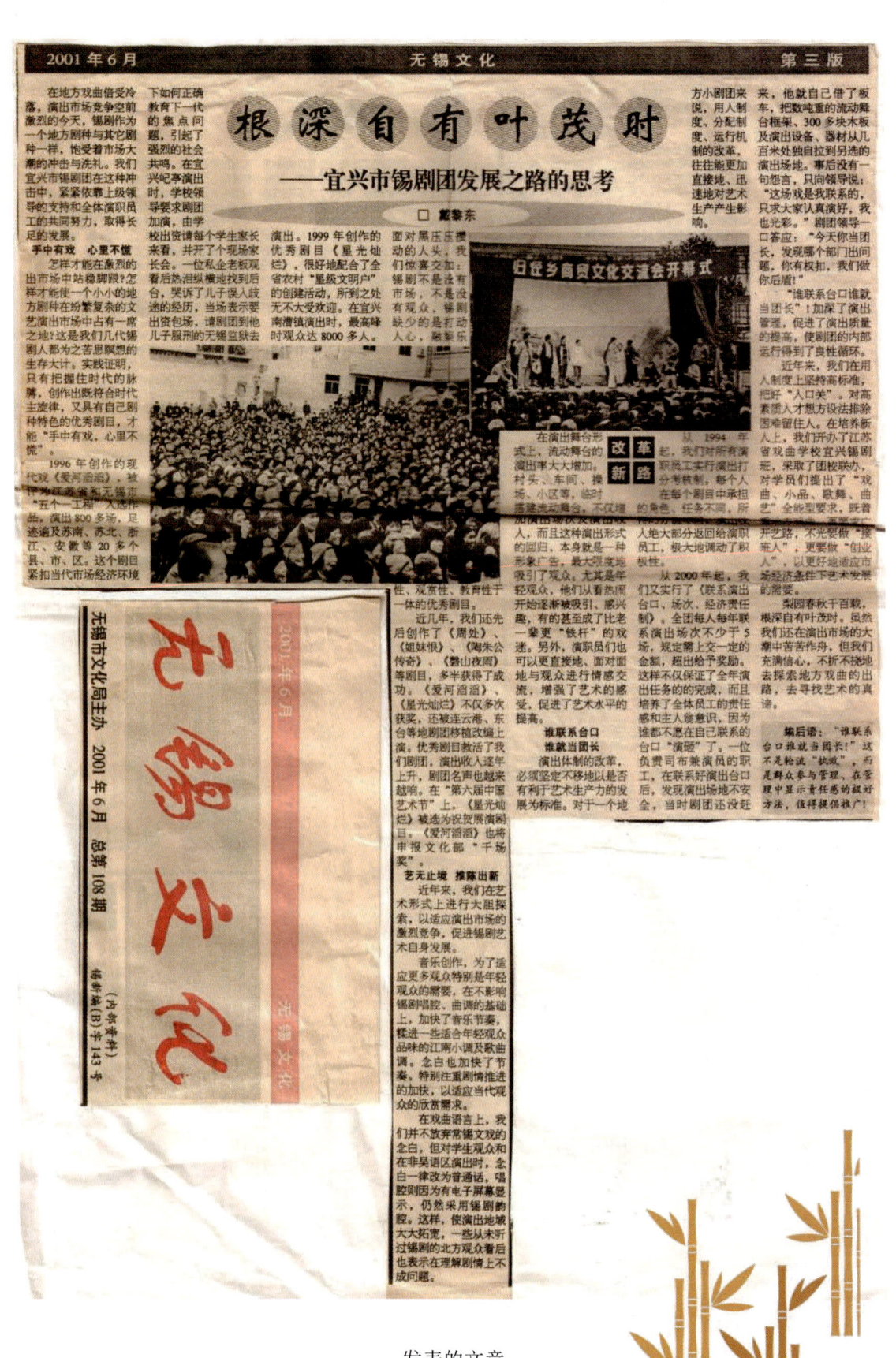

发表的文章

与锡剧名家董云华合影

与京剧名家吴碧华合影

与著名影视演员郭广平合影

与电影演员程之合影

与著名演员赵本山合影

参观加拿大国家电视台（中文）

与电影《周恩来》中周恩来扮演者王铁成合影

文化交流

与时任加拿大国家电视台（中文）台长龚晓华亲切交谈

与江苏省京剧院导演杨盛鸣合影

江苏省戏剧学校导演班师生合影
（韦伯生后排右二）

江苏省锡剧团原团长、导演、编剧成进森上表演课，韦伯生（后排左三）在听课

韦伯生（中）在锡剧电视剧《陶朱公传奇》拍摄现场

## 姜明艺术生涯简介

姜明，二级演员，江苏省戏剧家协会会员，宜兴市非物质文化遗产项目锡剧代表性传承人。1971年9月出生于宜兴张渚镇，1986年9月考入无锡市戏剧学校锡剧专科，专工老生。1990年8月分配到宜兴市锡剧团。1994年4月加入中国共产党，2011年11月—2023年8月任宜兴市锡剧艺术传承发展中心党支部书记、主任。

他基本功扎实，唱腔醇厚舒展，道白顿挫有致，人物情感充沛，性格刻画到位，须生各门类黑、彩、白皆能担当，表演细腻动人，以自己独特的艺术形象赢得了观众的青睐，是一位深受广大观众喜爱的锡剧名家。

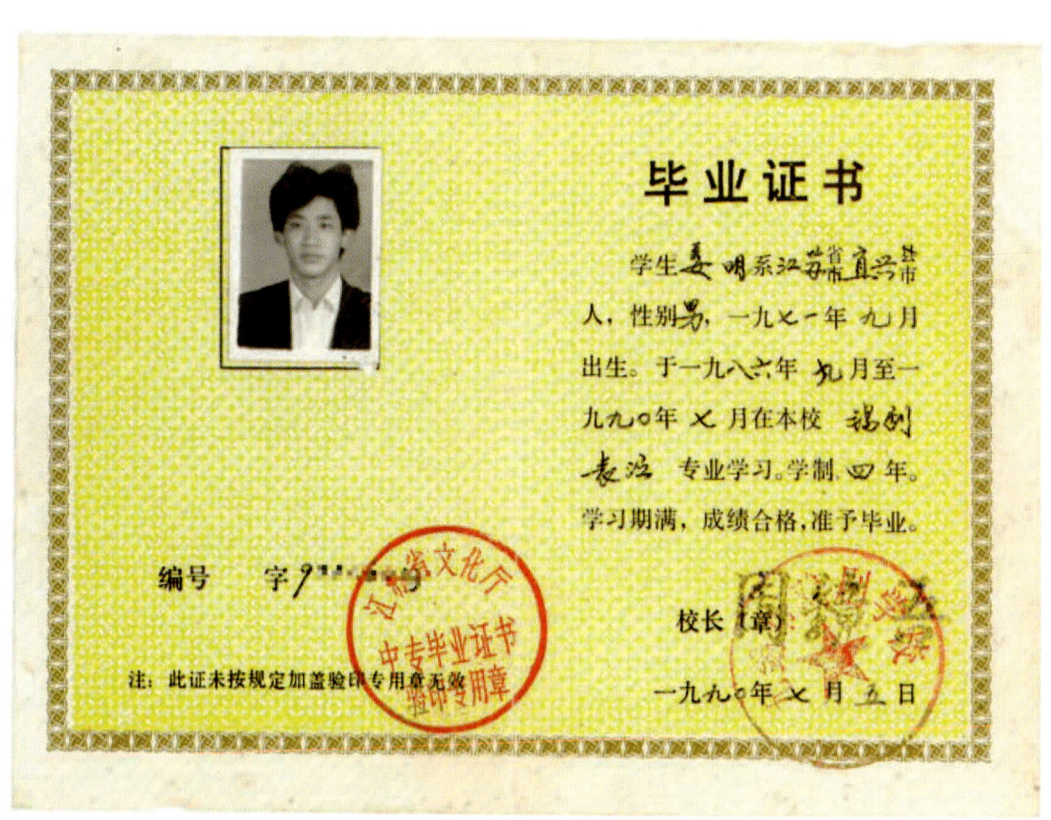

毕业证书

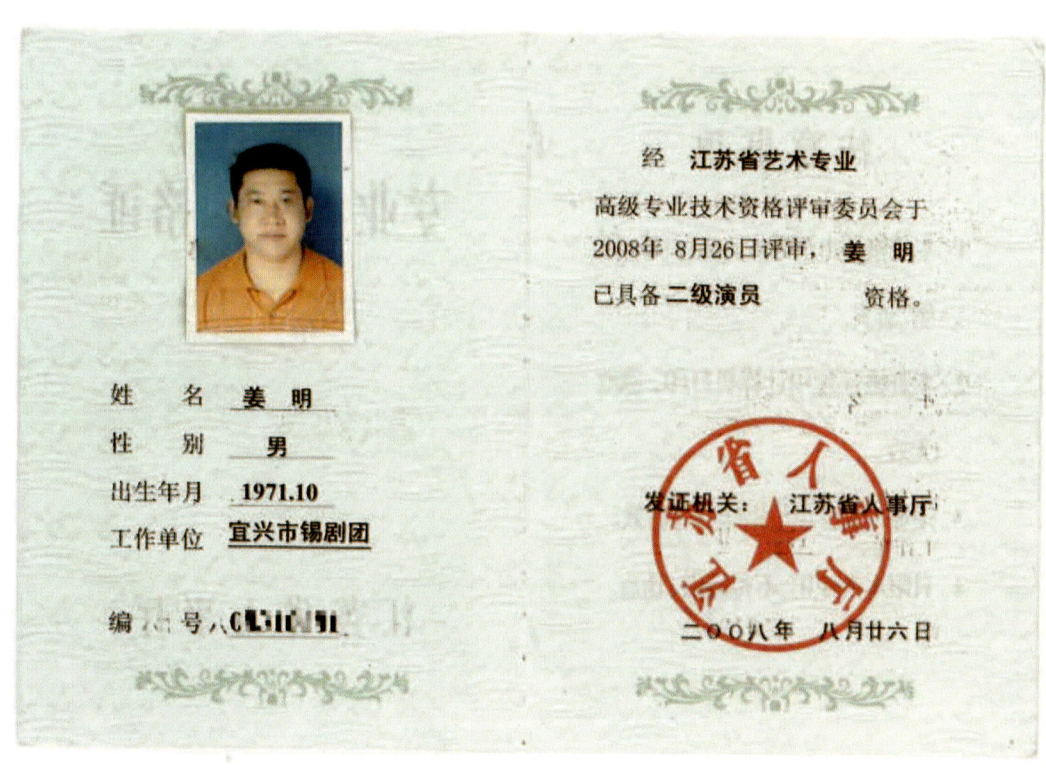

二级演员证书

# 姜明锡剧折子戏个人演唱专辑

2020年9月,《锡韵清声梨园情——姜明锡剧折子戏专辑》光盘,由广东音像出版社有限公司出版发行。

# 姜明艺术生涯重点作品选辑

一直以来，姜明对艺术执着追求，其表演既重传统又不拘泥于程式，集名家之长，广纳博采，以神形兼备的综合表演去塑造人物，表现出朝气蓬勃的艺术生命力和时代感。先后在传统戏《磐山夜雨》《狸猫换太子》《三试浪荡子》《五女拜寿》《中秋月》《春江月》《双珠凤》《状元与乞丐》《孟姜女》《珍珠塔》《何文秀》《金玉奴》《相思梦》《荆钗记》《玲珑女》《拜月记》《斩驸马》《红丝错》，现代戏《花季谣》《河长养猪》《回家》等20余部戏剧中担任主角，塑造了众多性格迥异的艺术人物形象。还参加了锡剧电视剧《牛六宝哭田》《陶朱公传奇》的拍摄。并应邀参加了在江苏昆山文化艺术中心大剧场举行的2017戏相逢——中国锡剧界艺术盛会。

《磐山夜雨》饰演倪县令

《狸猫换太子》饰演包拯

《五女拜寿》饰演杨继康

《三试浪荡子》饰演贾宏业

《中秋月》饰演卢善德

《春江月》饰演柳二

《状元与乞丐》饰演丁文凤

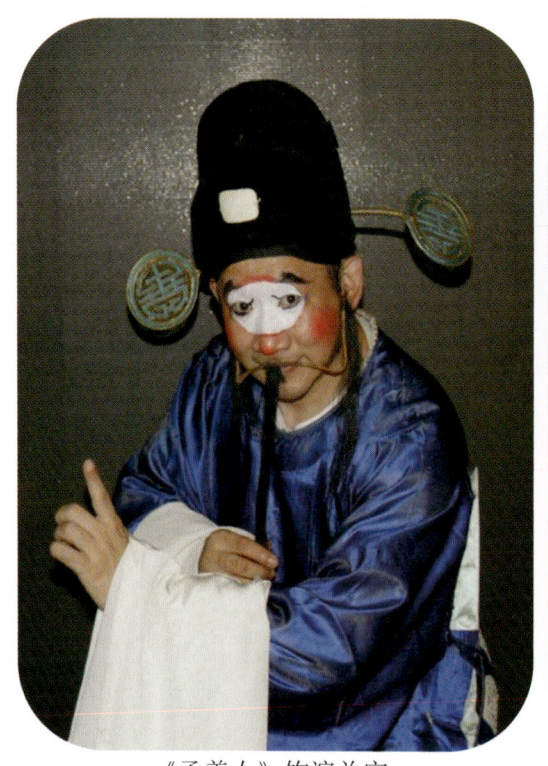
《孟姜女》饰演关官

《何文秀》饰演张堂

《珍珠塔》饰演陈培德

《金玉奴》饰演金松

《相思梦》饰演王守礼

《荆钗记》饰演邓尚书

《玲珑女》饰演娘舅

《斩驸马》饰演李树义

《拜月记》饰演王镇　　　　《红丝错》饰演章金涛

《花季谣》饰演网吧老板　　《河长养猪》饰演娘舅

# 原创小锡剧《河长养猪》

《河长养猪》姜明饰演娘舅

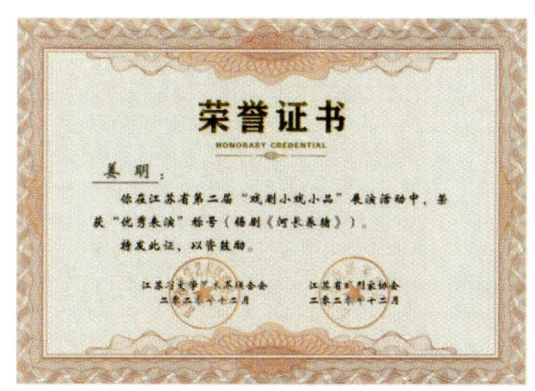

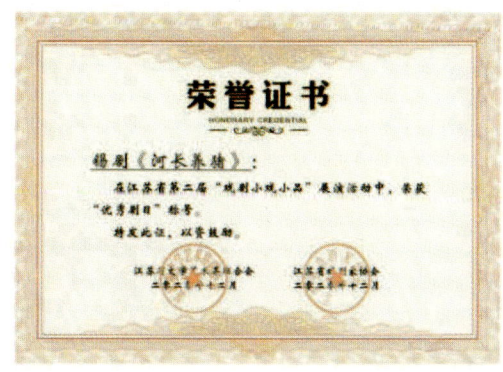

2020年姜明荣获江苏省第二届戏剧小戏小品展演活动"优秀表演"称号；《河长养猪》荣获江苏省小第二届戏剧小品展演活动"优秀剧目"称号、入展第十四届江苏省"五星工程奖"、荣获第五届无锡市"群芳奖"表演艺术类金奖

# 姜明艺术生涯所获艺术和政治荣誉

## 情景评弹《梦笔海棠》

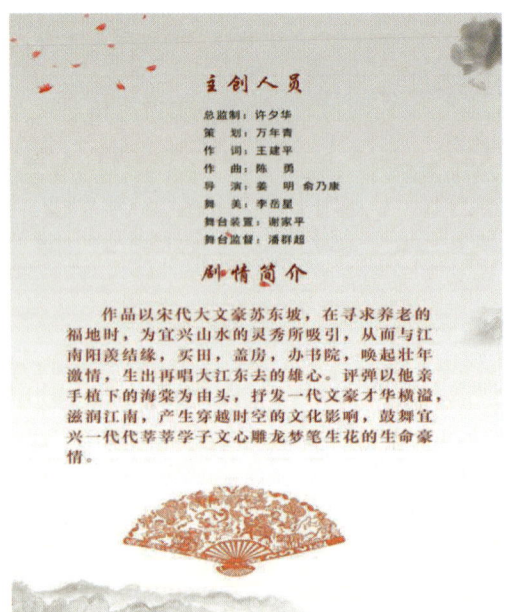

情景评弹《梦笔海棠》（姜明担任导演）

2018年《梦笔海棠》荣获第十三届江苏省"五星工程奖"、第十三届江苏省"五星工程奖"——"网络最佳人气作品"、第四届无锡市"群芳奖"表演艺术类金奖

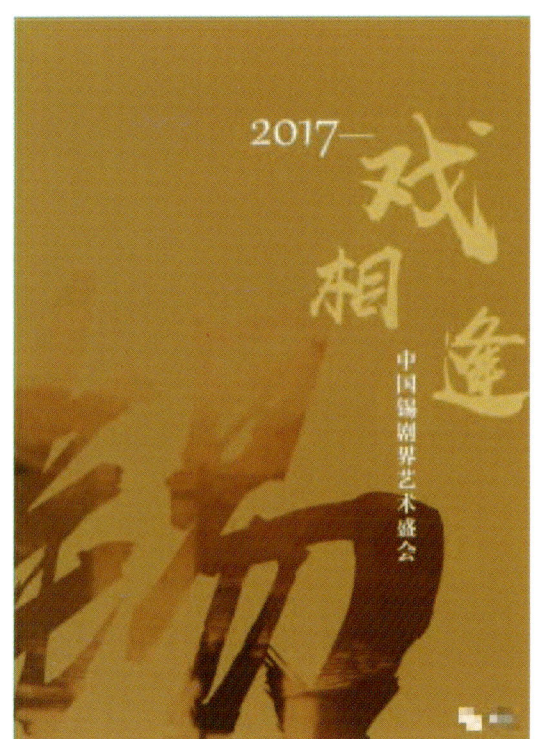

《琵琶记·扫松》饰演张广才

2017年11月应邀参加在江苏昆山文化艺术中心大剧场举行的
2017戏相逢——中国锡剧界艺术盛会

《回家》饰演大暑

上下集锡剧电视剧《牛六宝哭田》饰演阿牛

六集锡剧电视连续剧《陶朱公传奇》饰演张泽

# 大型原创当代锡剧《回家》

《回家》荣获 2022 紫金文化艺术节剧目奖

《回家》饰演大暑

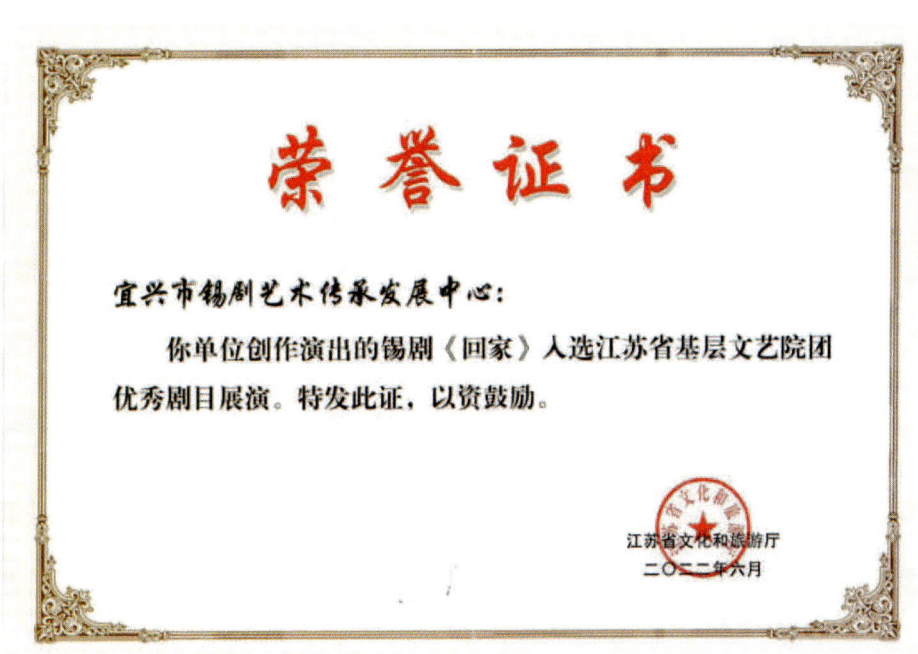

2022 年《回家》入选江苏省基层文艺院团优秀剧目展演

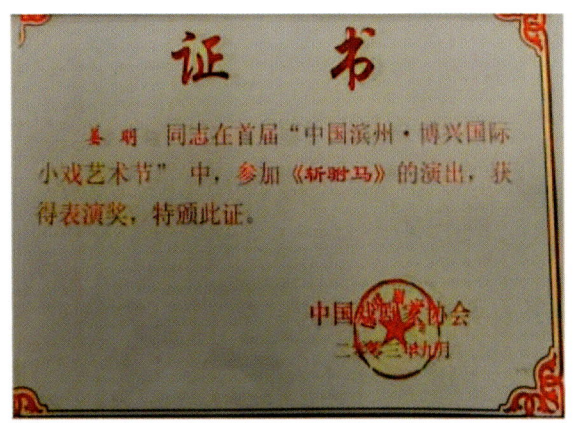
2003年首届"中国滨州·博兴国际小戏艺术节"
表演奖

2010年参演的《修船欢歌》
荣获江苏省舞蹈"莲花奖"
首届社会舞蹈大赛业余青年组表演金奖

2010年《修船欢歌》获第九届江苏省"五星工程奖"
金奖

2012年《茶语人生》获第十届江苏省
"五星工程奖"铜奖

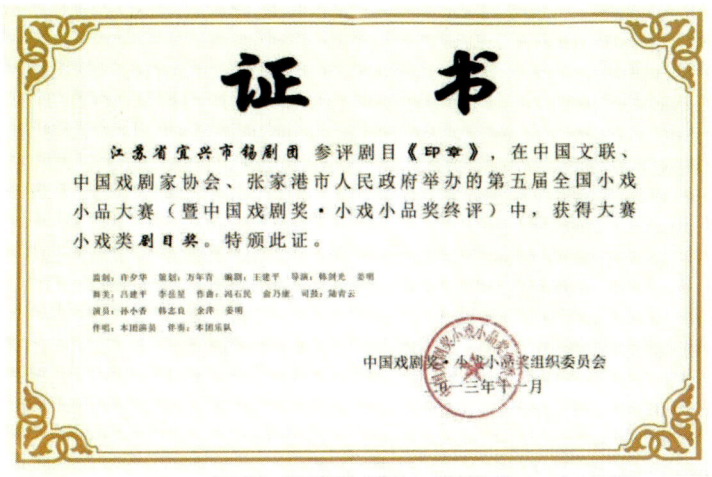

2013年参演的《印章》获第五届全国小戏小品大赛小戏类剧目奖

2016年导演的《还我清白》获第二届"中国·宜兴梁祝戏剧节"最佳剧目奖

2016年导演的《八月八》获第三届无锡市"群芳奖"表演艺术类金奖　　2016年导演的《正反颠倒》获第三届无锡市"群芳奖"表演艺术类银奖　　2022年导演的《金"玉"良缘》获第六届无锡市"群芳奖"表演艺术类铜奖

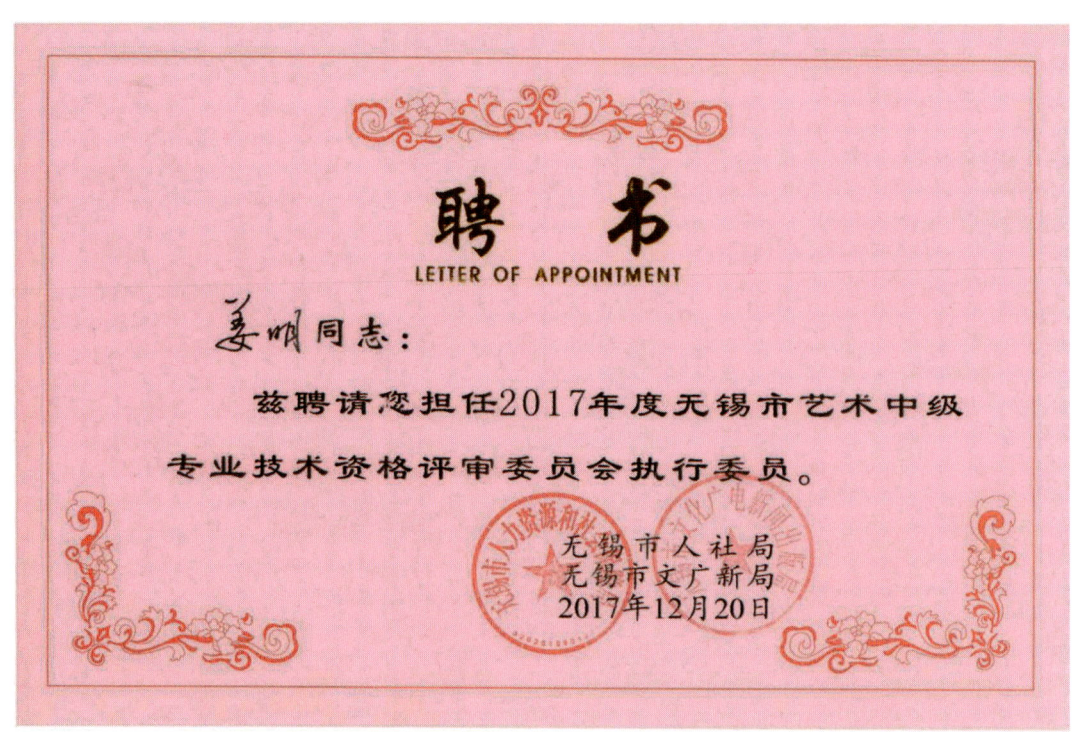

2017年度无锡市艺术中级专业技术资格评审委员会执行委员

宜兴市非物质文化遗产锡剧代表性传承人

2008年度宜兴市优秀宣传文化工作者

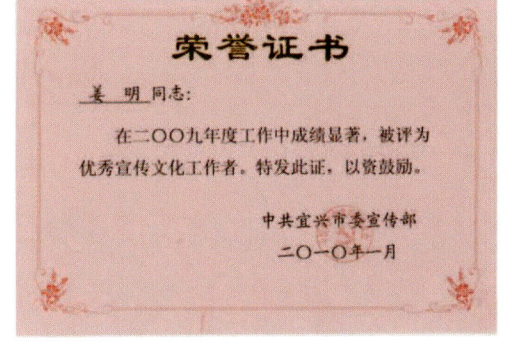
2009年度宜兴市优秀宣传文化工作者

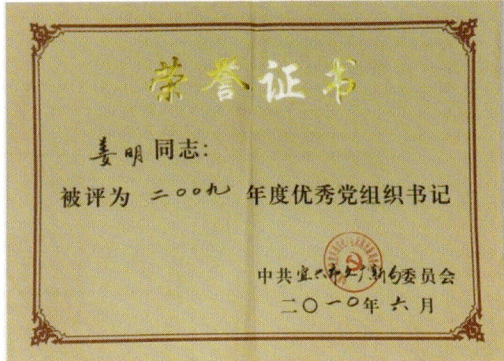
2009年度宜兴市文化系统优秀党组织书记

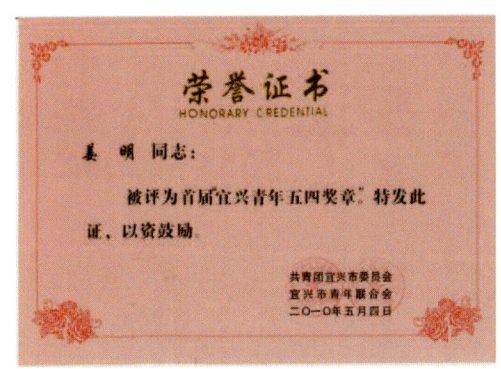
2010年首届宜兴青年五四奖章

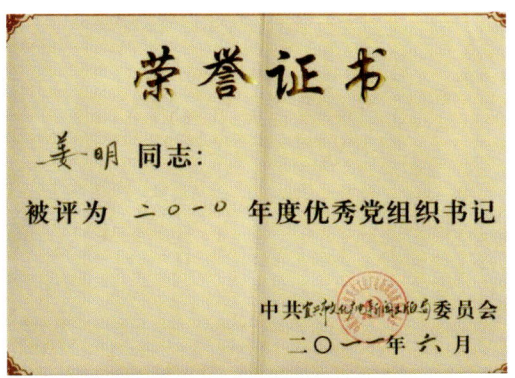
2010年度宜兴市文化系统优秀党组织书记

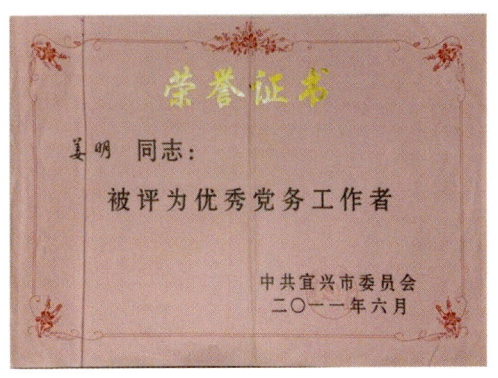
2011年宜兴市优秀党务工作者

2011—2013年度优秀共产党员

2011—2015年无锡市法治宣传教育先进个人

2013年度宜兴市文化系统优秀党组织书记

2020年宜兴市文化系统优秀党务工作者

2020年度获嘉奖

# 姜明艺术生涯花絮

与京剧表演艺术家尚长荣合影

与著名导演娄乃鸣合影

与越剧名家吴凤花合影

新闻媒体报道

# 杨丽芳艺术生涯简介

杨丽芳，1971年10月出生于宜兴徐舍镇，1990年7月毕业于无锡市戏剧学校锡剧表演专业，同年8月分配到宜兴市锡剧团。师承著名锡剧表演艺术家倪同芳老师。二级演员，江苏省戏剧家协会会员，宜兴市非物质文化遗产锡剧代表性传承人。中国民主促进会会员，政协宜兴市第十四届、第十五届、第十六届委员会委员。现在是宜兴市锡剧艺术传承发展中心女演员班班长。

她嗓音圆润甜美，吐字清晰，韵味浓郁，以声绘情、以情带声，表演细腻传神，惟妙惟肖，一人一貌，栩栩如生。她对锡剧事业有着无比热爱之心，孜孜不倦地追求探索和辛勤耕耘，是颇受广大观众喜爱的锡剧名家。

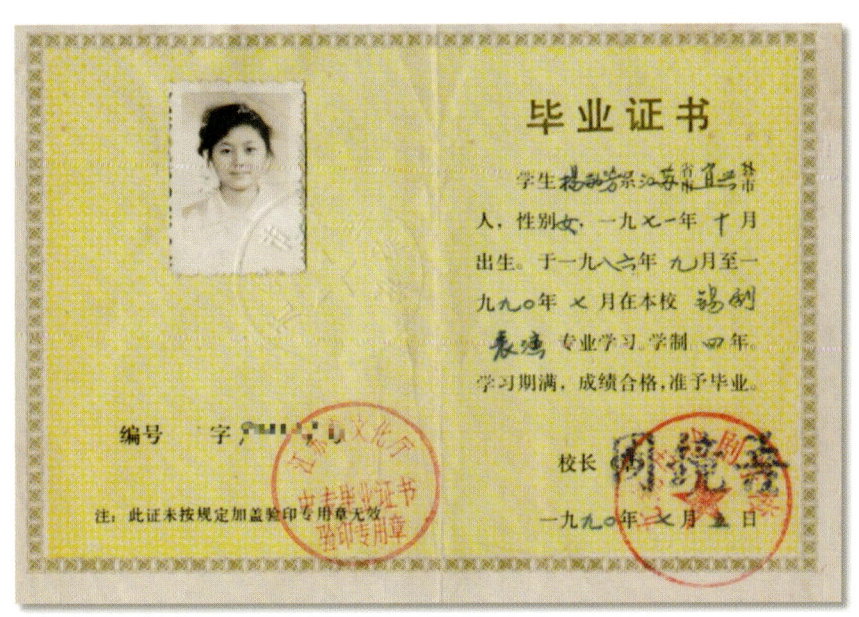

毕业证书

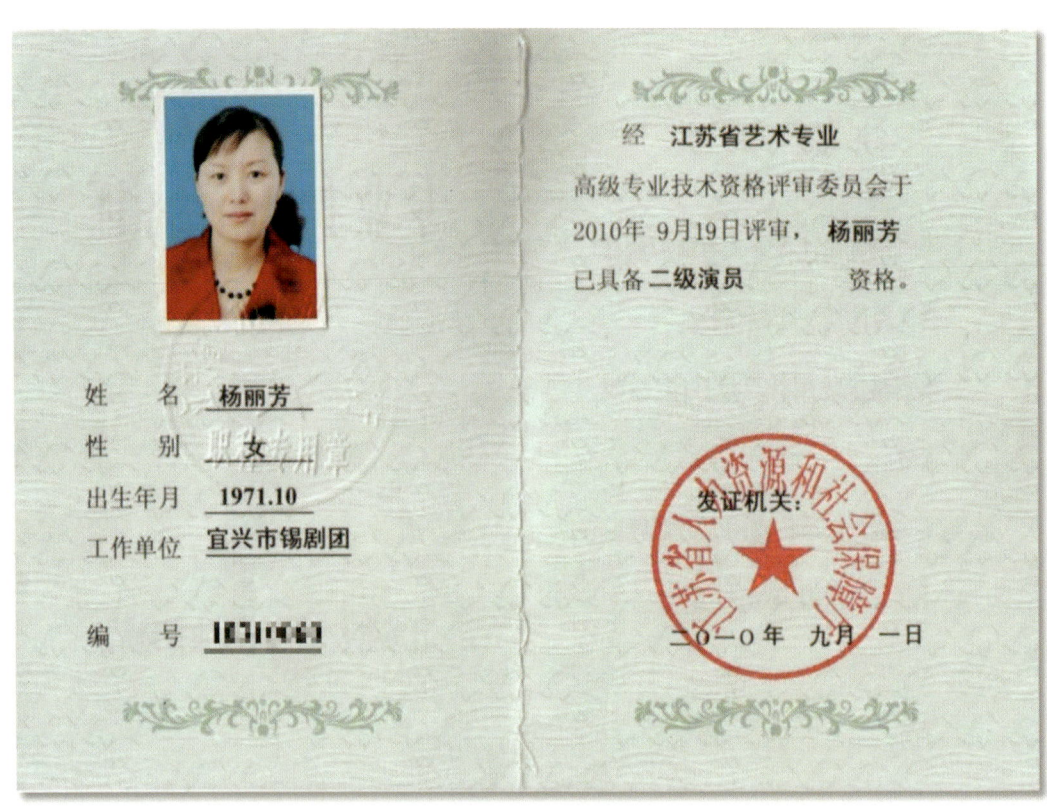

二级演员证书

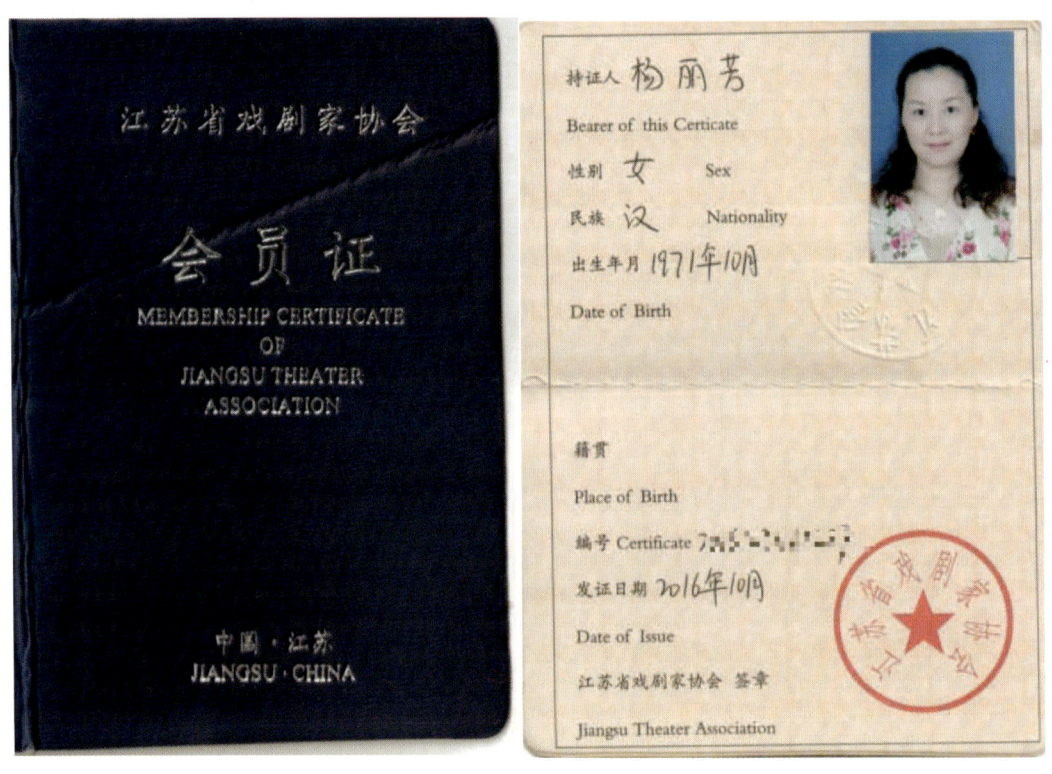

江苏省戏剧家协会会员证

# 杨丽芳南京个人演唱会集锦

2021年12月22日晚,"丽音芳华——锡剧倪派杨丽芳专场"在南京江南剧院精彩献演,当晚的演出还为戏迷朋友们进行了现场视频直播。

"丽音芳华——锡剧倪派杨丽芳专场"节目单

《庵堂相会》演出集锦

《小过关》演出集锦

《草桥结拜》演出集锦

《庵堂认母》演出集锦

杨丽芳（中）与师父著名锡剧表演艺术家倪同芳（左三），江苏省戏剧家协会副主席、副秘书长吴大忠（右二），江苏省戏剧家协会理事、江苏省艺术评论学会秘书长许其兵（右三），时任江苏省演艺集团锡剧团副团长陆建伟（右一）、锡剧名家季春艳（左二），二级演员孙黎健（左一）合影

与师父著名锡剧表演艺术家倪同芳合影

与江苏省锡剧团二级演员张远鸿合影

与著名锡剧表演艺术家小王彬彬（右）、锡剧名家张金华（左）合影

杨丽芳全家合影

## 杨丽芳艺术生涯重点作品选辑

　　杨丽芳是宜兴市锡剧艺术传承发展中心的当家花旦，善于根据自身特点将锡剧与其他成熟艺术门类的精华相融合，以精湛的演技塑造了一个个有血有肉、个性鲜明的艺术人物形象。她先后在《珍珠塔》《春江月》《拜月记》《玉蜻蜓》《花烛泪》《醉县令》《五女拜寿》《狸猫换太子》《玲珑女》《庵堂相会》《梁山伯与祝英台》《孟姜女》《双推磨》《相思梦》《哑女告状》《爱河滔滔》《百合花开》《亲生娘·阿婆娘》《八月八》《回家》《河长养猪》等剧目中担任主演，还在锡剧电视剧《牛六宝哭田》《陶朱公传奇》中担任主要角色。多次受邀参加重大文艺演出活动。

《珍珠塔》饰演陈翠娥

《春江月》饰演柳明月

《拜月记》饰演王瑞兰

《玉蜻蜓》饰演王志贞

《醉县令》饰演桃花

《五女拜寿》饰演杨三春

《花烛泪》饰演白玉凤

《狸猫换太子》饰演寇珠

《玲珑女》饰演李翠英

《庵堂相会》饰演金秀英

《梁山伯与祝英台》饰演祝英台

《孟姜女》饰演孟姜女

《双推磨》饰演苏小娥

《相思泪》饰演王怜娟

《哑女告状》饰演掌上珠

《爱河滔滔》饰演冯希

《百合花开》饰演马彩凤

《亲生娘·阿婆娘》
饰演林颖

《八月八》饰演王惠英

《回家》饰演林小满

《河长养猪》饰演月秀

六集锡剧电视剧《陶朱公传奇》饰演西施

锡剧电视剧《牛六宝哭田》
饰演黔妹

## 杨丽芳艺术生涯所获艺术和政治荣誉

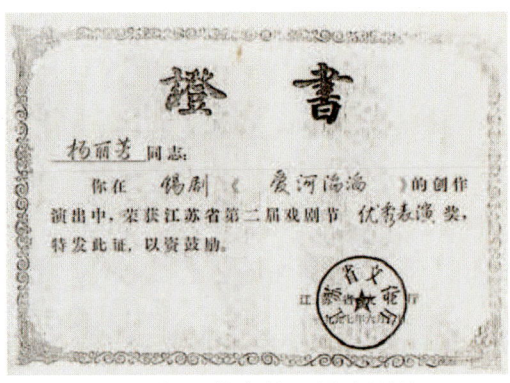

1997年江苏省第二届戏剧节
优秀表演奖

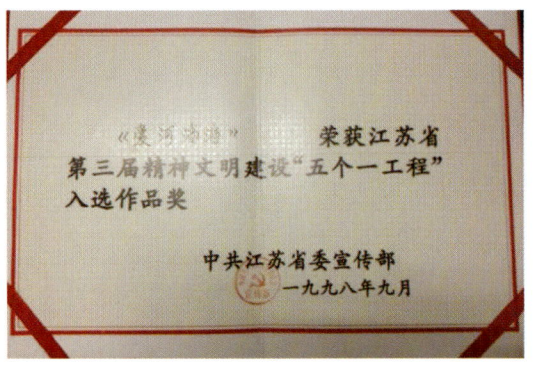

《爱河滔滔》荣获江苏省第三届精神文明建设"五个一工程"奖

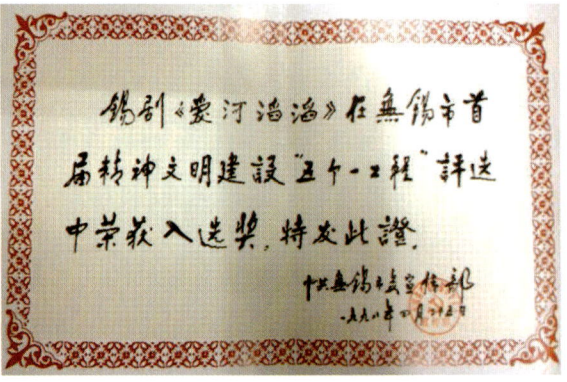

《爱河滔滔》荣获无锡市首届精神文明建设"五个一工程"奖

参加演出的《百合花开》在2000年
第六届中国艺术节展演中获纪念奖

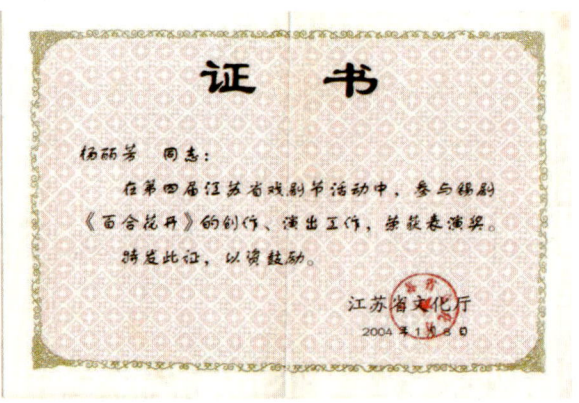

2004年第四届江苏省戏剧节
表演奖

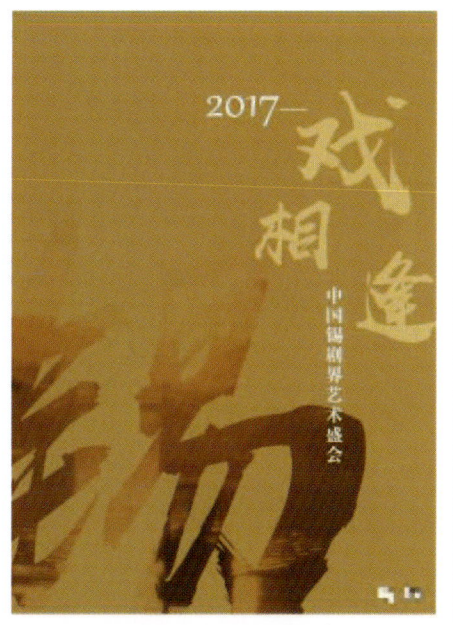

2017年11月1日晚7点，应邀参加在江苏昆山文化艺术中心大剧场举行的2017戏相逢——中国锡剧界艺术盛会。演唱《双推磨》组合"推磨"（杨丽芳右三）

2021年10月13日，应邀参加无锡市锡剧院在无锡市人民大会堂举行的"梅馨江南"无锡市锡剧院建院70周年锡剧艺术盛典。杨丽芳与胡星联袂演绎锡剧《江姐·上山》

2017年1月19日在江苏省文联艺术剧场隆重举行"一脉相承——著名锡剧表演艺术家倪同芳师徒同台专场演出"（杨丽芳参加演出）

江苏省有关领导与参演人员合影（杨丽芳前排右四）

2021年10月30日，杨丽芳（前排左二）参加著名锡剧表演艺术家倪同芳收徒、李素琴拜师仪式活动

## 杨丽芳艺术生涯花絮

《剧影月报》封面人物

2016年央视戏曲频道演唱《梁祝》选段

中共宜兴市委、市政府主办的2017迎春各界人士座谈会
与韩志良联袂表演锡剧《珍珠塔·前园会》

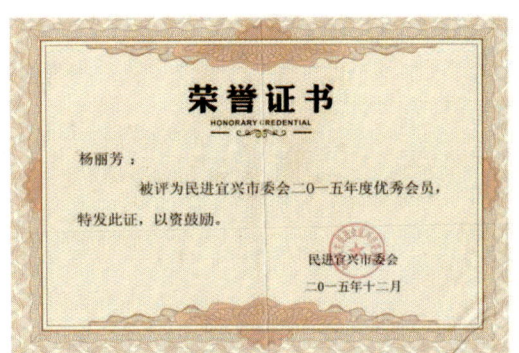

2015年度民进宜兴市委会优秀会员

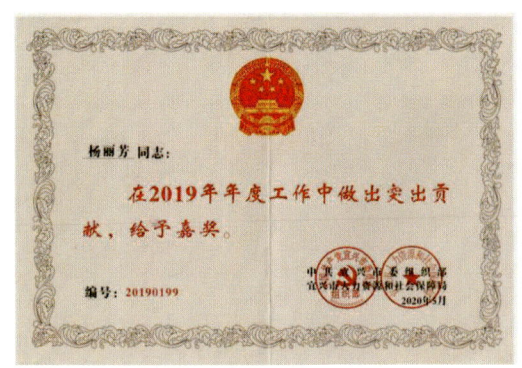

2019年度工作突出被嘉奖

2019年4月28日被记功

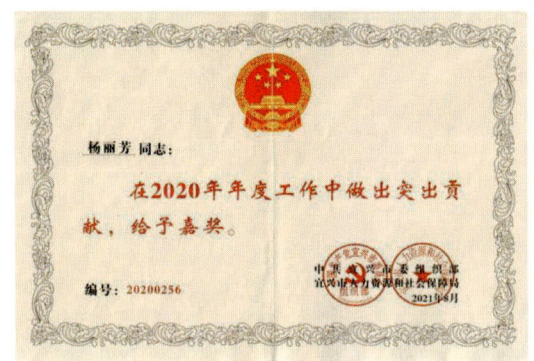

2020年度工作突出被嘉奖

2019—2020年度宜兴市三八红旗手

2021年度宜兴市文体旅系统先进工作者

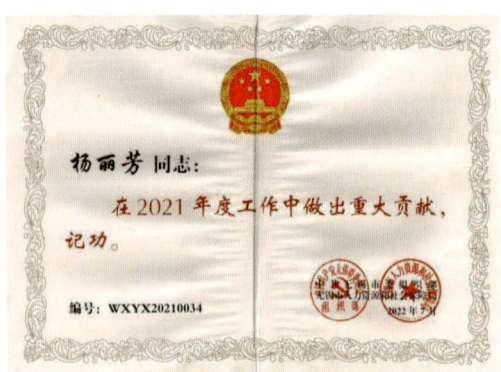

2021年度工作突出被记功

2023年4月当选为宜兴市文联
第七届委员会委员

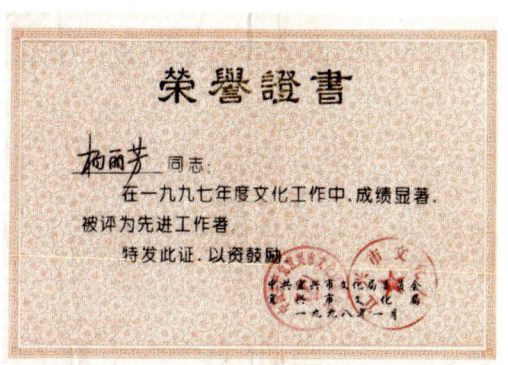
1997年度宜兴市文化系统先进工作者

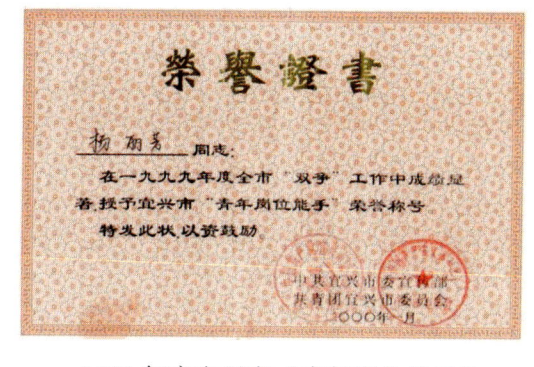
1999年度宜兴市"青年岗位能手"

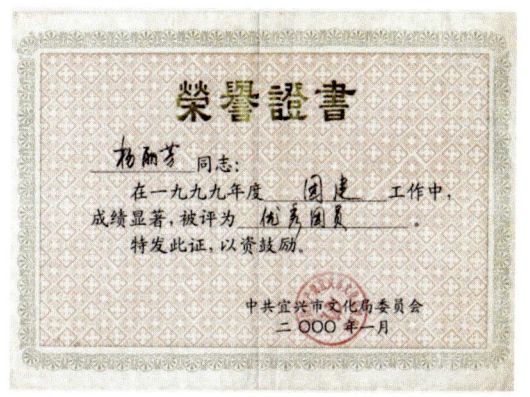
1999年度宜兴市文化系统优秀团员

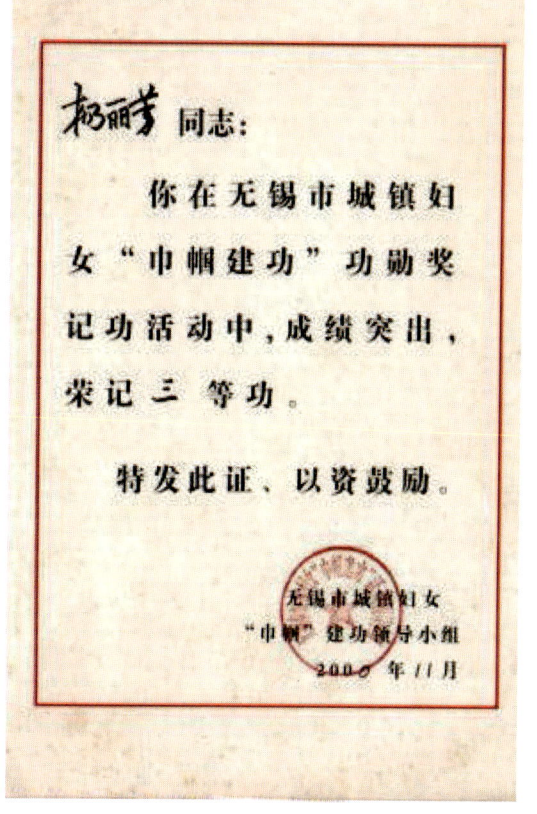

2005年度宜兴市文化系统先进工作者

2000年被无锡市城镇妇女"巾帼建功"
荣记三等功

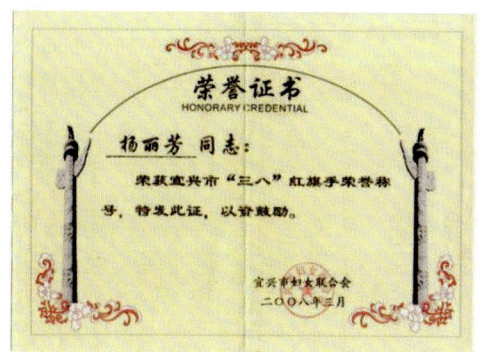
2008年宜兴市"三八"红旗手

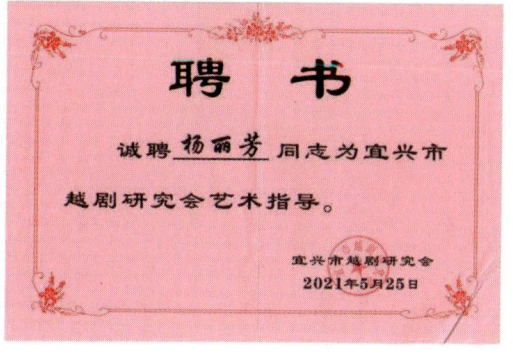
2021年被聘为宜兴市越剧研究会艺术指导

1998年锡剧优秀青年演员电视汇演
优秀演员奖

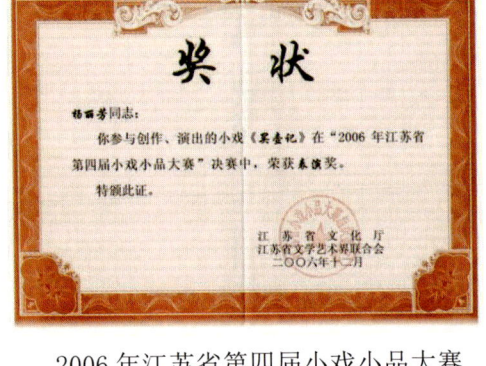
2006年江苏省第四届小戏小品大赛
表演奖

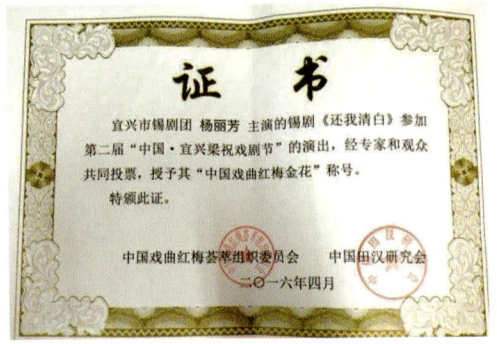
2016年第二届"中国·宜兴梁祝戏剧节"
"中国戏曲红梅金花"称号

2019年被认定宜兴市非物质文化遗产代表
性项目锡剧代表性传承人

宜兴市非物质文化遗产代表性项目代表性
传承人

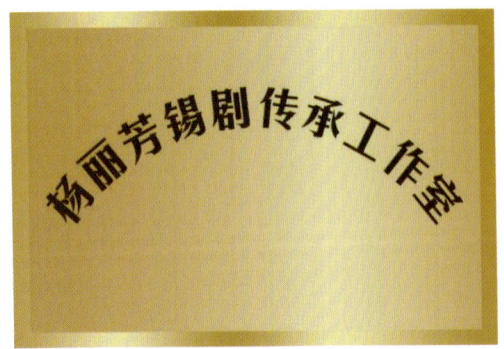
杨丽芳锡剧传承工作室

2020年《河长养猪》入展第十四届江苏省"五星工程奖"

《河长养猪》获江苏省第二届"戏剧小戏小品"展演活动优秀剧目称号

2020年获江苏省第二届"戏剧小戏小品"展演活动"优秀表演"称号

2022年《金"玉"良缘》中饰演翠萍,获第六届无锡市"群芳奖"表演艺术类铜奖

参演的《回家》获2022紫金文化艺术节剧目奖

2022年《回家》入选江苏省基层文艺院团优秀剧目展演

2023年首届获"田汉杯"中国·响水小戏大赛优秀演员奖

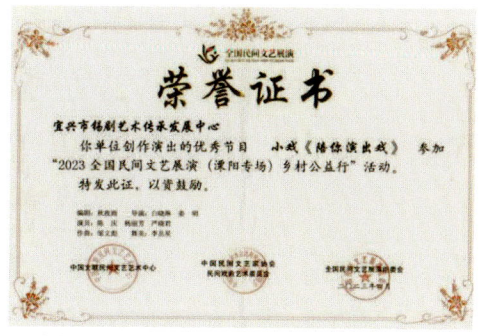
《陪你演出戏》参加"2023全国民间文艺展演(溧阳专场)乡村公益行"活动

2014年第十一届中国滨州·博兴小戏艺术节
最佳优秀演员

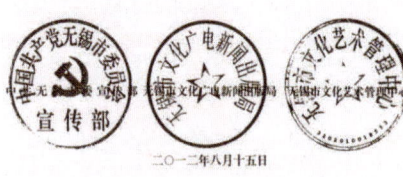

2012年参演的《亲生娘·阿婆娘》
获首届无锡市"群芳奖"
表演艺术类表演银奖

2017年参演的《醉县令》
获首届无锡市文华奖·艺术展演月活动
优秀剧目奖

2016年参演的《八月八》
获第三届无锡市"群芳奖"表演艺术类
金奖

2020年参演的《河长养猪》
获第五届无锡市"群芳奖"表演艺术类
金奖

2021年11月13日下午,第七届长三角慢生活旅游峰会暨第五届长三角慢生活旅游目的地联盟峰会在江苏省宜兴市开幕。杨丽芳现场与韩志良合作演绎了一曲《梁祝·草桥结拜》

2022年3月18日,参加中央电视台综艺频道《欢乐城市派·宝藏宜兴》节目,与韩志良联袂演出锡剧《梁祝》选段

2023年全国民间文艺展演与著名小品演员、表演艺术家李文启合影　　　2023年6月首届"田汉杯"中国·响水小戏大赛与著名导演娄乃鸣(左一)合影

与"锡剧王子"周东亮合影

与著名京剧表演艺术家尚长荣合影

与著名节目主持人白燕升合影

与著名节目主持人赵保乐合影

与著名节目主持人陈铎合影

与著名锡剧表演艺术家
小王彬彬合影

与著名锡剧表演艺术家
董云华合影

与锡剧名家张金华合影

与中国戏剧梅花奖得主、一级演员陈云霞合影

与著名沪剧表演艺术家茅善玉合影

与锡剧名家沈惠兰合影

与锡剧名家潘佩琼合影

与著名锡剧表演艺术家黄静惠合影

与中国戏剧梅花奖获得者李晓旭合影

与"越剧王子"赵志刚合影

与越剧表演艺术家单仰萍合影

与著名节目主持人叶惠贤合影

# 史媛艺术生涯简介

史媛，二级演员，江苏省戏剧家协会会员。1979年出生于江苏宜兴官林镇。1992年考入江苏省戏剧学校，就读锡剧表演专业，主工花旦。1997年毕业后进入江苏省锡剧团工作，2018年调入江苏省戏剧学校任锡剧表演专业教师。

剧团工作期间，在《玲珑女》《卖水》《秋香送茶》《摘石榴》《柜中缘》等剧中担任领衔主演，在《珍珠塔》《状元打更》《清风亭》等剧中担任主演。曾获第七届江苏戏剧奖·红梅奖大赛表演奖。

任教期间，在2020—2021学年江苏省南京市中等职业学校"文明风采"活动中，获优秀指导教师奖（剧目《卖水》）。在2022年度"中国少儿戏曲小梅花荟萃"江苏省选拔活动中指导学生获"小梅花"称号。

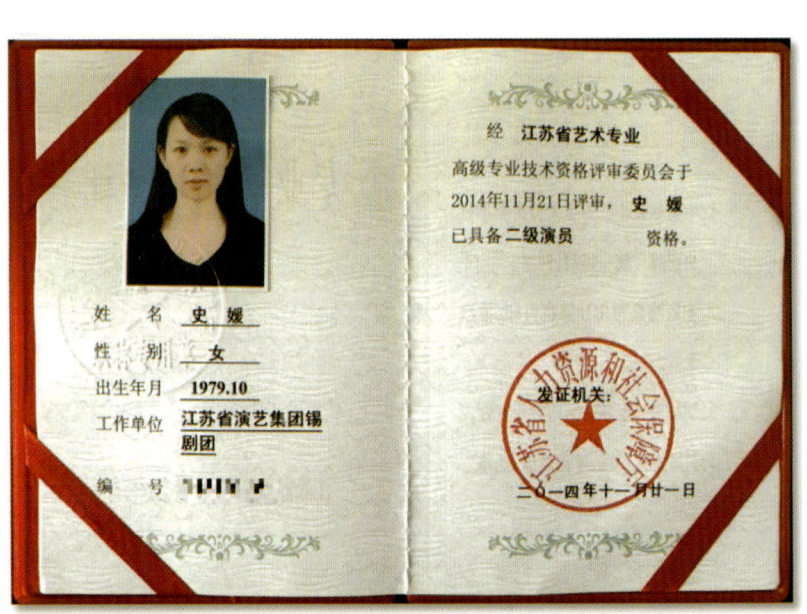

二级演员证书

## 史媛艺术生涯重点作品选辑

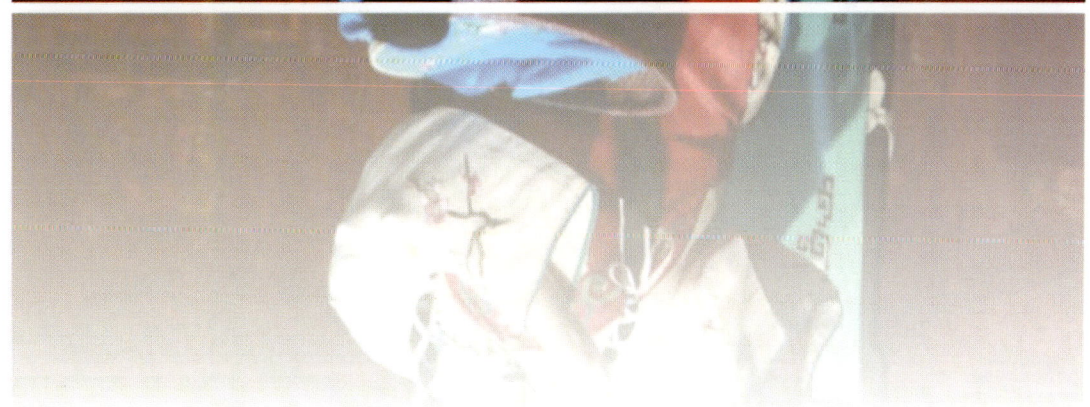

《柜中缘》饰演刘玉莲

《玲珑女》饰演李翠英

《秋香送茶》饰演秋香

《卖水》饰演梅英

《清风亭》饰演小继保

《生死牌》饰演秋萍

《珍珠塔》饰演彩萍

全国地方戏精粹展演《珍珠塔》饰演彩萍

《瑶霜》中剧照

《摘石榴》饰演刘金秀

《状元打更》饰演瑶霜

## 史媛艺术生涯所获艺术和政治荣誉

2015年第七届江苏戏剧奖·红梅奖大赛表演奖

2020—2021学年江苏省南京市中等职业学校"文明风采"活动优秀指导教师奖

2022年度"中国少儿戏曲小梅花荟萃"江苏省选拔活动中
指导学生获"小梅花"称号

## 史媛艺术生涯花絮

沈派艺术剧目演出时和沈佩华老师合影

《珍珠塔》名家汇演与周东亮、董云华等锡剧名家合影

## 陆莺芝艺术生涯简介

陆莺芝，二级演员，江苏省戏剧家协会会员。1979年11月出生于江苏省宜兴市，1992年考入江苏省戏剧学校锡剧表演专业，工青衣、老旦，1997年进入江苏省锡剧团工作至今。进团以来，得到许多前辈老师的悉心指点，嗓音清亮，表演和舞台造型扮相风格多样化，擅长抓住各种大小人物的性格特征，可塑性强。

先后在《寻儿记》中扮演孙淑林、常夫人、常太太；在《玉蜻蜓》中扮演申大娘、佛婆；在《投军别窑》中扮演王宝钏；在《紫砂梦》中扮演王二嫂；在《清风亭》中扮演贺氏；在《白罗衫》中扮演苏妻；在《生死牌》中扮演黄秀兰；在《烂柯山·痴梦》中扮演崔氏；在《状元打更》中扮演店主婆；在《状元情殇》中扮演叶婉娘；在《珍珠塔》中扮演方杨氏；在《失子惊疯》中扮演胡氏；在《草命天子》中扮演狄太后；在《水泼大红袍》中扮演沈素云；在《双珠凤》中扮演老尼、管家妈、卖婆；在《何文秀·三访桑园》中扮演杨妈妈；在《中秋恨》中扮演姜婆婆；在《玲珑女》《双女闹花堂》中扮演喜娘；在《显应桥》中扮演秦氏；在《刘胡兰》中扮演胡奶奶；在《董存瑞》中扮演董姐；在《装台》中扮演寇妻；在《追香记》中扮演华夫人。舞台呈现得到了同行和专家们的认可。

毕业证书

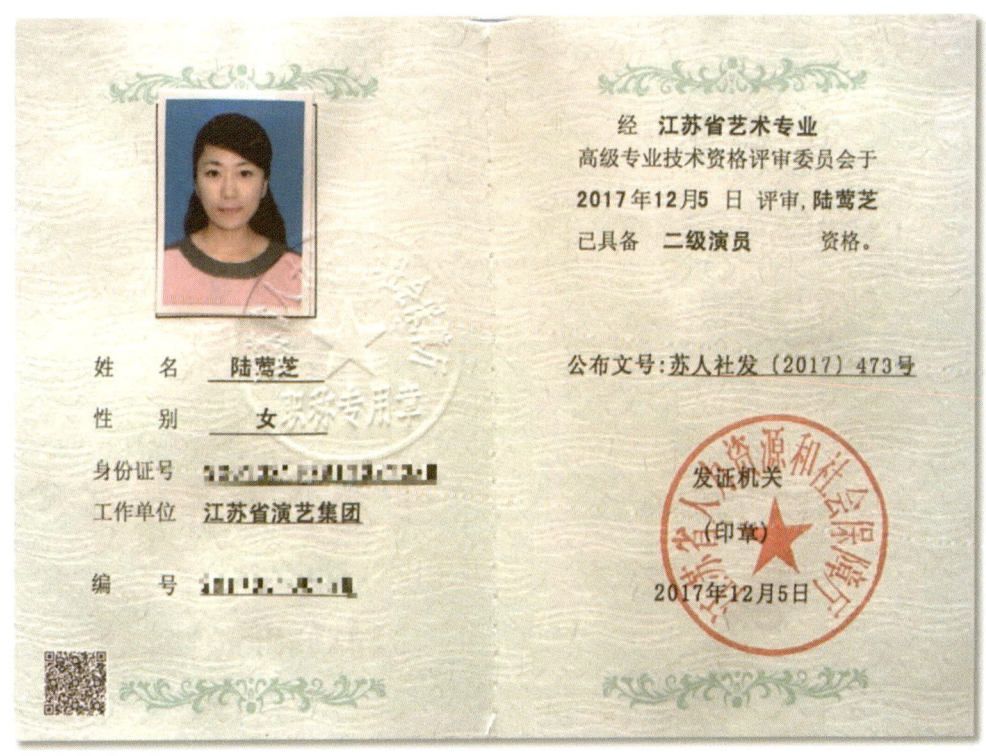

二级演员证书

## 陆莺芝艺术生涯重点作品选辑

《八珍汤》饰演常夫人

《玲珑女》饰演喜娘

《草命天子》饰演狄太后

《董存瑞》饰演董姐

《白罗衫》饰演苏妻

《董存瑞》饰演马大力妻子

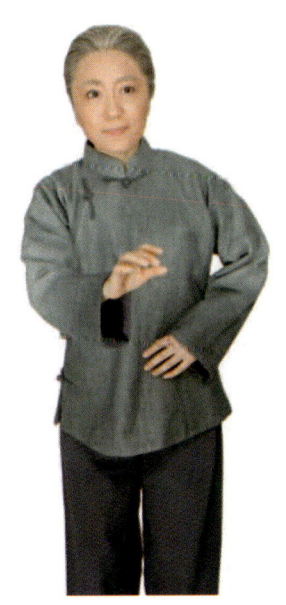

《刘胡兰》饰演胡奶奶　　　　《生死牌》饰演黄秀兰

《烂柯山·痴梦》饰演崔氏

《清风亭》饰演贺氏

《双女闹花堂》饰演喜娘

锡剧电影《珍珠塔》饰演县太爷夫人

《投军别窑》饰演王宝钏

《玉蜻蜓》饰演申大娘

《状元打更》饰演店主婆　　　　　《紫砂梦》饰演王二嫂

《双珠凤》饰演管家妈

《显应桥》饰演秦氏

《玉蜻蜓》饰演佛婆

《珍珠塔》饰演方杨氏

《失子惊疯》饰演胡氏

《状元情殇》饰演叶婉娘

《双珠凤》饰演卖婆

《追香记》饰演华夫人

《水泼大红袍》饰演沈素云

# 陆莺芝艺术生涯所获艺术和政治荣誉

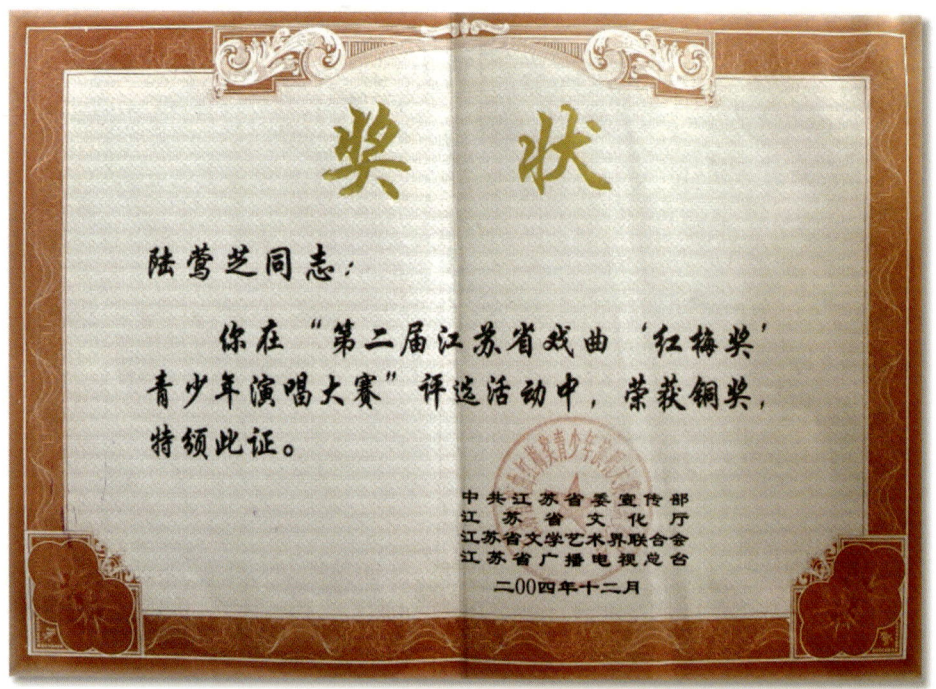

2004年第二届江苏省戏曲"红梅奖"青少年演唱大赛铜奖

2011年第五届"江苏戏剧奖·红梅奖"大赛优秀表演奖

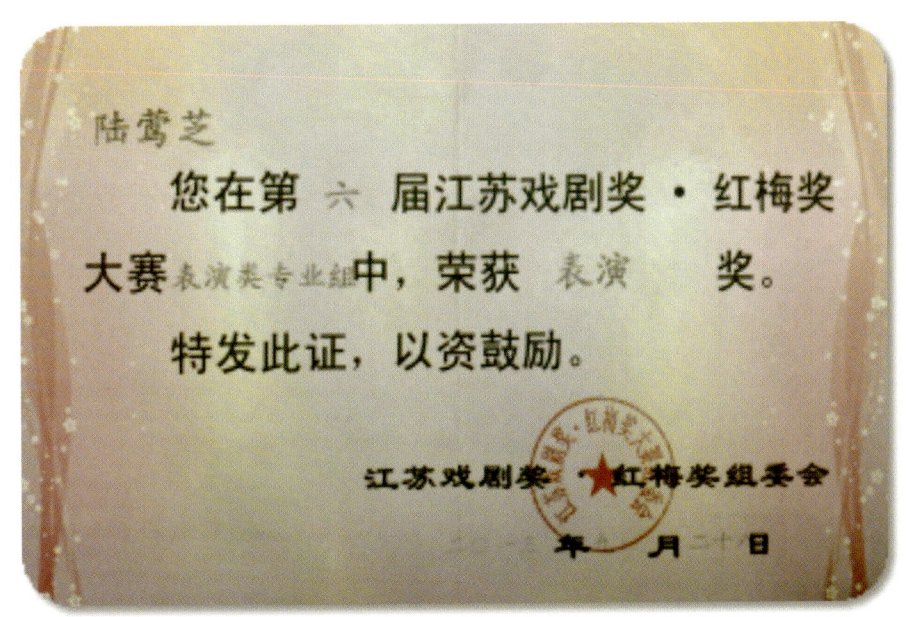

2013年第六届江苏戏剧奖·红梅奖大赛表演奖

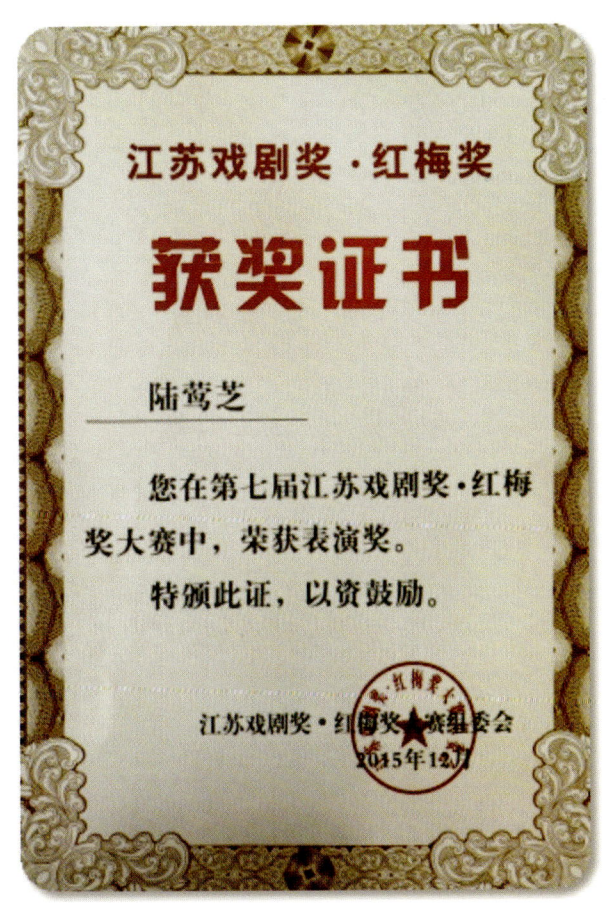

2015年第七届江苏戏剧奖·红梅奖大赛表演奖

2004年度江苏省演艺集团贡献奖

2011年度江苏省演艺集团先进工作者

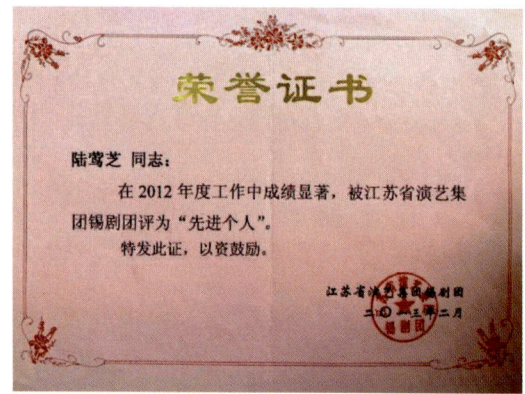
2012年度江苏省演艺集团锡剧团先进个人

2013年度江苏省演艺集团锡剧团先进个人

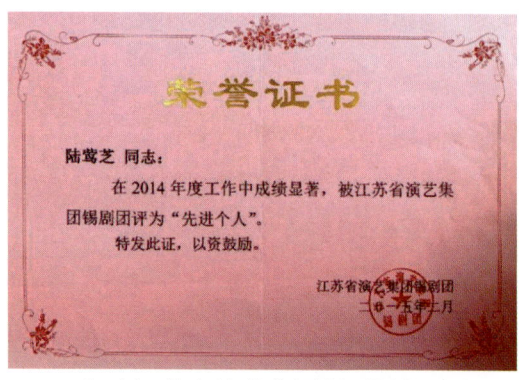
2014年度江苏省演艺集团锡剧团先进个人

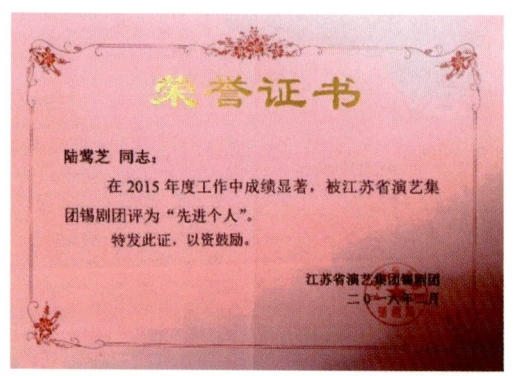
2015年度江苏省演艺集团锡剧团先进个人

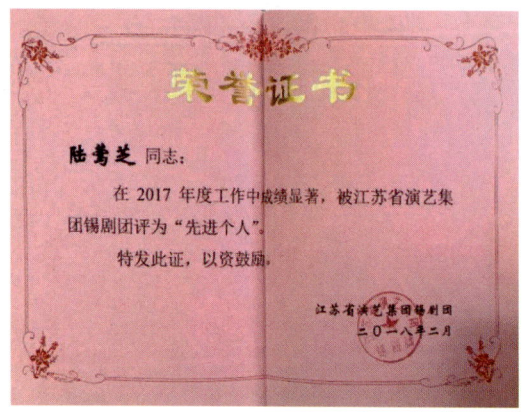
2017年度江苏省演艺集团锡剧团先进个人

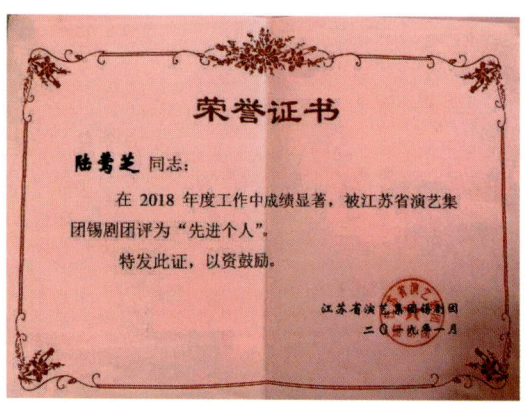
2018年度江苏省演艺集团锡剧团先进个人

参演的《董存瑞》荣获江苏省第十二届精神
文明建设"五个一工程"优秀作品奖

参演的《董存瑞》荣获第五届江苏省
文华大奖

参演的《董存瑞》荣获2019紫金文化艺术节
优秀剧目奖

参演的《刘胡兰》荣获2021紫金文化艺术节
优秀剧目奖

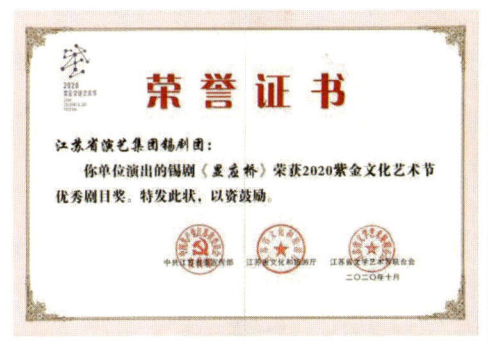

参演的《显应桥》荣获2020紫金文化艺术节
优秀剧目奖

参演的《装台》荣获2022紫金文化艺术节
优秀剧目奖

参演的《紫砂梦》荣获
第三届江苏省文华奖——文华优秀剧目奖

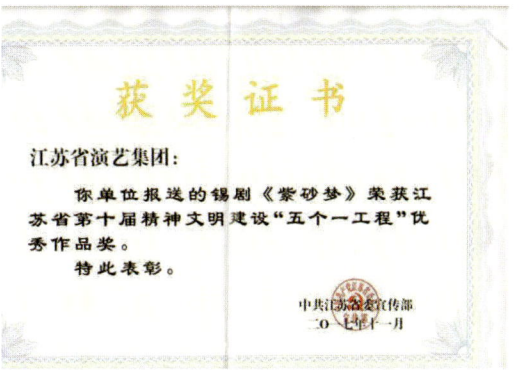

参演的《紫砂梦》荣获江苏省第十届精神文
明建设"五个一工程"优秀作品奖

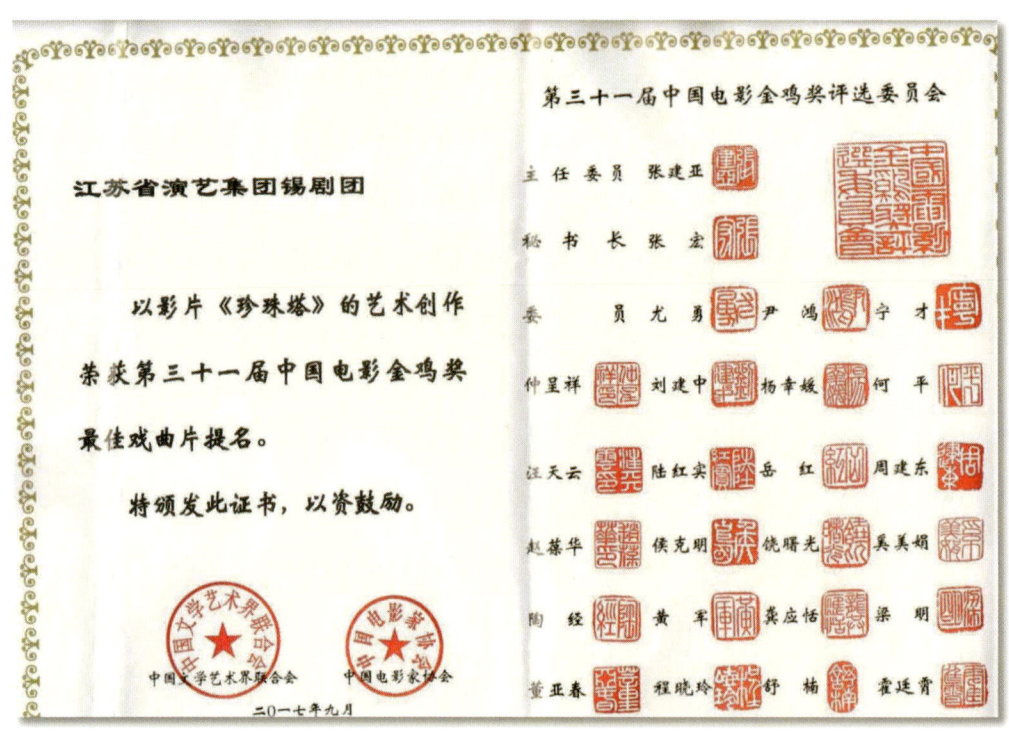

锡剧电影《珍珠塔》荣获第 31 届中国电影金鸡奖"最佳戏曲片"提名奖，陆莺芝在剧中饰演县太爷夫人

锡剧电影《珍珠塔》荣获金杉叶民族文化影像传承奖

锡剧电影《珍珠塔》荣获首届中国戏曲电影展优秀戏曲电影奖、优秀改编戏曲电影奖

## 孙黎健艺术生涯简介

孙黎健，二级演员，中共党员。江苏省戏剧家协会会员，师承著名锡剧表演艺术家倪同芳。1984年11月出生，江苏宜兴人。2002年毕业于江苏省戏剧学校锡剧表演专业，2002年进入宜兴市锡剧团担任主要演员至2013年，2014年1月人才引进至江苏省演艺集团锡剧团担任主要演员。

荣获中国戏曲演唱红梅金花（十佳）称号、江苏省第三届戏曲红梅奖大赛"表演奖"、第四届江苏戏剧奖·红梅奖大赛"表演奖"、第六届江苏戏剧奖·红梅奖大赛"优秀表演奖"、第七届江苏戏剧奖·红梅奖大赛"铜奖"；在第八届江苏戏剧奖·红梅奖大赛中入围决赛；荣获2002年无锡市中青年演员大赛二等奖、江苏省第二届"黄孝慈戏剧奖"金奖；2020年入选江苏省舞台艺术优秀青年人才展演；2021年荣获江苏省文艺大奖·第十届戏剧奖大赛银奖；2022年入选第二批江苏文艺"名师带徒"计划。

多次被评为江苏省演艺集团先进工作者和江苏省演艺集团锡剧团先进个人。

主演的《庵堂认母》入选国家"名家传戏"精品项目；锡剧《珍珠塔》（饰演方朵花）入选中国百年百戏项目；锡剧《董存瑞》（饰演

董母）参与中央电视台《空中剧院》录制；锡剧《玉蜻蜓》（饰演王志贞）参与中国音像录制工程；在锡剧电影《珍珠塔》中饰演县府太太，在锡剧电影《紫砂梦》中饰演柳氏，在锡剧电影《大风歌》中饰演王媪。

参演剧目：《八珍汤》领衔主演孙淑林、《珍珠塔》主演方朵花、《玉蜻蜓》主演王志贞、《清风亭》主演贺氏、《沙家浜》主演沙奶奶、《双珠凤》主演霍夫人、《草命天子》饰演王华娘、《紫砂梦》主演柳大丫头、《生死牌》饰演张氏、《侠医缪希雍》饰演祝夫人、《大风歌》主演王媪、《董存瑞》主演董母、《刘胡兰》饰演何三姑、《玲珑女》饰演国太、《显应桥》饰演媒婆、《玫瑰村》饰演喇叭嫂、《装台》饰演大牛妻，等等。

孙黎健唱腔圆润饱满、韵味醇厚、刚柔相济，表演沉着稳健、细腻流畅、情感真切。

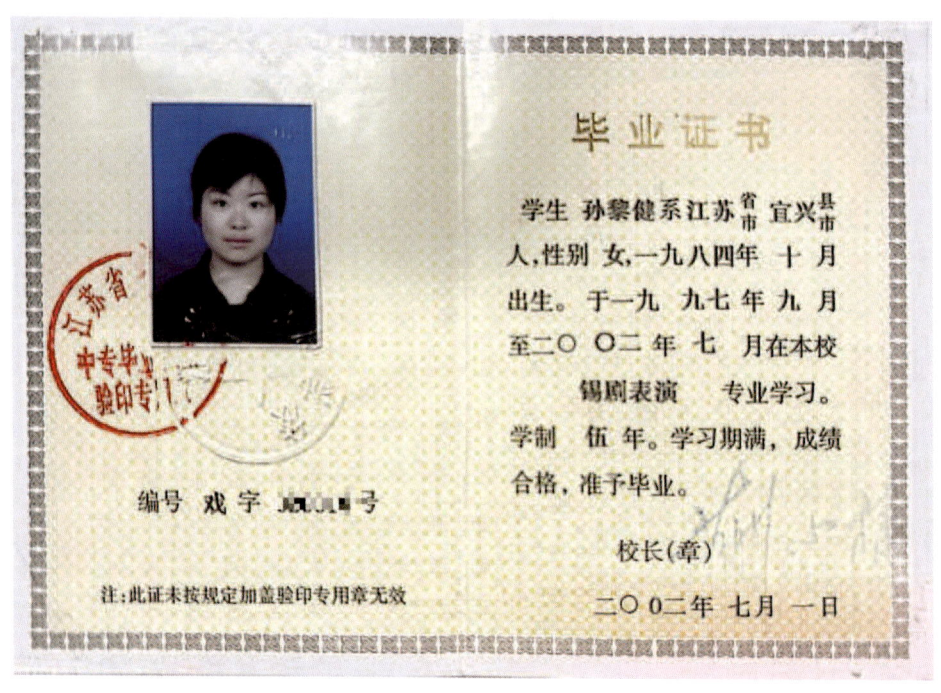

毕业证书

毕业证书

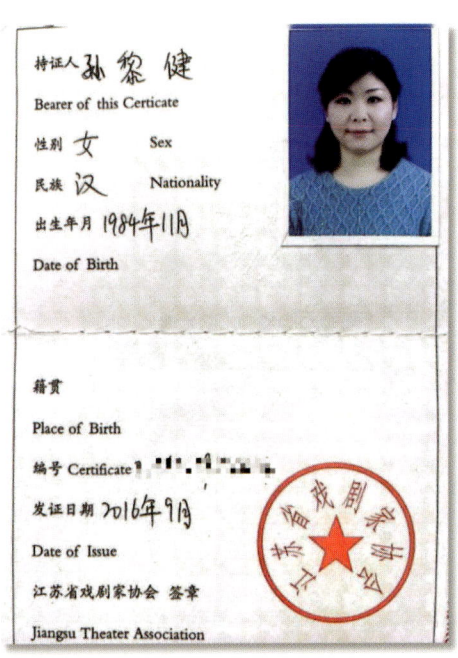
江苏省戏剧家协会会员证

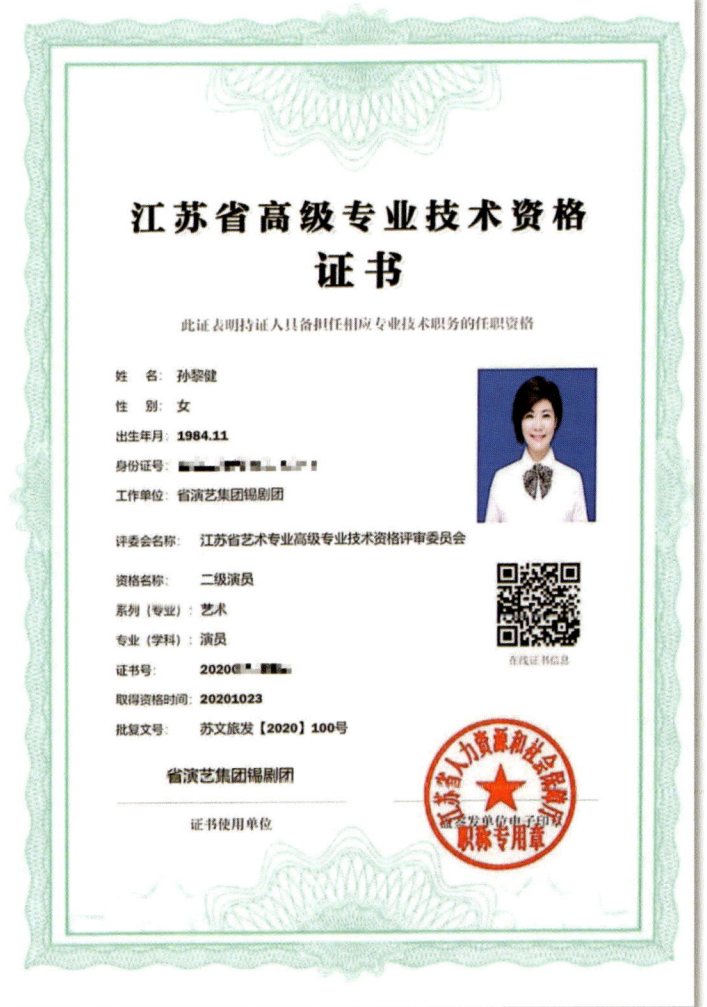
二级演员证书

# 孙黎健艺术生涯重点作品选辑

《庵堂认母》专辑封面

锡剧《八珍汤》 饰演孙淑林

锡剧《草命天子》饰演王华娘

锡剧《清风亭》饰演贺氏

锡剧《大风歌》饰演王媪

锡剧《大风歌》饰演王媪

锡剧《钓金龟》选段饰演康氏

锡剧《董存瑞》饰演董母

锡剧《玲珑女》饰演国太

锡剧《刘胡兰》饰演何三姑

锡剧《沙家浜》饰演沙奶奶

锡剧《苏东坡》饰演太后　　　　　锡剧《双珠凤》饰演霍夫人

锡剧《显应桥》饰演媒婆

锡剧《寻儿记·问苍天》饰演孙淑林

锡剧《玉蜻蜓》饰演王志贞

锡剧《珍珠塔》饰演方朵花

锡剧《装台》饰演大牛妻

锡剧《紫砂梦》饰演柳大丫头

锡剧电影《紫砂梦》饰演柳氏

锡剧电影《珍珠塔》饰演县府太太

# 孙黎健艺术生涯花絮

与师父著名锡剧表演艺术家倪同芳合影

2017年1月9日拜师仪式（师承著名锡剧表演艺术家倪同芳）

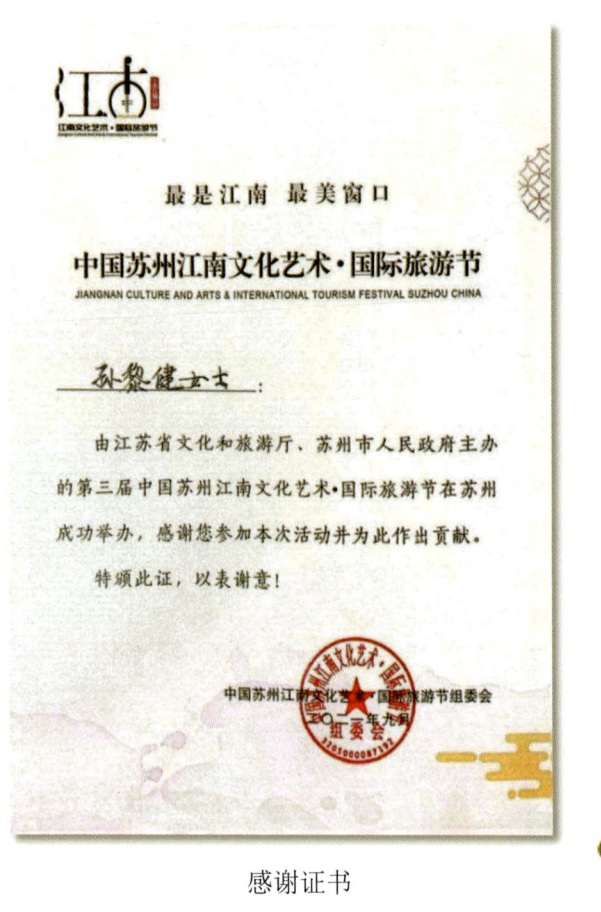

感谢证书

2014年度江苏省演艺集团锡剧团先进个人，
2015年度、2018年度、2021年度江苏省演艺集团先进工作者

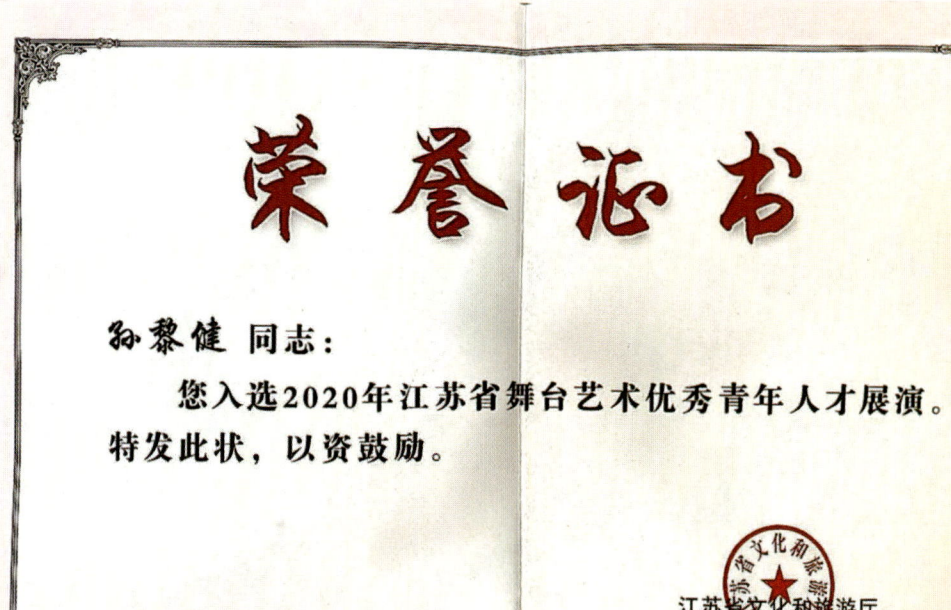

入选 2020 年江苏省舞台艺术优秀青年人才展演

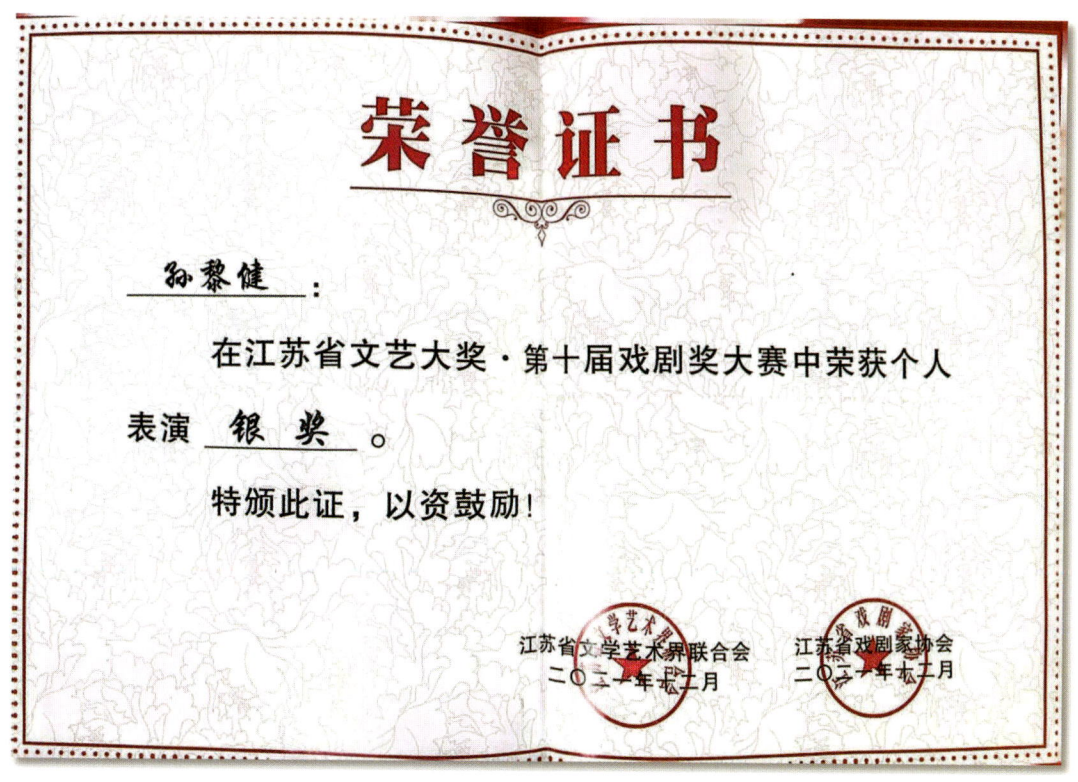

江苏省文艺大奖·第十届戏剧奖大赛个人表演银奖

第八届江苏戏剧奖·红梅奖大赛中入围决赛

第四届"中国江苏·宜兴·梁祝戏剧节"戏曲演唱红梅金花（十佳）称号

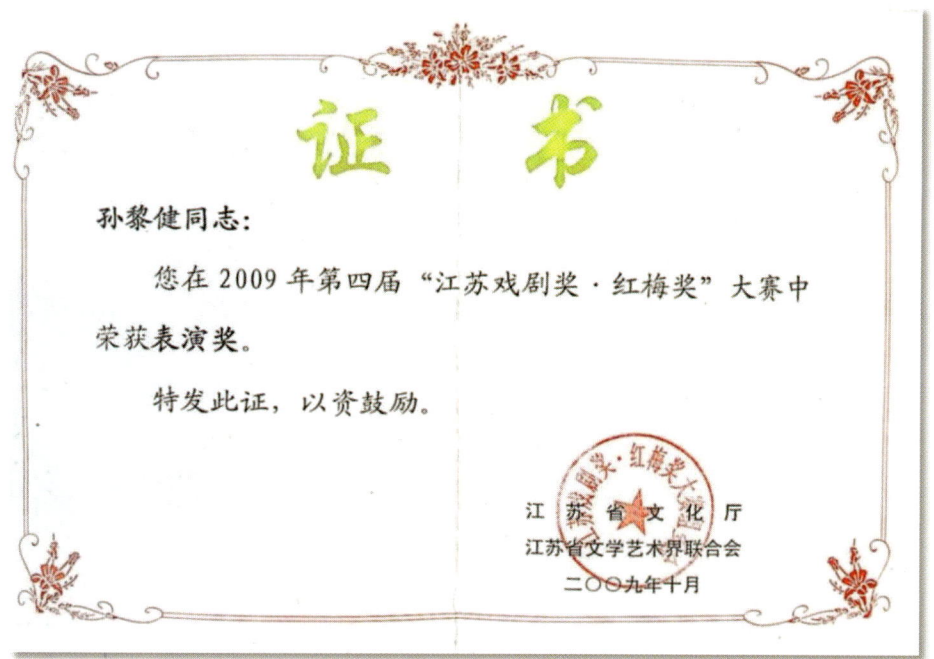

2009年第四届"江苏戏剧奖·红梅奖"大赛表演奖

第七届江苏戏剧奖·红梅奖大赛铜奖

## 孙黎健艺术生涯所获艺术和政治荣誉

2002年无锡市中青年演员大赛二等奖

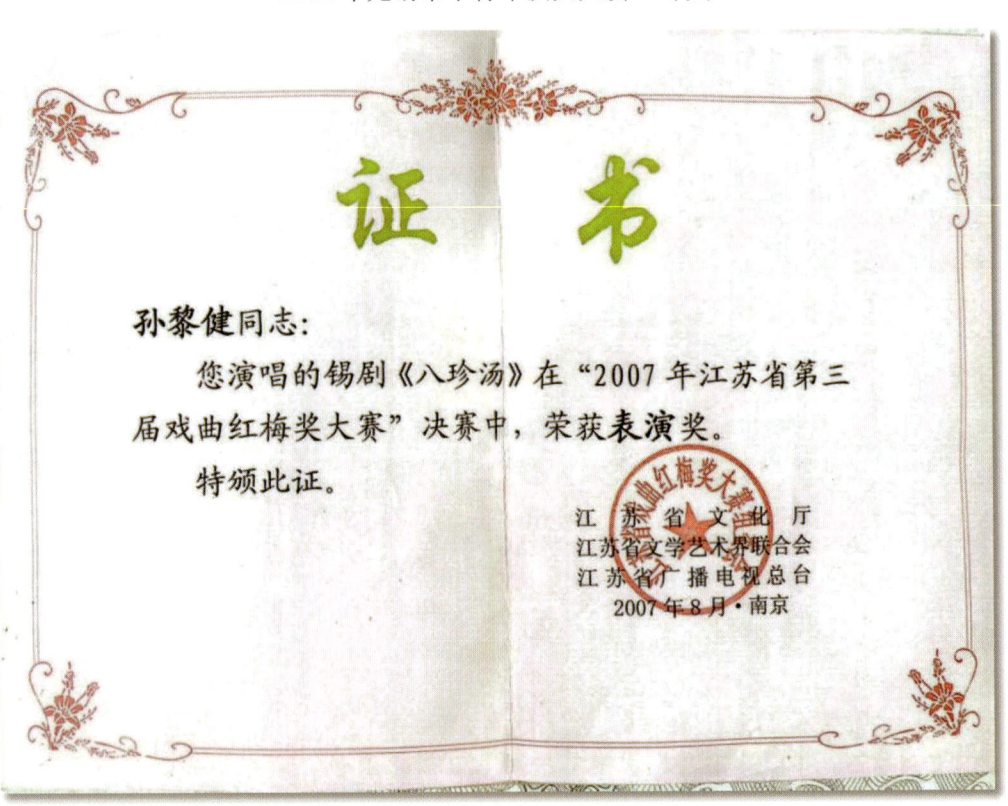

2007年江苏省第三届戏曲红梅奖大赛表演奖

与锡剧表演艺术家周东亮合影

江苏文艺"名师带徒"与恩师倪同芳合影

与京剧表演艺术家王梦云合影

与京剧名家孟广禄合影

与昆曲表演艺术家张继青合影

与师奶奶锡剧表演艺术家王兰英先生合影

与锡剧表演艺术家沈佩华先生合影

与锡剧表演艺术家姚澄先生合影

与锡剧名家李菊合影

与越剧名家赵志刚合影

与锡剧表演艺术家小王彬彬同台演出《珍珠塔》

与锡剧表演艺术家周东亮同台演出

与锡剧名家张金华同台演出《珍珠塔》　　　　与锡剧名家董云华、季春艳合影

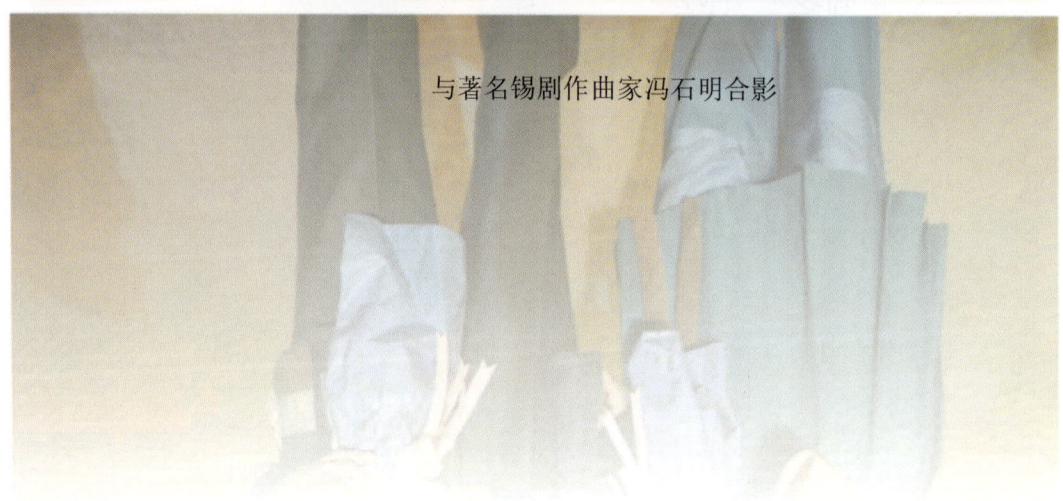

与著名锡剧作曲家冯石明合影

# 张远鸿艺术生涯简介

张远鸿，二级演员，师承锡剧名家张金华。中国民主促进会会员，江苏省戏剧家协会会员。1985年出生于江苏宜兴万石镇，1996年考入江苏省戏剧学校锡剧表演专业（宜兴班），2001年毕业后分配到宜兴市锡剧团，2015年调入（人才引进）江苏省演艺集团锡剧团（任演员队副队长），2023年进入江苏省戏剧学校（戏曲科）任专职锡剧教师。

荣获江苏省第五届小戏小品大赛表演奖；第五届中国滨州·博兴国际小戏艺术节优秀演员奖；第四届江苏戏剧奖·红梅奖大赛表演奖；第六届江苏戏剧奖·红梅奖大赛优秀表演奖；第七届江苏戏剧奖·红梅奖大赛"铜奖"；第八届江苏戏剧奖·红梅奖大赛"铜奖"；江苏省演艺集团首届"黄孝慈戏剧奖"入围奖、第二届"黄孝慈戏剧奖"优秀表演奖；江苏省文艺大奖·第十届戏剧奖大赛个人表演铜奖。2019年入选"紫金文化艺术优秀青年"。

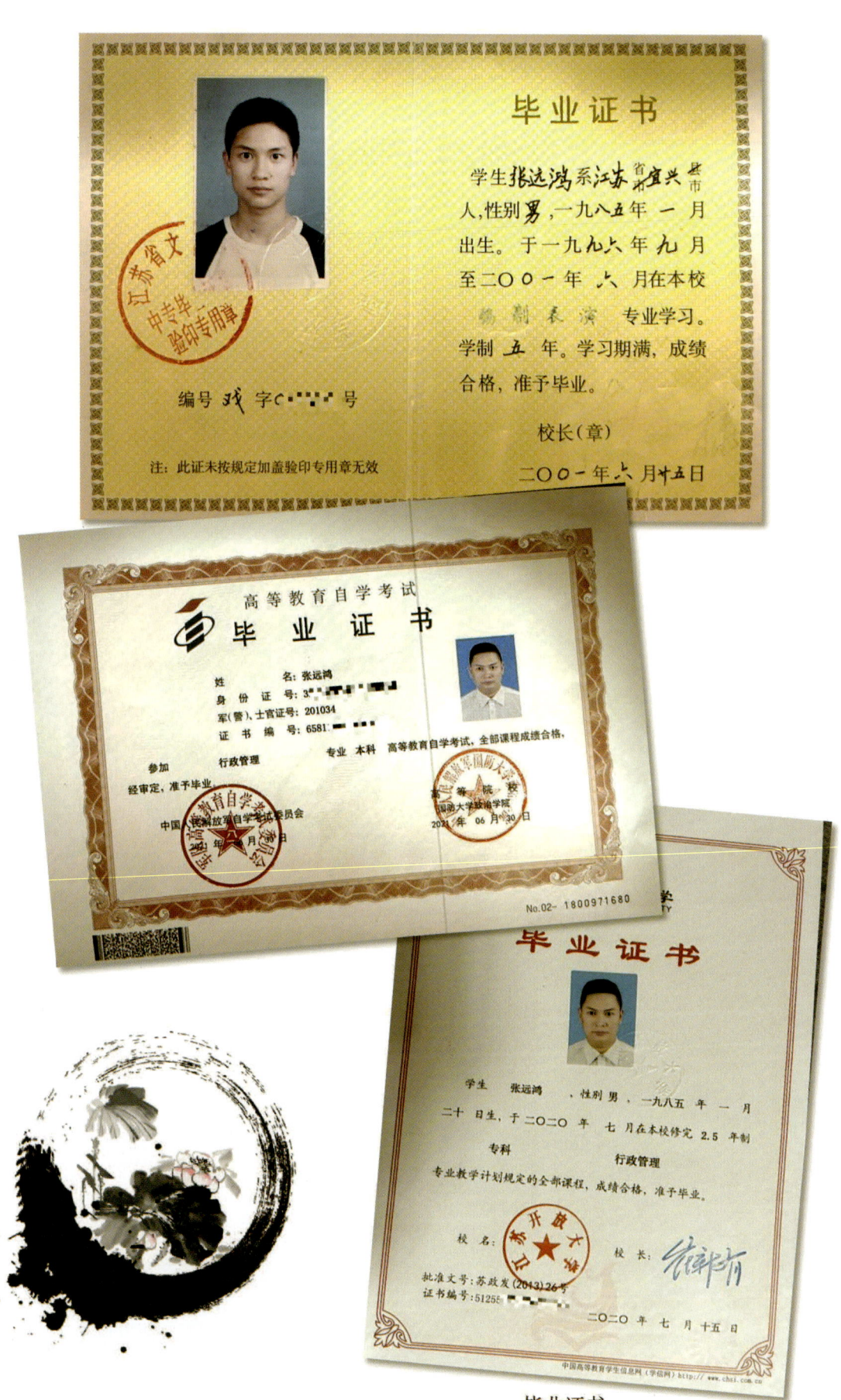

毕业证书

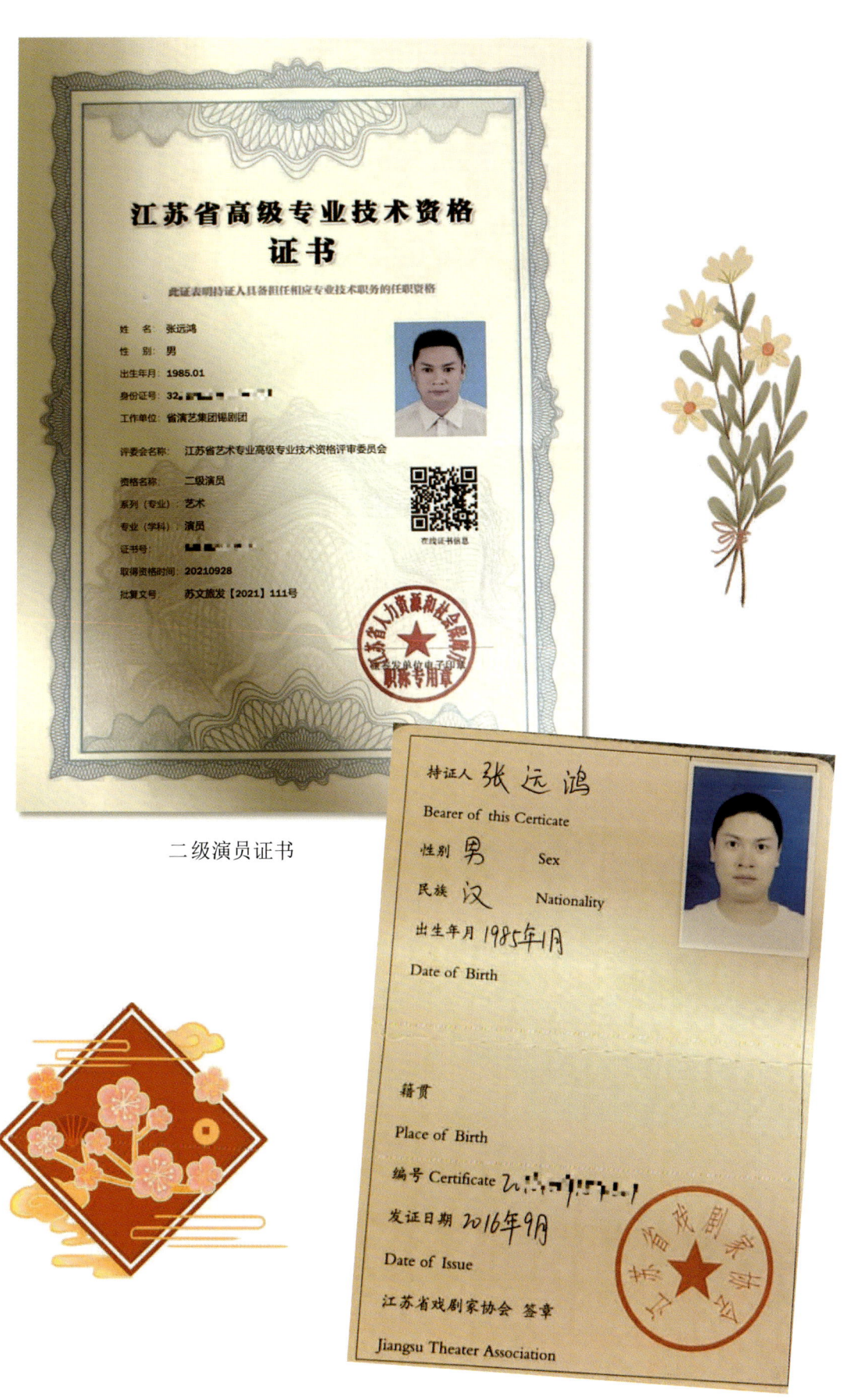

二级演员证书

江苏省戏剧家协会会员证

## 张远鸿艺术生涯重点作品选辑

锡剧《八珍汤》饰演张文达

锡剧《打金枝》饰演郭暧

锡剧《大风歌》饰演召平

锡剧《离歌》饰演陈云峰

锡剧《拔兰花》饰演蔡根发

锡剧《董存瑞》饰演程班长

锡剧《雨花谣》饰演郝刚

锡剧《刘胡兰》饰演王长庆

锡剧《玲珑女》饰演白龙江

锡剧《玲珑女》饰演严嵩

锡剧《玲珑女》饰演海瑞

锡剧《双珠凤》饰演霍天荣

《装台》荣获 2022 紫金文化艺术节优秀剧目奖（张远鸿饰演掌事的）

2021 年锡剧电影《紫砂梦》荣获中美电影节"金天使"奖

第七届江苏戏剧奖·红梅奖大赛铜奖

"道德的力量"——新时代江苏道德模范与身边好人事迹巡演纪念证书

"燃烧青春激情，建设文化亮点"
纪念五四运动91周年演讲比赛一等奖

2011年度宜兴市"优秀共青团员"

# 张远鸿艺术生涯所获艺术和政治荣誉

第五届"中国滨州·博兴国际小戏艺术节"
优秀演员

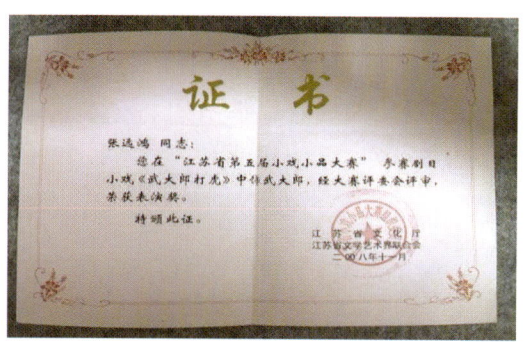

江苏省第五届小戏小品大赛表演奖

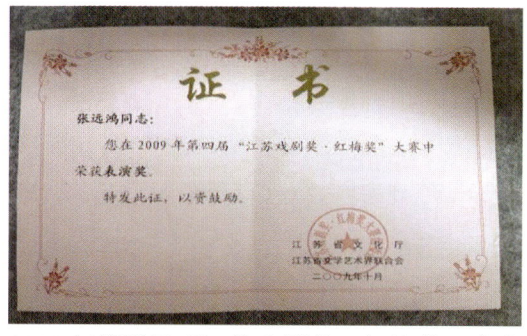

2009年第四届"江苏戏剧奖·红梅奖"大赛
表演奖

宜兴市2008年文学艺术作品评选活动
文学艺术奖二等奖

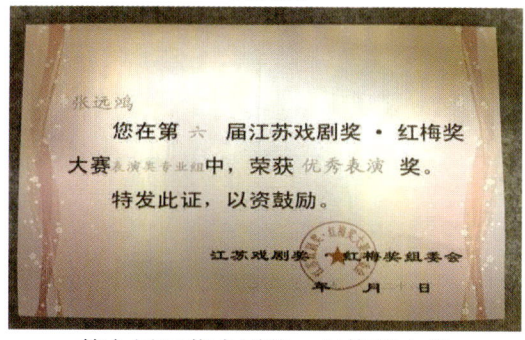

第六届江苏戏剧奖·红梅奖大赛
表演类专业组优秀表演奖

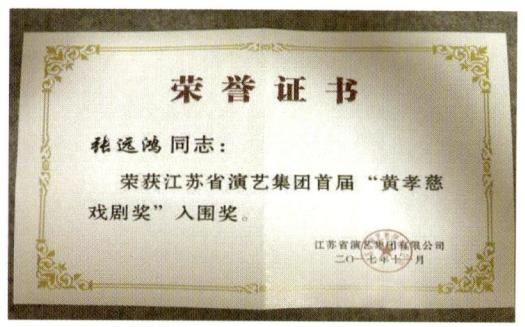

江苏省演艺集团首届"黄孝慈戏剧奖"
入围奖

第八届江苏戏剧奖·红梅奖大赛
铜奖

江苏省文艺大奖·第十届戏剧奖大赛
个人表演铜奖

锡剧《装台》饰演掌事的

锡剧电影《紫砂梦》饰演陈泰

锡剧《紫砂梦》饰演连城

锡剧《显应桥》饰演智亲王

锡剧《玉蜻蜓》饰演徐元宰

锡剧《珍珠塔》饰演方卿

锡剧《状元打更》饰演白将军

锡剧《千里送京娘》饰演赵匡胤

锡剧《追香记》饰演武状元

锡剧《清风亭》饰演张继宝

锡剧《泰伯》饰演姬昌

## 张远鸿艺术生涯花絮

与师父锡剧名家张金华合影

《珍珠塔》选段"九松亭"演出海报

# 陈庆艺术生涯简介

陈庆，二级演员，宜兴市锡剧艺术传承发展中心副主任，江苏省戏剧家协会会员，无锡市戏剧家协会青年分会副主席。1996年考入江苏省戏剧学校锡剧表演专业，专工小生，毕业后分配到宜兴市锡剧团工作。2010年加入中国共产党。

陈庆是宜兴市锡剧艺术传承发展中心的当家小生，他不仅扮相英俊洒脱，嗓音清透高亢，而且文武兼备，唱演俱佳，诠释人物恰到好处，是深受广大观众和戏迷喜爱的锡剧演员。

陈庆始终挚爱戏曲艺术、热爱舞台，从艺20多年来，先后在《珍珠塔》《狸猫换太子》《双珠凤》《五女拜寿》《梅竹情》《相思梦》《彩球缘》《春江月》《王老虎抢亲》《状元与乞丐》《醉县令》《拜月记》《中秋月》《花季谣》《回家》等十多部优秀剧目中领衔主演，塑造出各个不同性格的人物形象，得到专家及观众的一致好评。

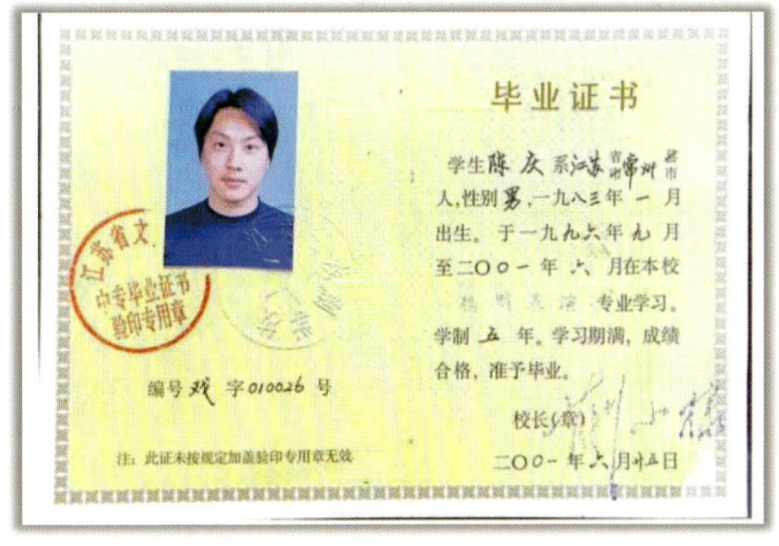

毕业证书

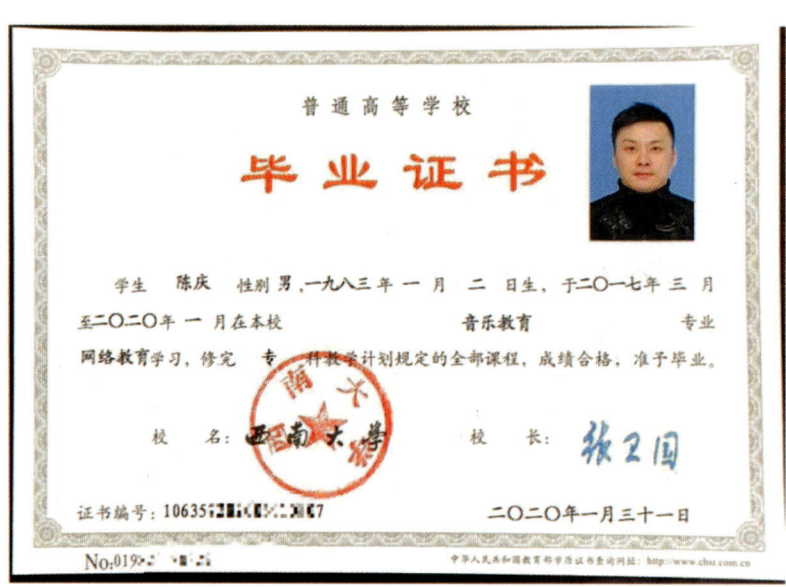

毕业证书

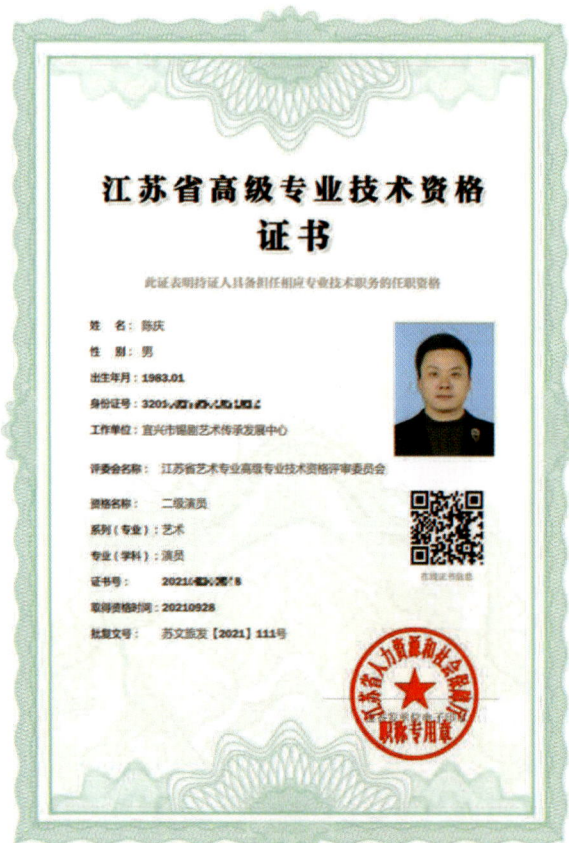

二级演员证书　　　　　　江苏省戏剧家协会会员证

## 陈庆艺术生涯重点作品选辑

《半把剪刀》饰演曹锦堂

《春江月》饰演柳宝

《君臣游园》饰演元成帝

《花中君子陈三两》饰演李凤鸣

《浪子情缘》饰演贾金龙

《双珠凤》饰演文必正

《狸猫换太子》（上集）饰演陈琳

《狸猫换太子》（下集）饰演小宋仁宗

《双玉蝉》饰演沈梦霞

《五女拜寿》饰演邹士龙

《野猪林》饰演林冲

《珍珠塔》饰演方卿

《陆游与唐琬》饰演陆游

《相思梦》饰演张青云

《梅竹情》饰演刘庭式

《玉蜻蜓》饰演徐元宰

《中秋月》饰演李湘

《醉县令》饰演福昌

《回家》饰演李想

第五届无锡市"群芳奖"表演艺术类金奖
（参演小锡剧《河长养猪》）

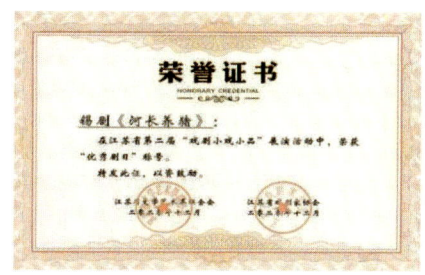

江苏省第二届"戏剧小戏小品"展演
"优秀剧目"（参演锡剧《河长养猪》）

入展江苏省群众文艺政府奖——第十四届江苏省"五星工程奖"（锡剧《河长养猪》）

2014年度"宜兴市优秀共青团干部"

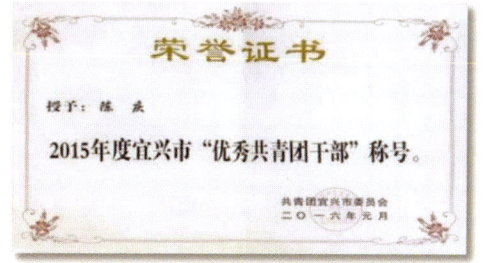

2015年度宜兴市"优秀共青团干部"

2017年度"宜兴市公共文明服务集中行动优秀青年志愿者"称号

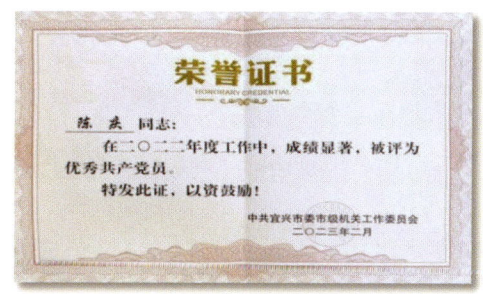

2022年度中共宜兴市委市级机关工作委员会优秀共产党员

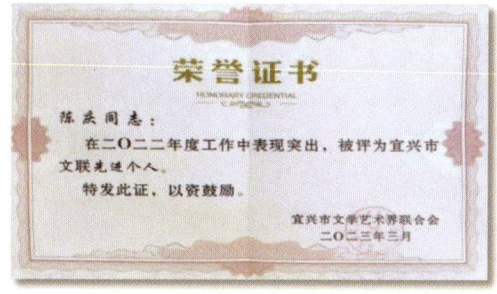

2022年度宜兴市文联先进个人

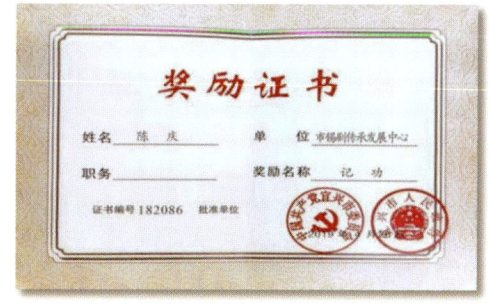

2019年宜兴市人民政府奖励证书

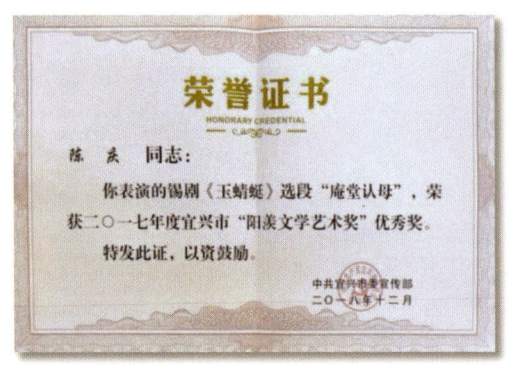
2017年度宜兴市"阳羡文学艺术奖"
优秀奖（锡剧《玉蜻蜓》选段"庵堂认母"）

第五届"中国·宜兴·梁祝戏剧节"
红梅金花称号

2023年全国民间文艺展演（溧阳专场）活动
优秀演员（展演作品小戏《陪你演出戏》）

首届"田汉杯"中国·响水小戏大赛
现代小戏类决赛"优秀演员"

第十届江苏省"五星工程奖"铜奖
（参演舞蹈群舞《茶语人生》）

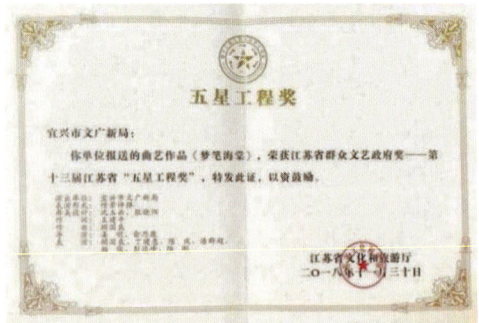
荣获江苏省群众文艺政府奖——第十届江苏
省"五星工程奖"（参演曲艺作品《梦笔海棠》）

入围2023江苏省文艺大奖·第十一届戏剧奖
决赛

# 陈庆艺术生涯所获艺术和政治荣誉

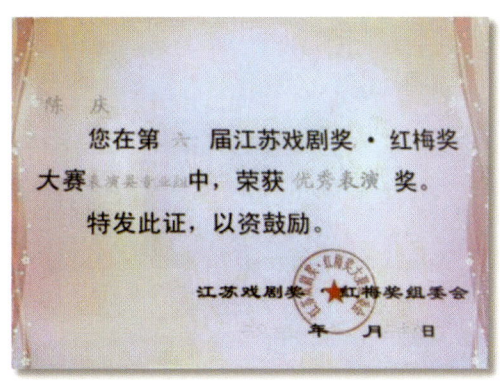

第六届江苏戏剧奖·红梅奖大赛
表演类专业组优秀表演奖

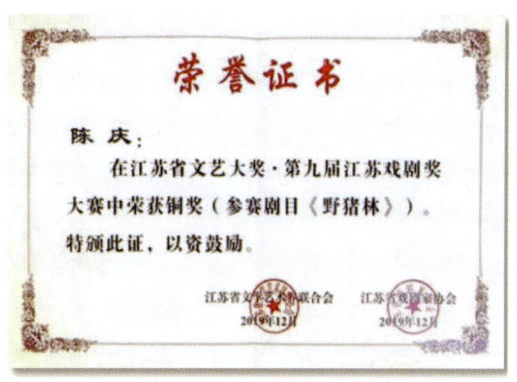

江苏省文艺大奖·第九届戏剧奖大赛
铜奖（参赛剧目《野猪林》）

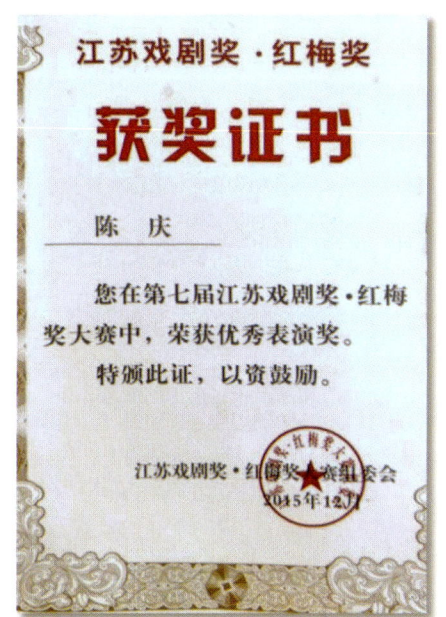

第七届江苏戏剧奖·红梅奖大赛
优秀表演奖

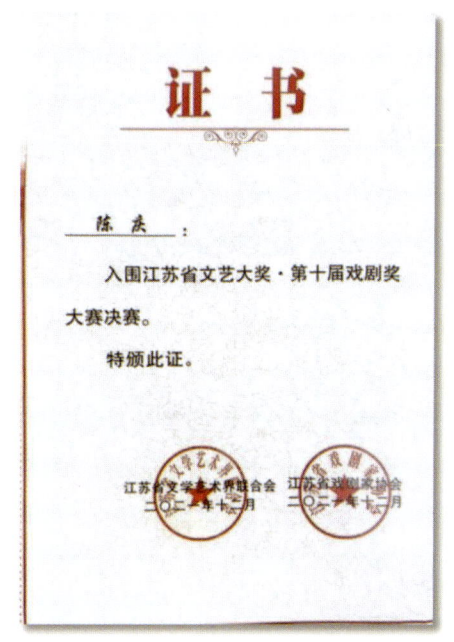

入围江苏省文艺大奖·第十届戏剧奖大赛
决赛

第二届"中国·宜兴梁祝戏剧节""中国戏曲
红梅金花"称号（锡剧《三试浪荡子》选段）

入围第八届江苏戏剧奖·红梅奖大赛决赛
（参赛剧目《玉蜻蜓·庵堂认母》）

《河长养猪》饰演刘老师

《陪你演出戏》饰演大远（左一）

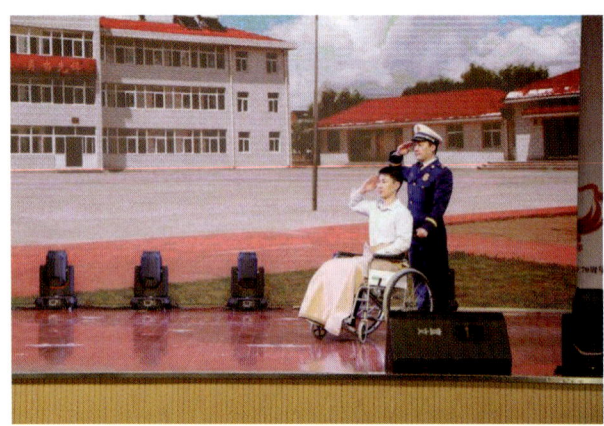
《烈火英雄》饰演指导员

《沙家浜》饰演郭建光

《紫砂梦》饰演连城

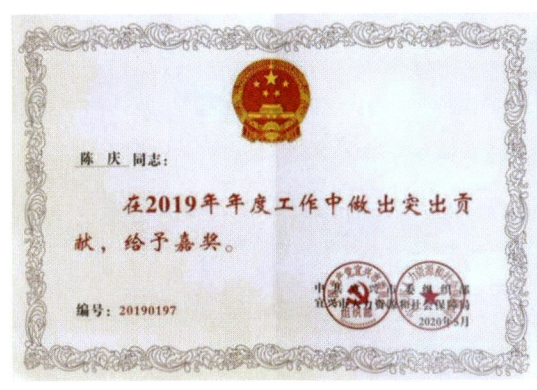
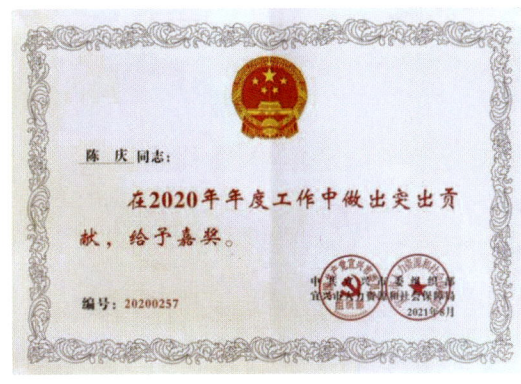
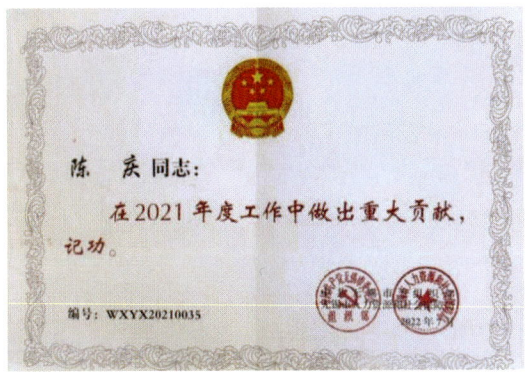
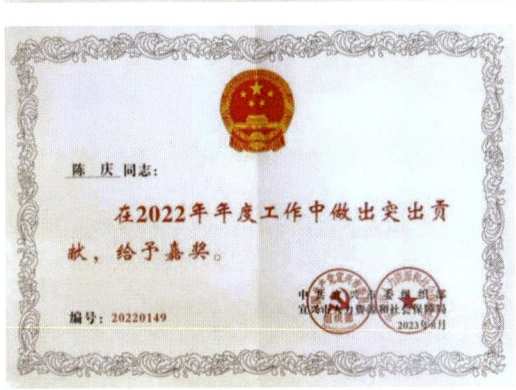

2019年度、2020年度、2021年度、2022年度中共宜兴市委组织部、
宜兴市人力资源和社会保障局嘉奖记功

2015年度、2016年度宜兴市文化广电新闻出版局先进工作者，
2019年度、2020年度宜兴市广电和旅游局先进工作者

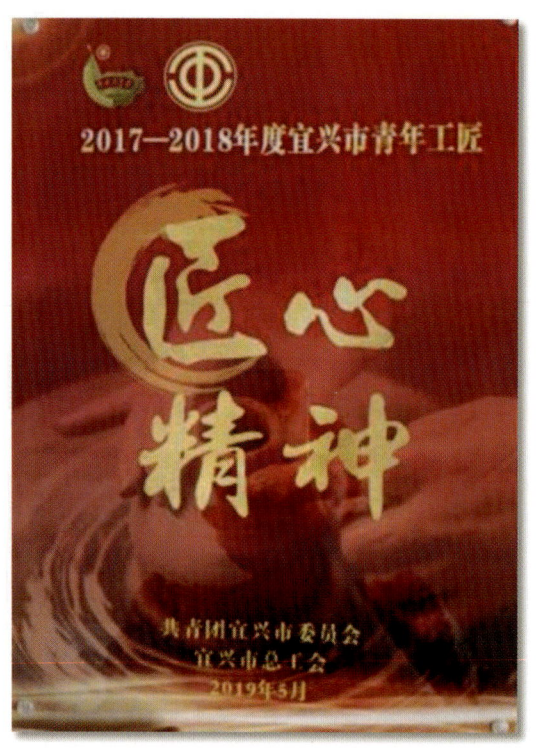

入选 2017—2018 年度宜兴市首批"青年工匠"

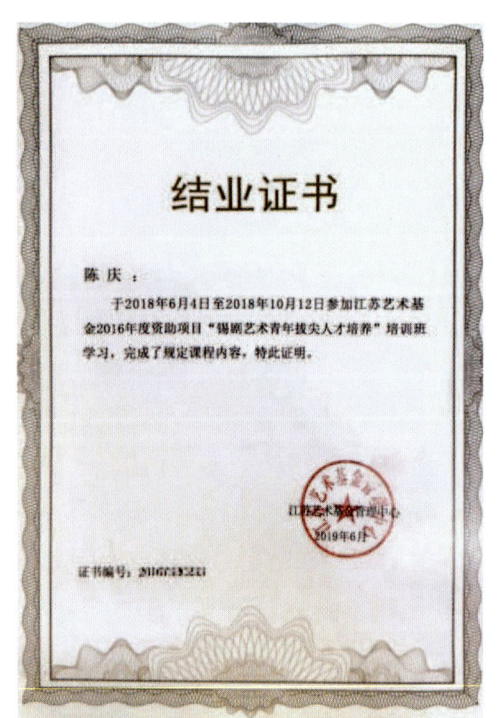
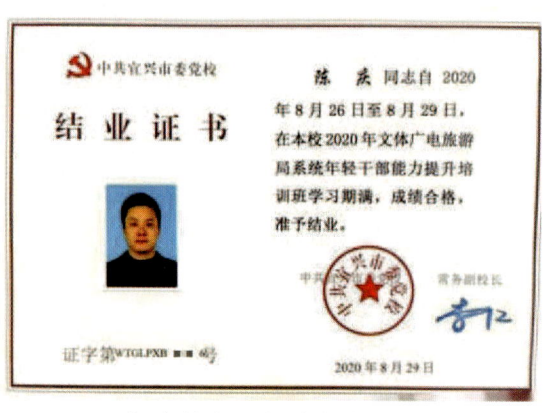

2020 年中共宜兴市委党校结业证书

2018 年锡剧艺术青年拔尖人才培养培训班结业证书

# 陈庆艺术生涯花絮

与锡剧名家蔡瑜合影

与锡剧名家周东亮合影

与锡剧名家黄静慧合影

与锡剧名家王建伟合影

与锡剧名家潘华合影

与锡剧名家潘佩琼合影

与导演俞鳗文合影

与著名导演娄乃鸣合影

与锡剧名家袁菊芬合影

陈庆领唱原生态表演唱《挑稻歌》在央视网视频"快乐戏园"播出

2022年3月18日中央电视台综艺频道《欢乐城市派·宝藏宜兴》，陈庆与央视著名主持人张蕾采访互动中

拍摄宣传片《苏东坡》，陈庆饰演苏东坡

2016年拍摄微电影《远方》，陈庆饰演男主角云惊龙

2019年无锡市戏剧家协会（青协）优秀青年戏剧人才赴酒泉市采风交流活动，陈庆演唱《珍珠塔·赠塔》

"中国陶都 陶醉中国"宜兴文旅主题展在上海浦东国际机场乡愁小栈展厅开展，陈庆演出《珍珠塔·后园会》

2018年拍摄纪录片《范蠡与西施》，陈庆饰演范蠡

2017年"梨园中秋"名家戏曲晚会，演唱《梅竹情·月夜访妻》，陈庆饰演刘庭式

宜兴市非物质文化遗产项目锡剧《梁祝》拍摄现场，陈庆饰演梁山伯

星光熠熠耀龙城——2016锡剧青年演员巅峰汇演，陈庆与王丽英合作演绎《双玉蝉·赠蝉》

在《人文天下》上发表文章

|戏剧综论|

# 简说地方戏曲的保护与传承

陈 庆

中国戏曲是世界戏剧中的一枝奇葩,而千姿百态的地方戏曲是中国戏曲百花园中不可或缺的重要组成部分。随着社会主义文化强国建设的持续推进,文化自信不断增强,诸多历史悠久的地方戏曲,正在纷纷被各级政府列入"非物质文化遗产"名录加以保护与传承。这些百姓喜闻乐见的传统文化艺术,将会以她特有的魅力,在新的时代中焕发出更加瑰丽的新枝。

地方戏曲形式丰富,特色鲜明,她是劳动人民长期的生产与生活的积累,智慧与情感的结晶,如何有效地保护、传承、发展好这一优秀的传统文化,是我们每一个文艺工作者(特别是戏曲工作者)的历史担当与使命。

保护是为了更好的传承与发展,传承是最有效的保护和最基本的发展途径。只有在传承中求得保护,传承中得到发展,戏曲才能真正显示出她的生命力和作用力。否则,保护就是一句空话,发展更是无本之木。我们知道,地方戏曲大多来自地方百姓的生产与生活,口口相传,代代传唱,才使之不断完善,逐步成曲。因此,我们只有让戏曲回归百姓生活,返璞归真,才能使其得到更好保护传承和发展。

百姓有句俗话,叫做"曲不离口",用这话来说地方戏曲的生存,应该是最好不过的了。就拿流行在长三角地区的锡剧来说,它的表演形式起源于民间曲艺"滩簧",曲调来自民间小调,经过数代民间艺人的不断传唱,于清末民初形成独具特色的地方剧种,在当地广为传播,深受百姓喜爱。以致新中国成立后,在政府"百花齐放"的文艺方针指导下,县级锡剧团不断涌现。然而,十多年之后的"样板戏工程",使戏曲舞台成了"样板戏"的天地,地方戏曲被赶下了舞台。到了上世纪七十年代末八十年代初,"样板戏"不再是样板了,地方戏曲准备重振旗鼓,可追求时尚的流行歌舞潮又席卷而来,刚刚转过神来的地方戏曲,转眼间又无奈地被挤出了舞台。锡剧团纷纷改成了歌舞团,唱戏的改去唱歌,演戏的改去跳舞,唱不了歌、跳不了舞的只能改行,地方戏曲再度走入低谷。

从上世纪六十年代中到九十年代末,三十多年,地方戏曲好比崖上青松,在贫瘠的破石中坚强地生存下来。进入新世纪以来,党和国家发出大力推进文化大发展大繁荣建设的号召,特别是党的十八大以来,随着习近平主席在《全国文艺工作者座谈会上的讲话》发表,地方戏曲如久旱甘霖,生机再现。迅速回到百姓生活之中。

毋庸讳言,上世纪后期的三十年,在地方戏曲的生存发展中,可说是伤了元气、折了筋骨的,人才流失,观众疏远,传承出现严重断层。如何使之尽快恢复元气、接上筋骨、填补断层、重振雄风、重放异彩?党的十九大精神不仅为我们指明了方向,还提出了一系列的具体办法和措施。增强自信,加快保护,扶持传承,鼓励发展,努力使之成为新时代中国特色社会主义文化强国建设中的一支有生力量。

在新时代中国特色社会主义思想的指引下,文化的春天已经到来,文艺的春天、地方戏曲的春天已经到来,为了让地方戏曲跟上时代节拍,加快步伐,走向新的繁荣,为实现中华民族伟大复兴的中国梦发挥应有的作用,我根据这几年锡剧在宜兴的兴起,就地方戏曲的保护与传承作一简说,并借此与广大戏曲工作者共同交流,不断探索地方戏曲的发展之路。

25

宜兴是一个只有一百多万人口的小城市，也是锡剧的发祥地。锡剧在这里虽然有着广泛而深厚的观众基础，但一路走来也和所有地方戏曲一样坎坷，曾经一度到了销声匿迹的地步，连唯一的一个剧团也被歌舞团所取代。进入新世纪后，锡剧在宜兴悄然兴起，特别是近五年来，锡剧的盛行已达到了史无前例的程度。现有市级剧团一个，民营剧团二个，民间剧社、团队数以百计，参与演唱的人员成千上万，仅"宜兴市锡剧研究会"就有会员1200多人。全市全年各类演出活动800余场次，观众超过20万人次。锡剧在宜兴所展示的活力和魅力，令整个江浙沪地区为之瞩目。

锡剧，作为江苏省级非物质文化遗产，长三角地区主要的地方戏曲之一，在对其进行保护、传承、利用、发展方面，宜兴有着自己的独到做法。具体来简说一下，可以归纳为以下四个方面：

一、组建团队，以老带新是关键。地方戏曲源自民间，根在百姓，数百年的自然传承发展，自有它生生不息的生命力。不要经过上世纪三十余年的断层就会叶烂根枯，要看到其断层的原因不在于地方戏曲本身魅力的丧失，而是社会诸多的客观因素使它不得不无奈地走入了低谷。这好比是花园遇到了冬天，只要春风吹来，老树新花一样会烂漫芬芳。现在新的时代开启了文艺的春天，只要我们走近百姓的生活，就会发现当年的老艺人们，一直在用手中的琴弦，弹唱着地方戏曲的不绝的动人音韵。让老艺人们走进走出家门，走向社会，凭借他们身上的戏曲技艺和情感，定能唤起人们对地方戏曲的青睐。目前，宜兴的数以百计的锡剧团队，90%以上是靠这些老艺人在近十多年带领组建起来的，开始是以老联老，再是以老带中，最后是老中带青。使团队不断扩大，不断走向年轻化，并逐步走向社会公益服务，为市民带来欢乐。

二、构筑阵地，社区支持是关键。随着团队的不断壮大，社会功能不断显现，原来以家庭为活动阵地已明显不够了，迫切需要得到社区的支持。于是，各社区、行政村向团队伸出援手，纷纷为其开辟专项活动阵地，条件好的还为团体添置了必要的器材，使之成为社区（村）文化活动的专业队伍，打造文化专业品牌的有生力量。现在，宜兴的社区（村）文体中心建设已达到了全覆盖，其中50%以上，都有戏曲专用场地，条件好的还有小型舞台。在所有阵地上，最吸引市民关注的活动就是锡剧演唱。宜城街道"百千万"文化工程中，一万名文化志愿者中有三千多是唱锡剧的。

三、激励活动，政府购置购买是关键。开展各类演唱活动，是对地方戏曲最好的保护与传承。近年来，锡剧在宜兴的发扬光大，最大得益于市、镇两级政府对锡剧惠民服务的购买。为充分满足广大群众日益增长的文化需求，分享经济文化发展成果，促进地方戏曲的保护、传承与发展，各级政府、部门一方面积极为广大戏曲爱好者创造展示机会，提供展示平台，另一方面主动向戏曲团队倾斜，购买惠民服务。近几年中，全市市、镇两级购买戏曲惠民演出500多场次，资金超过300万元，受益团队50多个。不仅促进了团队的发展壮大，更提高了团队的整体艺术水平，为地方戏曲的传承发展注入了强劲的动力。

四、传承有人，搞好培训是关键。地方戏曲的传承离不开两大群体，一是演出群体，二是群众群体。有人演且有人看，方能有效传承并发展。三十多年断层，耽误了两代人，台上台下，青黄不接的情况十分明显。为了尽快扭转这个局面，近十年中，宜兴的戏曲培训活动是新招不断，形式多样。宜兴市老干部大学常年开设锡剧培训课程，中老年戏曲爱好者趋之若鹜，期期爆满；针对团队，宜兴市锡剧研究会指派骨干会员，深入各个乡村镇，常年从事现场辅导培训；为了培训团队骨干，宜兴市文化馆常年设有锡剧初、中、高演唱培训班，并每年举办戏剧创作培训班；宜兴市锡剧艺术传承发展中心，自2016年开展锡剧进校园活动以来，全市已有十一所中小学校，开设了锡剧教育课程，培训培养了演职员人才，使舞台更精彩；培训培育了观众，使台下人气更旺，气氛更热烈。

地方戏曲有着渊源流长的历史，是优秀的传统文化艺术，更是百姓深爱的精神食粮，做好她的保护、传承与发展，对弘扬中华文化、讲好中国故事、振奋民族精神，宣传新时期中国特色社会主义思想，实现中华民族伟大复兴的中国梦，有着十分广泛而深远的影响。

（作者单位：宜兴市锡剧团）

在《魅力中国》上发表文章

【综合论坛】

# 简说戏曲演员的最基本的三种能力

陈庆

（江苏省宜兴市锡剧团，江苏 宜兴 214200）

俗话说："台上一分钟，台下十年功。"这虽然是观众对成功演员的肯定说法，但也应该是一个演员自我遵守的成才法则。文人十年寒窗，只为考场放手一搏；演员苦练十年，方有台下掌声一片。十年，用心的十年，摸爬滚打的十年，要说真正成功，其实何止十年，艺术，从无到顶的时间约定！本人从艺十多年来，虽离真正的成功还很遥远，但内心的长期揣摩，对一个演员必须具备怎样的基本能力颇有些许感悟，在此愿与同仁一起交流。当演员难，当一个好演员更难。当一个演员必须起码具备以下三种能力。

首先是对剧本的理解能力。剧本，一剧之本，演员拿到剧本，必须认真阅读，深刻理解，切忌把对剧本的理解寄托于编剧的一次交底和导演的几次解说。理解剧本，至少要从四个方面入手：

把握戏剧故事的脉络，有助于对台词的记忆。通过认真的阅读，理清剧本的脉络，掌握剧情的重点，从阅读全剧到复述故事熟记台词，这是理解剧本的开始。阅读为了理解，理解帮助记忆，这是客观规律，谁也违背不了。死记硬背只会事倍功半，遵循规律方能事半功倍。

把握故事的时空转换，有助于人物形象的展示。特定的时空概念是舞台艺术的一个特质，演员的一切表演，都必须符合剧本规定的时空要求。什么时间穿什么服，什么环境说什么话，时空的变化，影响着演员的一言一行，所以，演员要认清在戏剧矛盾的发生、发展过程中人物所处的时间与空间，这样才能更好的展示出此时此刻人物应有的形象。

把握人物的个性，决定人物塑造的成败。人们常说"个性决定命运"，同一个剧本中人物的个性各不相同，所以才有各自不同的结局。而剧本中人物的个性更多的只是通过语言来得以展示，所以，演员要想准确把握人物的个性，必须认真地阅读、深刻领会剧本中的每句台词，单靠导演的示范与指点是远远不够的。演员应该十分清楚地记住，演戏就是演人，演人就是展示其个性，表演没有个性，人物塑造失败，这是铁的定律。

把握全剧主题，决定全剧的演出效果。剧本的主题是通过戏剧矛盾的冲突，由演员逐步演绎出来，演员找不到主题，演得再卖力，都将是无用之功。主题藏在剧本中，需要演员仔细地思考、真切地体会，把激情用在主题的展示情节之中。也就是说，演员要准确把握主题这根主线，竭尽发挥演技，让观众在欣赏娱乐中受到启迪与教育。

其二是对生活的应变能力。演员要演好戏，首先要明白戏什么，概念说起来会觉得抽象，其实本人认为戏就是生活，演戏就是用戏剧的形式重演生活，戏里的每个人物，都在现实的生活之中，他所流露的情感，观众心里都很熟悉。所以，演员在台上演的好不好，观众的评判很简单："象不象"。"象"，就是演得好，"不象"，就是演得不好。所以，演员要演好戏，不仅要具备扎实的生活基础，更要有灵活的应变能力，这样才能适应演出各类剧目，扮演各类人物的要求。

演员怎样不断提升自己对生活的应变能力呢？最基本的办法有三条：一是要经常不断地深入生活，到百姓的生活中去，熟悉了解各类人物的生活表现，掌握他们的性格特征、情感表述方式和言行习惯，在自己心目中建立起一个储备人物原型的仓库，随时随地可以根据剧目的要求，在仓库里拿出相应的人物形象。二是带着要塑造的人物，到生活中去寻找原型，从人物的个性、年龄、职业入手，详细观察他们的现实生活，一个不行找两个，两个不行找三个，甚至更多，最后根据剧中人物的要求，综合提炼出相应的人物形象范本。三是善于看书学习，从书本中积累人物的生活原型，尤其是古装戏中的人物，不仅要在反映当时朝代的书籍中去了解熟悉，还要注意在影视戏剧中认识了解并借鉴。只有这样，我们才能在舞台上成功塑造出各类活灵活现的人物形象，让观众真心地说一句："演的真象。"

其三，做、念、唱、打的基础能力。做念唱打，是演员表演的最基本四种形态，也是演员最起码的基本功。它好比房屋的基础，基础不扎实，房屋造不起。演员没有基本功，就不能成为角色，就上不了舞台，基本功要扎实，只有一个字："练"。冬练三九，夏练三伏，拳不离手，曲不离口，这是练的道理。

练做，是练演员的肢体语言的表达力。不说话，不吭声，让观众明白你在干什么。练做的最好方法是走进真实的生活场景，参与生活，模仿生活，发现并掌握最有代表性的肢体语言，然后通过反复的习练，融进艺术表演的元素，使之成为栩栩如生的舞台行动。

练念，是练演员的话语表达力。简洁明了的语言，是戏剧的一个特点，编剧不可能让演员做冗长的语言表述，加之中国语言文字表述的含义较为丰富，同样的一句话，语气语调的不同，与相应的情感动作变化，都会产生不一样的意思。因此，演员要想准确地掌握语言的表述，就必须带着人物的个性和情感，认真琢磨，反复习练，从中找到正确的表述方法。真正避免语不达意。

练唱，练唱主要是练演员的唱腔。一般情况下，演员的嗓音是天生的，然而，如何巧妙地利用自己的嗓音、发挥嗓音的特色，使唱调做到字正腔圆？如何掌握相应的声乐技巧？都得落在一个"练"字上，要一字一句地练，要带着人物内心的真实真情实感去练，练出自己的独特唱腔。

练打，是练演员的戏剧打斗功夫。一般来说，这是武生、武旦的事。但是，一个演员要想拓宽自己的戏路，成为一个行当的多面手，也应习练"打"，舞台上的打斗虽然显得虚空，但具有相当的阵式和较多的技巧，而且还要符合生活的真实感。所以，习练打，必须下苦功，修耐功，别看花拳绣腿，其实也是真功。

说"做念唱打"，还应再补充一点，在古装戏中，做念唱打，有着演员必须遵守的基本格调和阵式，正因为这样，演员更应该加强习练。

总之，作为一个演员，要演好戏，必须具备很多方面的能力和知识，而本文所简说的三种能力，是必须的，也是最基本的。

## 盛丞艺术生涯简介

盛丞，二级演员，工小生。江苏宜兴和桥人，毕业于江苏省戏剧学校。师承孙元琛、范宗昆等京剧表演艺术家。常演剧目有《辕门射戟》《白门楼》《小宴》《穆柯寨》《西厢记》《谢瑶环》《凤还巢》《玉堂春》《望江亭》《状元媒》《悦来店》等；还参与《镜海魂》《幸福"158"》《梅兰芳·蓄须记》《出征前夜》《眷江城》、新编大型广场剧《三国志·吴》等多部原创剧目创排演出。

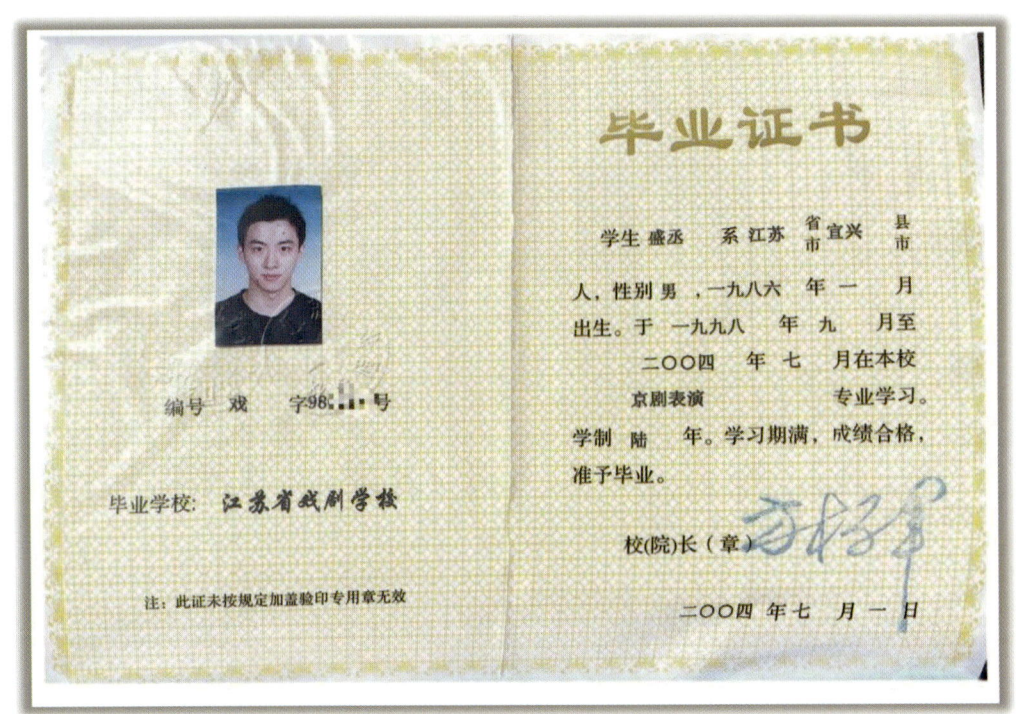

毕业证书

# 江苏省高级专业技术资格证书

此证表明持证人具有担任相应专业技术职务的任职资格

姓　　名：盛丞
性　　别：男
出生年月：1986-09-16
身份证号：3█████████████
工作单位：江苏省演艺集团有限公司
评委会名称：江苏省艺术专业高级专业技术资格评审委员会
资格名称：二级演员
系列（专业）：艺术
专业（学科）：演员
证书号：2232001█████████
取得资格时间：2022-09-23
文件号：苏文旅发〔2022〕117号

二级演员证书

# 盛丞艺术生涯重点作品选辑

《春闺梦》饰演王恢

唱　　做　　念

《改容战父》饰演何玉郎

《柜中缘》饰演岳雷

《凤还巢》饰演穆居易　　　　《九江口》饰演华云龙

《九江口》饰演华云龙

《骆驼祥子》饰演柱子

《目莲救母》饰演目莲僧

《三堂会审》饰演王金龙

《挑滑车》饰演张宪

《望江亭》饰演白士中

《四郎探母》饰演杨宗保

《谢瑶环》饰演袁行健

《京剧人物快闪》中《穆柯寨》饰演杨宗保

《张謇》饰演山本龙二

《西厢记》饰演张生

《赵氏孤儿》饰演赵朔

《状元媒》饰演赵德芳

《群英会》饰演周瑜

# 盛丞艺术生涯所获艺术和政治荣誉

2020年京剧《陈修良》荣获"优秀剧目奖"（盛丞饰演特务）

京剧《眷江城》荣获第三届紫金京昆艺术群英会"京昆艺术紫金奖·优秀剧目奖"

2022年京剧《眷江城》入选江苏省新时代现实题材舞台艺术作品巡演

2020年京剧《眷江城》荣获"优秀剧目奖"（盛丞饰演阿昌）

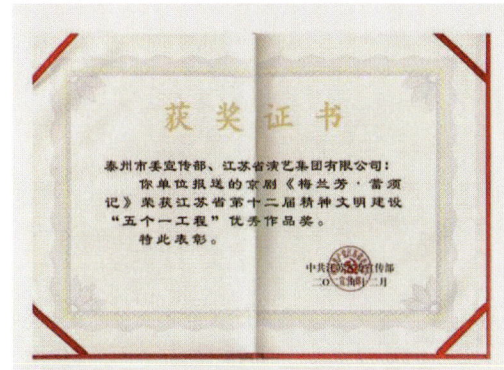

京剧《梅兰芳·蓄须记》荣获 2020 紫金文化艺术节优秀剧目奖、江苏省第十二届精神文明建设"五个一工程"优秀作品奖（盛丞饰演小梅兰芳）

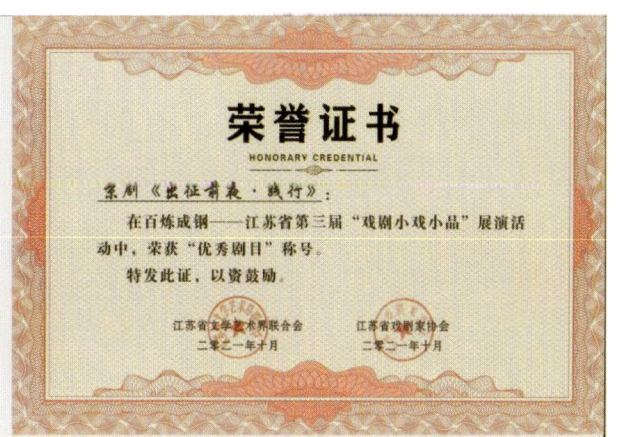

2021 年京剧《出征前夜·践行》荣获江苏省第三届"戏剧小戏小品"展演活动"优秀剧目"称号（盛丞饰演医生）

2020年度江苏省演艺集团京剧院先进工作者

# 盛丞艺术生涯花絮

与话剧表演艺术家郝光老师合影

与京剧名家杜喆老师合影

与京剧名家孙元琛老师合影

与京剧名家杜镇杰老师合影

与京剧名家孙元琛老师合影

与京剧名家王艳老师合作演出

与著名京剧表演艺术家周云亮、钟荣老师合影

著名京剧表演艺术家陈霖苍老师授课

期刊上发表的论文